Pose Method

Become the Best Triathlete You Can Be

3 Sports - 1 Method

游、騎、跑

三項運動技術

Dr. Nicholas Romanov
尼可拉斯・羅曼諾夫 博士

John Robson
約翰・羅伯遜 —————著

運動作家
徐國峰 —————譯

Pose Method of
Triathlon Techniques

Pose Method of Triathlon Techniques ： Become the Best Triathlete You Can Be 3 Sports - 1 Method
Copyright ©2008 by Dr. Nicholas Romanov
Complex Chinese translation copyright ©2018
By Faces Publications, a division of Cité Publishing Ltd.
All Rights Reserved.

生活風格 FJ1059

Pose Method 游、騎、跑三項運動技術
開發技術知覺、掌握關鍵姿勢，在順應自然下進行科學化訓練，
提高動作的經濟性並且避免受傷

原 著 作 者　尼可拉斯‧羅曼諾夫博士（Dr. Nicholas Romanov）& 約翰‧羅伯遜（John Robson）
譯　　　者　徐國峰
主　　　編　謝至平
編 輯 總 監　劉麗真
總 經 理　陳逸瑛
發 行 人　涂玉雲
出　　　版　臉譜出版
　　　　　　城邦文化事業股份有限公司
　　　　　　台北市民生東路二段141號5樓
　　　　　　電話：886-2-25007696 傳真：886-2-25001952
發　　　行　英屬蓋曼群島商家庭傳媒股份有限公司城邦分公司
　　　　　　台北市中山區民生東路141號11樓
　　　　　　客服專線：02-25007718；25007719
　　　　　　24小時傳真專線：02-25001990；25001991
　　　　　　服務時間：週一至週五上午09:30-12:00；下午13:30-17:00
　　　　　　劃撥帳號：19863813　戶名：書虫股份有限公司
　　　　　　讀者服務信箱：service@readingclub.com.tw
　　　　　　城邦網址：http://www.cite.com.tw
香港發行所　城邦（香港）出版集團有限公司
　　　　　　香港灣仔駱克道193號東超商業中心1樓
　　　　　　電話：852-25086231或25086217 傳真：852-25789337
　　　　　　電子信箱：hkcite@biznetvigator.com
新馬發行所　城邦（新、馬）出版集團
　　　　　　Cite（M）Sdn. Bhd.（458372U）
　　　　　　41, Jalan Radin Anum, Bandar Baru Sri Petaling,
　　　　　　57000 Kuala Lumpur, Malaysia.
　　　　　　電話：603-90578822 傳真：603-90576622
　　　　　　電子信箱：services@cite.com.my
一 版 一 刷　2018年3月
一 版 二 刷　2019年10月
城邦讀書花園
www.cite.com.tw

ISBN　ISBN 978-986-235-651-7
版權所有‧翻印必究（Printed in Taiwan）
售價：NT$ 750
（本書如有缺頁、破損、倒裝、請寄回更換）

國家圖書館出版品預行編目資料

Pose Method 游、騎、跑三項運動技術：開發技術知覺、掌握關鍵姿勢，在順應自然下進行科學化訓練，提高動作的經濟性並且避免受傷／尼可拉斯‧羅曼諾夫博士（Dr. Nicholas Romanov）& 約翰‧羅伯遜(John Robson)著；徐國峰譯；臉譜出版；家庭傳媒城邦分公司發行，2018.03
　　面；公分. --（生活風格；FJ1059）
譯自：Pose method of triathlon techniques
ISBN　978-986-235-651-7（平裝）

1. 三項運動　2. 運動訓練

528.9474　　　　　　　　　　107001113

Part 4 跑步技術

Part 6　游泳技術

〈導讀〉

技術，如何教？如何學？

　　游泳、騎車、跑步與鐵人三項這些耐力型運動競賽，一般人認為是在比體力（體能與肌力），而冠軍幾乎都是體力最好的人。但研究證實，冠軍大都不是最大攝氧量最高或最大肌力最強的運動員，況且人的體力也無法無止盡的進步。想移動得更快，關鍵在於如何把「技術」整合進體能與肌力的訓練之中。但問題是：

1. 「技術的標準是什麼？」（what）

2. 「如何教／學技術？」（how）

3. 「為何如此定義？」（why）

　　這些都是本質性的問題，在過去很少有人可以直接面對它並找出圓滿的答案。本書作者羅曼諾夫博士為了回答上述三個問題，建構了「Pose Method」這套教學理論架構與訓練法，這套理論不只可以用在游泳、騎車和跑步的技術教學上，也適用於其他運動。

　　羅曼諾夫博士一開始就先從力學與哲學的角度，來解釋全書的關鍵概念（第二部）。像是運動力學中的地面反作用力、爆發力、力矩、最大肌力等，但幾乎沒有教科書將這些細節邏輯化的串接起來，也沒有談到上述力量的源頭——重力與其他力量之間的關係。這本書最大的貢獻，正是補足了運動力學中遺失的概念，像是支撐（support）、體重（body weight）、失重（unweigh）與轉換支撐（change of support），並且將運動力學的所有概念進行邏輯性的組裝，這些工作的成果，正是羅曼諾夫博士創建的 Pose Method 教學理論。如果你本身就對「理論」感興趣，必然會在第二部中獲得許多啟發。

三項運動員為何要練技術，作者在書中有一段話，精確地描繪了運動員面對基本技術的矛盾心態：「『基本技術』是最無趣的訓練之一，沒有人喜歡『練技術』。年輕的籃球選手大都是被 NBA 職籃轉播裡的灌籃，和遠在三分線外的空心球養大的，所以覺得三步上籃和罰球是很乏味的練習。因為練技術很花時間，短間內又看不到成果，鐵人們的時間總是很緊迫，對下水游 2000 公尺的課表比較有興趣，盡快游完好趕下一個行程。」技術時常會被好高騖遠或不重視基本動作的運動員所忽視。我們都能理解「基本技術動作」對於球類、高台跳水或體操等運動的重要性，技術是「這些」運動員求進步的最大關鍵，但其實不是「這些」，而是「所有」的運動都一樣，包括游泳、騎行與跑步，只是過去沒有人能明確定義與解釋三項運動的基本技術為何。如今，這本書做到了，它明確定義與解釋了三項運動的「技術本質」、「該怎麼練」以及「為什麼？」

知覺，是串聯本書的關鍵概念

第四章提出了運動技術中最重要也最少人提及的概念——「知覺」（perception）。它是連結「技術」和「教學」之間的橋梁，過去很少有人強調知覺對於技術訓練的重要性；比較常提到的是「本體感覺」（proprioception），但兩者之間的差異，正是人和其他動物之間的差別。知覺與本體感覺的原文都出自同一個字根：-ception，這個字根是「連結」的意思，類似的英文字彙還有：

- conception：設想、構想、概念的形成，即「構成連結」的意思。
- deception：欺騙，即「故意造成錯誤連結」的意思。
- interception：竊聽、截球，即「中途斷除連結」的意思。

● inception：初始、植入。李奧納多主演過一部同名電影（中文片名是《全面啟動》），

講述侵入他者夢境植入特定概念的職業，即刻意「把某種連結植入」某人腦袋裡的意思。

本體感覺的字首「proprio-」，是「本體自己所有」（one's own）的意思，而知覺的字首「per-」，是「遍布、貫穿、從頭到尾」（through, throughout）的意思。所以「本體感覺」是指身體內在所有感受的連結；而「知覺」是一個更大的概念，它由內而外貫穿所有的連結，從內在的感覺、感受到外部學來的概念、知識，節節貫串成一個整體。

這兩個概念都是一種控制動作與分辨運動時細微差異的能力，比如說腳掌在哪裡、手掌在哪裡、身體有沒有保持穩定。但「知覺」更擴大到「概念學習」及「接收與處理外部資訊」，這是只有人才能開發的能力。相對來說，許多動物的本體感覺都比人類還敏銳，但只有人類可以開發知覺的能力。

作者所定義的「知覺」，是一種人類辨識與分析內外變化及決定採取何種行動的能力，它的運作建立在「差異」之上。當知覺被調教得愈敏銳，你愈能感受到訓練時技術上的差異性。在原始時代，知覺是我們求生以及跟大自然力量互動時的重要工具。在第四章作者提到：「人類的歷史不斷朝更安全舒適的方向發展，像是居家保安或更加便捷的食物供應鏈。現代化的保護傘把我們跟變化多端的荒野隔離開來，因為沒有了需求，敏銳的知覺也隨之一點一滴的流失。在現代化的社會中，我們不再需要做出生死交關的決定，也無須具備高度發展的知覺，就能夠日復一日、年復一年的活下去。」隨著現代社會所創建的舒適圈，知覺也跟著變鈍。但這個世界上，我們會看到有些技巧高超的神人或達人，正是某些領域具有特別敏銳知覺的專家，像是鋼琴師可以從演出的動作與音調中分辨出細微的差異，進而找出缺點，做出調整，而那些缺點一般人卻無法察覺到。作者接著提到：「運動也是一樣，厲害的運動員都具有高度發展的特殊知覺，能夠運用敏銳的知覺找出偏差所在，接著持續對缺失進行矯正，才能不斷向完美靠近。但大部分知覺敏銳度不足的平凡人，或是只在週末訓練的運動愛好者，大都只想趕緊在時間內完成訓練，這樣的訓練方式完全把技術知覺排除在外，因此進步空間非常有限。」

Pose Method 是一套可實踐的「教學理論」

　　學習需要方法。Pose Method 是一種學習各項運動技巧的方法，這種訓練法中有許多重要的概念，像是重力、體重、失重、地面反作用力、彈力與支撐等，它們可以由「pose」（姿勢）這個關鍵概念串接起來。它並非一種新的教學理論，中國的武術早就用這樣的方式在教學，拳譜上師傅所畫下的圖像，與要求徒弟所練的各種樁功，就是該項武術中最關鍵的姿勢（招式）。姿勢之間的轉移過程形成了動作。該姿勢一定要練到精準到位與夠放鬆才能形成流暢的動作。想像一下，如果你是一位舞蹈老師，想寫一本教學手冊幫助學生學習，其中一項困難的決定是：書中要採用哪幾張照片才能有助於學習呢？最終選擇放在書中的照片，就是你這位老師心中的「關鍵姿勢」。優美的舞蹈、武術與各項運動動作，都是由無數的「姿勢」所構成的，其中某些特別的「pose」是優秀技術的關鍵。必須認清該項（運動）動作的關鍵姿勢為何，才能依此設計教學與訓練法，這樣的教學進路就是 Pose Method。

　　在此要特別強調 Pose Method 是一套可實踐的「教／學理論」，不只適合耐力運動愛好者與運動員，更適合教練與老師研讀。它不像許多科學研究或形而上的哲學理論，只能「論」，不能「做」（或不知該怎麼做）。除了理論之外，教學法（method）也是全書的重點，所以羅曼諾夫博士特別在第三部解釋動作「教學」的本質與架構，為何必須立基在「姿勢」與「知覺」這兩個概念上面。如果你本身就從事教育工作，對教學理論有興趣的話，建議你可以先讀第三部。

　　所有理論的成形都要經過下面五個階段：

1. 觀察（contemplation）

2. 思考（thoughts）

3. 見解（ideas）

4. 理論（theories）

5. 驗證（experiment）

　　任何影響深遠的理論都是從長時間嚴密的「觀察」出發。研究者必須花時間從各種角度「觀察」與「思考」自然界的現象，先不發表任何意「見」，也不「解」釋觀察到的結果是什麼，這是形成正確理論的重要過程。因為太快發表意見會讓人提早停止觀察與思考（考察）。不夠周延的考察時常導致錯誤的見解，錯誤的見解則會使人推導出錯誤的理論（theory），錯誤的理論會使教練設計出有問題的訓練方法（method）。

　　也就是說：好的理論，才有好的訓練法。

　　以跑步教學來說，用力推蹬與跨大步跑（把腳往前跨到臀部前方）可以加速是錯誤的結論，此種結論導致了錯誤的教學方法。推蹬的理論使教練設計了舉踵與蹬伸的訓練動作；向前跨步的理論則使廠商設計了加厚腳跟緩衝鞋墊的跑鞋。

　　在發表意見之前「花時間」考察是非常重要的過程，以免造成只觀察毛毛蟲兩三天，就下了「這是一種爬行緩慢靠嫩葉為生的動物」的結論。因此運動研究者要很謹慎，我們可以提供最新的數據資料與研究，或是某個理論的模樣，但尚未完成研究與掌握全貌之前，絕對不要太快下評論。對自己來說，太早下評論是阻礙學習的機會；對別人來說，等同於把錯誤的理論傳給對方，若有影響力，會像文化病毒一樣傷害到他者，就像跨步跑會傷害到跑者的膝蓋一樣。

　　前四個步驟的目的在尋找規律與邏輯化的立論，最後一步在「驗證」（實驗）理論是否可以接受檢驗。像達爾文的演化論，是他在《小獵犬號》上航行五年搜集與觀察眾多生物所形成的理論。羅曼諾夫博士的 Pose Method，也是透過觀察眾多不同程度的跑者而來的。當研究者透過「觀察」，在心裡形塑大致的理論樣貌後，再用它來「實」踐自己的理論是否可以重複被「驗」證。如果還沒有理論，實驗也不知從何設計起。

　　驗證是確認理論的最後一步。

　　本書前面三部談完「技術」與「教學」的理論之後，接著再透過游泳、騎車與跑步這三種運動來檢驗 Pose Method 理論，也就是剖析「what」的問題：該項技術的標準是什麼？

接著才談論如何訓練技術，也就是「how」的問題。在談論訓練法時，作者很明確地指出了該如何運用 Pose Method 來進行這三項運動的技術訓練：該練什麼、動作的要領、訓練順序，以及為何要練這些動作。最後再談這三項運動中常見的錯誤與矯正方式。

如果你是自行車愛好者，可以直接從〈第五部：騎行技術〉開始讀起；如果你是游泳愛好者，可以先翻看〈第六部：游泳技術〉；如果你是一位跑者，則可以先研究〈第四部：跑步技術〉。但因為第四部涉及較多力學解說，偏理論，如果之前有讀過羅曼諾夫博士的另外兩本著作《跑步，該怎麼跑》（*Pose Method of Running*）與《羅曼諾夫博士的姿勢跑法》（*The Running Revolution*），比較容易理解。如果你已讀過前兩本書，想更深入了解「姿勢跑法」的力學理論基礎，本書第十二到十七章有詳細的解說。

不論是哪一項運動，技術訓練都是一種知覺開發的過程

不論你打算先研讀游泳、騎車還是跑步，我都會建議你先讀第四章。因為人的所有行動能力都立基在當前的知覺水平，也就是說：有些行動需要更高水平的知覺才能完成。「知覺」這個概念，串起了本書關於教學架構、游泳、騎行與跑步技術的理論與訓練法。

過去我對訓練中「知覺開發」這個概念一知半解，去年有幸參加羅曼諾夫博士主導的全馬訓練營（2017 跑步學院 × 姿勢跑法上海全馬 PB 訓練營）之後，我更加清楚該如何帶領跑者學習「不要用（體）力加速」，而是「用知覺加速」。這一個論點，如果只是講述，跑者們肯定以為是天方夜譚，但在長達四個月的訓練營中，我看到羅曼諾夫博士的課表，一步步協助跑者完成知覺開發的工作。

下表為訓練營中跑者富國在第十二週，進行「四趟 5 公里」訓練後的數據，此跑者經過十七週的訓練完之後，全馬 PB 從 2 小時 53 分進步到 2 小時 35 分。

從上面的數據可以看到富國的配速一趟比一趟快，但心率幾乎沒有太大變化。若把目光放在第一趟和最後一趟，會發現富國最後一個 5K 的時間，比第一趟減少了 1 分 20 秒（每

趟數	項目距離	用時	配速 （min/k）	平均步頻	Ave HR 平均心率	Max HR 最大心率
1	5km	19:01	3:48	200	152	159
2	5km	18:44	3:45	204	154	160
3	5km	17:49	3:34	208	157	164
4	5km	17:40	3:32	210	156	162

公里配速提升 16 秒），但心率只上升 4，以他的最大心率是 193，心率 162 位於 2.3 心率區間。訓練營中許多學員都有類似的表現，只是他最明顯，因為他在知覺開發的過程中最為順利，這包括他每天睡眠充足、精神專注、全心全意相信課表，並努力達到要求。富國在某次訓練後給我的回饋中寫道：「突然領悟到，只有每天『輕鬆』的跑完課表，才能『繼續輕鬆』的完成明天的課表，如此成績才能提高。」

愈練愈累、愈辛苦，並非我們的目的；
愈練愈輕鬆、輕快、放鬆，才是我們的目標。

要達到輕快＋放鬆的訓練目標，我們必須學習用「知覺」來加速，而非用「（體）力」加速。加速時，只是輕微地把身體多向前傾「一些些」，保持動作不走樣，速度就會提升，而且不會更費力、也不會更喘氣。

本書在教你如何不用「力氣」加速

吳式太極拳宗師——吳公藻曾言：
「『用力』則笨，『用氣』則滯」。

笨與滯，換成跑步術語來說就是步頻過慢、觸地時間過長或腿尾巴拖在後面。西方的訓練理論裡很強調「力氣」；但中國傳統的運動表現（功夫），卻最忌刻意用力，而必須以「鬆力」、「沉氣」為法。當你要提速時要捨棄用腳、用腿或用力加速的意圖，必須保持心靈的虛靜，如此才能保持身手的柔和。

　　「用力」或「大口喘氣」是許多跑者在加速時所想像的畫面，這樣的畫面會引導你在加速時不自覺地繃緊肌肉與喘氣，但我們要改變這個意象，回想你在電視上看到菁英跑者進終點的畫面，很少是用力跑或氣喘噓噓地回到終點，因為他們並非用「力氣」加速。羅曼諾夫博士在本書中所傳授的是：加速，其實只是一種轉移體重的技巧。以跑步來說，加速只要輕微地向前增加一點落下角度即可，只要該角度在你可以控制的範圍內，加速時的心率幾乎不會上升。富國的案例並非少數特例，「只要了解姿勢跑法的概念，特別練過姿勢跑法的技巧，訓練時足夠專心」，每個人都可以做到。

　　本書使我們不再只從體能或生理適應的角度來看待訓練，而是改由「知覺適應」的觀點，將訓練的目的轉化成：使大腦的知覺系統對目標配速當下的感覺、情緒與肢體，在空間位置的變化速度產生適應，變得不再害怕，變得愈來愈得心應手（也應腳）；結果在該速度下的肌肉也會變得較放鬆，接著心率會開始下降。

　　以跑步來說，完美的跑步技術就是不管在何種強度下都能：一直像原地跑一樣保持速度。「像原地跑一樣」是指：只要腳掌觸地時，身體各部位要一直留在像原地跑的姿勢框架裡。換句話說，在空中完成（輕快且不費力的）「拉起」動作，在落地一瞬間就回到「關鍵跑姿」，接著保持關鍵跑姿向前「落下」。（在落下階段要「無為」，什麼都不做，後腳不推蹬、前腳不向前跨。）

　　上面是技術的細節，也是心法。但唯有「知道」然後「做到」，而且保持專注力與持續力「一直」做到，就能用有效率的動作維持配速。若知覺 off 了、鈍掉了、不敏銳了，姿勢就會開始走樣，此時若硬要維持速度，等於是「用沒有效率的動作跑出相同的速度」，接著腿就會開始變僵硬，心率開始加快，呼吸開始變急促。也就是說，你在相同的速度下心率開始變高、腿開始變硬。變痛苦與掉速都是從知覺變鈍開始。例如你在腳掌觸地後不

自覺地過度繃緊肌肉（超過支撐體重所需的緊繃感），或不自覺地向後推蹬，前腳不自覺地向前邁出，這些多餘的動作與緊繃感，就是知覺變鈍而無法再敏銳精細地控制自己動作的結果。

知覺變鈍→姿勢走樣→若仍想保持同樣的配速→肌肉變僵硬→心率加快→呼吸變急促→爆掉或跑得精疲力竭。

這一切都從「知道」開始，接著確立完美技術的標準，訓練的目的是朝完美的技術靠近，這是在「練心」，也就是在「開發」我們的「知覺」。知覺，是一種接受外在訊息與從中截取出有用資訊後做出決定（行動）的系統。知覺是控制我們動作的「本源」。在執行動作時身體的活動度、體能與肌力（簡稱「體力」）當然也很重要，但根本在知覺。也就是說，活動度、體力都有了，如果知覺沒有足夠的開發，動作的精準度與持續力一樣會受到限制。所以「辛苦地用（體）力配速」與「痛苦地維持速度」都是從「知覺變鈍」開始；要進步、在馬場上要能不撞牆、不掉速，也必須從知覺開發開始。

順應自然，才能避免受傷與提升效率

整本書是建立在「順應自然」的哲學思考下，先把三項運動的標準技術動作建立起來，再特別指出這三種運動中常犯的錯誤及矯正方式。目標是：使我們訓練時的思想、欲望與行動，統整成一個能與自然互相合作的系統。對游、騎、跑這三項運動來說，如果你想了解何謂「自然的動作」，必然可以在本書中找到令你滿意的答案。不只如此，還會教你實際該怎麼練。

每次跟著羅曼諾夫博士講課，他都會引用《莊子‧養生主》裡的一句話：「盾天之刑。」

「盾天」就是「逆天」，刑是指處罰。如果我們用莊子的思想來解讀跑步運動傷害，即是「人之所以會受傷是因為動作違背自然，被自然處罰的結果」。

什麼是自然的動作？

「重力」就是自然界最原始的力量。我們在跑步時不應去對抗重力，而必須學會與重力共處，這就是順應自然。什麼是自然？自然界不會有多餘的事物，所以老子說「無為」。「無」是動詞，「無為」是指消減多餘與造作的行為。所謂的完美正是把多餘的事物（或造作的動作）消減殆盡，只留下該事物中無法消除的不變元素，這些元素即是該事物的本質。作者在書中把游泳、騎車與跑步這三項事物的本質揭發出來，進而說明：「自然的動作＝不會受傷的動作＝有效率的動作＝沒有多餘動作的動作＝完美的動作」，而運動技術教練的工作正是在確認何者是多餘的動作、何者是不變的元素，然後透過訓練把運動員身上的多餘動作刪減掉。

　　也就是說：「為什麼會受傷？」與「為什麼動作沒效率？」指向同一個解決方案：訓練技術與開發敏銳的知覺。過去很少有人可以把「運動技術」的理論，講得如此系統化與合乎天理，但羅曼諾夫博士做到了。只要你熱愛這三項運動，也想知道避免受傷與提升效率的技巧為何，你一定能在本書中找到答案，而且會發現答案竟如此簡潔與圓滿。

　　本書的訓練法跟現今主流的美式觀點有許多衝突性，但正如運動生物力學博士——弗萊徹（前英國鐵人三項國家隊教練）所說的：「我們要透過客觀的研究和物理定律來驗證，不能只是因為『我從沒聽過這種說法』，或認為『這只是某人的主觀意見』，就認定它沒有價值。」若你能夠花時間用心閱讀，實際跟著本書的技術動作進行訓練，必能體驗到訓練與進步的樂趣，了解到它的價值就像一本武功祕笈一樣珍貴。

 2018 年 1 月
花蓮筆

創新且絕妙的移動理論

　　有關鐵人三項的書那麼多，為什麼你一定要讀這本呢？也許發明背越式跳高的迪克‧福斯貝里（Dick Fosbury）的話對你會有幫助：「『你不可能成功的啦！』『你不可能變得更厲害啦！』『這樣的技巧不會有用的』這樣的話我聽了很多。 聽到這些話時我通常會聳聳肩，然後對這些人說：『咱們就等著看結果會怎樣吧！』」在開創革命性的跳高技術之後，迪克於一九六八年的墨西哥奧運中奪得金牌。

　　當年我聽到羅曼諾夫博士解釋他的姿勢跑法（Pose Method of Running ）理論時，心裡只有一個想法：「這個完全符合運動生物力學的理論，但之前怎麼都沒有人提出來呢？」我當下決定將我的博士論文研究方向改成姿勢跑法。我研究發現，所有跑者的每一步都是透過轉動力矩向前落下，這和博士的理論不謀而合。

　　另外值得一提的是，我找了八位原本是腳跟先著地的跑者，教了他們姿勢跑法一週後，他們的 1.5 英里成績平均進步了 25 秒。迪克的例子也告訴我，他提出的背越式跳高法不但符合運動生物力學，同時也確實提升了他的個人成績。同樣地，羅曼諾夫博士所提出的游泳、自行車和跑步技術也應該進行客觀的評估，透過客觀的研究和物理定律來驗證，不能只是因為「我從沒聽說過這種說法」，或認為「這只是某人的主觀意見」，就認定它沒有價值。

　　大家總說：「要是你用一般人的訓練方法，就只能得到一般人的成績。」本書用全新的

想法，讓你有機會能夠用全新的思維來訓練。要先提醒你，本書可能會顛覆你舊有的訓練觀念，還有它不只是一本談論游泳、自行車和跑步技術的書，而是全面地討論人類所有的動作。

　　羅曼諾夫博士發展的這些技術理論，全都立基於一個重要的原則之上：「人體的移動是在平衡與失衡的循環之間進行，移動的效率取決於你在平衡與失衡時的『姿勢』有多優秀。」我在深入研究 Pose Method 的同時，也把它運用在奧運選手的訓練上，我強力推薦書中的理論與訓練法，希望大家在閱讀羅曼諾夫博士創新且絕妙的「移動」理論過程中，能和我過去這十年一樣享受。

──葛理翰・弗萊徹（Graham Fletcher, Ph. D.

運動生物力學博士、前英國鐵人三項國家隊教練）

　　（以上是弗萊徹博士在加拿大溫哥華菲莎河谷大學 [Fraser Valley University]，運動生物力學學系的演講摘要。）

謝辭

花了很久時間才寫完這本書，這一切都很不容易啊。書終於完成了！沒有我的家人、同事和朋友們晝夜不停地協助，這本書將無法像現在這樣完整地呈現給大家。我欠這幾位生命中的貴人一個人情，沒有他們，這本書不會如此豐富。

如果沒有我太太蘇維特蘭娜（Svetlana）的信念和堅定意志力、愛女瑪麗安娜（Marianna）的精神、愛女拉娜（Lana）和小犬瑟弗林（Severin）的創意和熱情，以及尼基（Nicky）的貼心支持，還有孫女蘇菲雅（Sophia）的可愛陪伴，你將無緣拿到這本書。

本書的另一位作者約翰·羅伯遜（John Robson），是一位聰明的記者，同時也是我的好友，因為他的才華與才能，讓這本書簡單易讀又引人入勝，同時還能保持 Pose Method 的科學精要。

我想要趁此對我的好友安德烈·皮安金博士（Dr. Andrei Pianzin）表示感激，書中的圖示都出自他的手。

感謝我的朋友兼同事葛理翰·弗萊徹博士（Graham Fletcher, Ph.D.），他整理了許多來自不同國家的科學研究，這些研究的參考資料增添了本書的價值。感謝他長期以來的支持，我十分珍惜我們之間的友情。

感謝我的朋友兼同事麥克法登（Lynn McFadden）、索爾（Connie Sol）和薩維奇（Debbie Savage），感謝他們為本書提供建議與溫暖的友誼。

再來要感謝我的學生兼朋友加薩（Arturo Garza）——菁英鐵人三項選手兼墨西哥國家隊員，相信這套理論與訓練法，並且身體力行 Pose Method。

在此我很難一一感謝所有對本書有貢獻的人，但我一定要謝謝賽捷（Cyle Sage）、蒙諾屈亞（Pat Manochia）和伍德曼（Jim Woodman），在我工作生涯剛起步階段就支持我走這條路。還要感謝 Pose Method 的教練科林斯（Michael Collins）、莉芙拉（Claudia Rivera）、古茲曼（Francisco Guzman），以及過去曾經聽我講述這套理論的人。

感謝過去所有參加 Pose Method 相關課程的學生，感謝他們願意改變。改變原本對運動的理解並相信我的理論，不只需要前瞻性，更需要勇氣。沒錯，這本書出版了！你對於人類動作模式的理解將進入另一個領域，我把它稱為「Pose Method」。最後，我很感謝你願意跟我一起探索這個新領域。

羅曼諾夫博士（Dr. Romanov）

前言

想要了解身體的動作，勢必要先了解身體是如何在空間中的位置進行連續轉換。

——E.J. 馬雷（E.J. Marey，法國醫學教授）

本書中「Pose Method」概念的起源可有歷史了。我最初是把它運用在田徑項目上，但當時我就預見這個方法其實可以廣泛運用在各種運動領域，游泳、騎車和跑步也只是其中三項而已，所有運動的技術都可以用這個概念來解釋，並且設計訓練動作。

所有的動作都是由無數個不同的「姿勢」（pose）集合而成，這些不同姿勢的存在都有意義：它們的組成是為了達到能量轉換的目的。萬物不會無意義地存在宇宙中。也就是說，萬物的存在都有其目的，姿勢也是，每一個動作開頭和結束皆伴隨著能量轉換的過程。

人類在地球上移動需要同時運用重力、氧氣與心智這三個元素。在不受到外力作用下想要自主移動就需要「用力」（運用重力）、「用氣」（運用氧氣）與「用心」（運用心智與意志），這三者是我們能夠自主運動的必備條件。在這三元素的架構之下，Pose Method 於是成形。姿勢（形）存在的目的是為了提供能量轉換的管道，使這三個元素最終得以完成「形意合一」的圓滿系統。

Pose Method 的概念就是結合重力、氧氣和人類心智。重力的存在，使得世間萬物都能依一定的次序上下階層排列：從我們呼吸的空氣、所喝的水到每一個環境中存在的物質都能聚集在一起。甚至人類身體的組成方式，都是為了讓身體得以在重力環境下生存與執行動作而演化出來的。同理，人類的肌肉、骨頭與結締組織，也同樣是為了讓身體在重力環境下運動而存在。

人體內部生理系統的存在與作用是為了要提供肌肉能量，而這些能量實際來自於空氣中的氧氣和環境中其他物質的消耗。

人類的心智，以具體的身體器官來說就是指我們的腦袋，若再加上巧妙的細胞網絡、中樞神經和外圍的神經系統，便組成了人類這種複雜的生物。

人類在陸地上與水中都能完成許多工作，甚至身處外太空也可以執行任務。不管身在何處我們都具有動作的執行力，但這些表現出來的動作有可能極好，也可能拙劣無比。

本書提出的 Pose Method 概念可以不斷用來檢驗人類執行動作的技能，幫助我們拆解與分析這些動作，最後歸納出統一的原則，使我們能運用重力、氧氣和心智這三元素，執行更有效率的動作。

在這本書裡，你將會讀到如何將 Pose Method 應用在跑步、自行車和游泳上。三個元素，三項運動。好好享受吧！

Part 1
介　紹

第 1 章

鐵人需要特別練技術嗎？

「需求」是發明與轉動世界的主軸，這是亙古不變的自然法則。
——李奧納多・達文西（Leonardo da Vinci，義大利天文藝術家）

- 耐力（endurance）
- 體能（conditioning）
- 剛毅（fortitude）
- 堅持不懈（perseverance）
- 意志力（willpower）

當我們跟別人聊到「鐵人三項」這項運動時，你可能會很快聯想到上述這些特質，以及鐵人們在夏威夷熔岩區奮力掙扎著跑向終點的畫面。這些印象已被烙印在大眾的集體意識裡，所以大家普遍認為鐵人三項是一種比賽時間相當長而且很折磨人的耐力運動。

除了少數的旱鴨子之外，一般正常人都能跑、能騎也能游上一小段。所以大多數人會認為這三項運動的動作本身並不特別

困難，完賽的最大挑戰在於規律的訓練與充足的體力。

坦白說，如果目標只是為了完賽，這種看法也沒錯。我的意思是，有些人參加鐵人只是為了跟朋友賭氣。大話已經說出口，不得不硬著頭皮上場，所以開始把家裡的老自行車搬出來，花上幾個星期訓練，如果只是半程標鐵賽（游泳 750 公尺、騎行 20 公里、跑步 5 公里）的話，大多數的人只要在比賽時用意志力硬撐一下，基本上都可以完成。

很多人都是因為上述的契機才開始投入鐵人三項運動。有趣的是，這些人在完成初鐵後，很快就會開始考慮什麼時候要報名下一場，還有怎麼取得更好的成績。通常他們想到的第一件事，可能是買一台更

好的單車，或是買一雙更好的跑鞋，又或者是參加專業的游泳訓練課程。當然，幾乎每個人都會認為「苦練」是進步的不二法門。

我要在這份「進步」的清單中再加上：

開始學習跑步、騎車和游泳的技術！

練鐵人也要學習技術？這聽起來似乎有違直覺，因為我們前面不是才說過幾乎人人都能跑、能騎也能游嗎？都已經會了為什麼還要學？

大部分人都會這三項運動沒錯，但卻很少有人能同時精通。而且，大部分的人都認定鐵人三項屬於耐力型而非技巧性的運動，所以訓練的重點自然會放在體能上。出門開始累積里程數當然比提升技巧來得重要。

除非你剛好對這三種運動都很有天分，才可以只練體能不管技術，但這種練法就像通往盡頭的單程車票，抵達終點後就無法再突破了。當然，剛開始時只要訓練成績就會進步，身體也會變得更強，但如果

沒有特別花時間訓練這三項的技術，就等於局限了自己的進步空間。

想想那些剛接觸鐵人三項運動的朋友，他／她們的背景都不相同。有些人已經很擅長其中一到兩項，因為朋友的鼓吹才首次嘗試鐵人三項運動。有些人可能是為了在個人的時間安排上保有更大的自由度，所以想從團隊運動轉成個人運動，練習時就可以不用配合別人的行程。另外還有些完全沒有運動背景的人，只是想在進入中年後挑戰不一樣的目標。

不論剛開始從事鐵人三項運動的動機為何，顯然沒有人一開始進入這項運動就具備高超的技巧，也沒有人會一開始就從技術開始練起。但如果我們現在把這三項運動改成網球、高爾夫球和射箭呢？因為這些運動有一定的難度，所以第一步必定是先學技巧，但一回到游、騎、跑這三項運動，人們很自然地就直接認定它們並非技巧性的運動，所以直接跳過學習技巧的過程。

若你在從事鐵人三項運動時沒有把技術訓練的必要性當作一回事，在追求進步的路上必然會遭受到重重挫折，最糟的結果是過度訓練，練到受傷或完全放棄這項運

動。因此技術很重要，它是進步與避免運動傷害的關鍵，但從教練或教學的角度來看，技術教學會有兩種層次的挑戰。首先，必須要先跟剛接觸技術訓練的鐵人溝通，讓他們了解練跑步、游泳和踩踏技術的目的何在；再來是設計一份實用、高效且可吸收的技術訓練計畫。

雖然鐵人三項被視為一項終生運動，卻有許多新朋友剛開始進入這項運動就太過急躁。可能因為他們已經選好目標賽事，所以很興奮地想完成自己的新任務，但這就像鞋帶還沒綁好就想出去練跑一樣，很容易產生問題。技巧純熟是避免受傷與進步的關鍵，剛入門的新手尤其需要把時間花在技術上面，用系統化的方式來學習，但大多數的初鐵者只關心他們的第一個完賽獎牌，而非動作是否標準。所以，為了使鐵人們願意先學動作再參加比賽，透過系統化教學來縮短學習曲線變得非常重要。原本要花上數年才能夠精熟的動作，可以縮短到數月（或甚至數週）就能學會。技術動作是最重要的，尤其當你同時面對三種不同動作模式的運動時更需要把注意力放在技術本身。技術（technique）這個詞來自古希臘的「techno」，原意即是「做事的技巧」（the skill of doing）。

踏上鐵人之路的第一步，不是出門訓練，而是先要在心理上接受跑步、騎車和游泳跟其他技巧型的運動項目一樣，都需要特別練技術。必須先在心理接受這一點。接著，要理解技術背後的理論、概念和物理定律，在腦海中打造正確動作的意象、知覺與姿勢。正確的理解與意象是學習技巧的第一步。

不管是任何運動，在開發教學計畫的過程中首先必須清楚了解「技巧」（skill）一詞的定義：我們為了達到特定目標而動用所有資源的一種能力。要達到這種能力，必須進行有系統的訓練，在這個過程中必須先設立明確的標準動作，藉由標準來矯正錯誤，逐漸建立正確的動作模式。簡言之，鐵人們在思考、感受與運動時必須在同一套邏輯架構下進行。

這個架構是立基在一個很單純的假設之上：所有運動的動作（包括游泳、騎車與跑步）都是由一連串不斷重複的姿勢所組成，如果這些相同的姿勢本來就要一直重複，先確定完美姿勢為何，再不斷反覆進行練習才合理，對吧！

更重要的是，我們必須了解每一種動作

圖 1.1 ⊃ 游、騎、跑的關鍵姿勢。

模式裡必定存在某些特定的姿勢，這些特定的姿勢對動作的流暢度至關重要。我們必須先辨識出該項運動的特定姿勢之後，才能正確理解高效率的動作為何。每種運動的關鍵姿勢都具有某些明顯的特徵（圖1.1），這些姿勢也是提升運動技術與成績的關鍵所在。

這些所謂的「關鍵姿勢」是指身體最容易「失去平衡」[1]與「運用體重」的姿勢，這是它與其他無數姿勢之間最大的區別，也正是技巧優劣的關鍵。任何運動在追求高超技巧與動作效率上，基本原則是一樣的，我們的目標是：確認最容易運用體重的關鍵姿勢，再不斷強化該姿勢的知覺以

及在關鍵姿勢之間快速轉換支撐的能力。整本書都是以上述邏輯來談鐵人三項的技術。往下讀你會了解我們是如何運用 Pose Method 理論來使動作變得更有效率。

鐵人的成就 = 技巧的開發程度

這本書企圖提出一種可直接拿來運用的技術訓練法。全書的技術動作教學理論都奠基於 Pose Method 這個統一的核心概念上，從入門新手到奧運等級的菁英選手都適用。所有的三項運動員都希望能在無傷無痛的情況下提升運動表現。我期望你能透過本書所闡述的技術原理與訓練方式來達到目標。

我們當然無法否認，本章一開始提到的

耐力、體力、剛毅與堅持不懈的意志力這幾種能力都很重要，鐵人們需要這些能力來達成目標。但我們必須同時認清，如果沒有熟練的技術，上述這些能力並無法帶你走得太遠。

羅傑·班尼斯特（Roger Bannister）是歷史上第一位能在 4 分鐘內跑完 1 英里的跑者，[1] 這是一項了不起的成就，因為過去認為人類的極限是 4 分鐘，不可能有人跑得進去，但班尼斯特卻做到了。當記者訪問他時，他的回覆極具啟發性，他說：「突破原本的極限是一種可訓練的能力。」要打破原有的極限，除了要有堅強的意志之外，還必須具備技巧，你必須兩者兼備才能把鐵人三項游、騎、跑的動作練到爐火純青。

譯注：

1. 在物理上，物體在地面上移動的原因即是平衡狀態被破壞。

參考資料：

(1) Bannister R. The first four Minutes. Sutton Publishing, 2004.

Part 2
移動的概念和原理

第 2 章

重力

動作是不可分割的，沒有所謂的起點；

在連續的動作中起點即是終點，而一切的推進力都來自體重。

——李奧納多·達文西

重力，是一種亙古不變的力，它形塑了人類的動作模式，但直到大約四百年前，英國的天才科學家艾薩克·牛頓爵士（Sir Isaac Newton，圖 2.1）才把重力的概念帶入科學的領域。承蒙牛頓的驚世洞見，萬有引力這個概念才能夠被世人了解，自此我們才發現宇宙間所有的星球都在它的牽引下，以超乎想像的速度在特定軌道上完美的重複運行，重複的精準度就像是精心設計的高科技產品一樣。

「在靜止不動的狀態下，我們跟地球一起以每小時 1000 英里的速度自轉，而且同時以每秒 20 英里的速度繞著太陽公轉。不只如此，整個太陽系也與附近的恆星一起以每秒 13 英里的速度不斷地移動著；我們所處的恆星系以每秒 200 英里的速度

繞著銀河系的中心轉動；相對於外部遙遠的星系，銀河系也在移動，它的速度是每秒 100 英里。」[1] 重力，是這些驚人速度的動力來源。

圖 2.1 ⊃ 牛頓所發現的萬有引力（重力）在人類各種運動模式中都扮演著關鍵性的角色，但好幾個世紀以來都被運動生物力學家所忽視。

照片來源：Wikipedia.org/Public Domain.

地球是我們的家，在這個家中似乎一直存在能源危機的問題。但重力這種可靠的能源，卻是一週七天、每天二十四小時供

應，一秒都不停歇。俄國科學家彼得・安諾金（Peter Anokhin，圖2.2）曾這樣說道：「所有的生理系統都是為了適應萬有引力所演化出來的。」[2]

地球上的重力對於生命來說至關重要。試著想像一下，地球失去重力會發生什麼事？想像力不用太豐富也知道必然會發生可怕的災難。沒有重力，地球上的生命就不可能存在。

抽象概念

圖2.2 ⊃ 俄國學者安諾金對重力跟我們之間的關係有非常深刻的觀察。

照片來源：Wikipedia.org/Public Domain.

首先，如果沒有重力我們就無法在地面上安全的移動，因為只要我們推蹬地面一次，就會離開地球表面，朝外太空飛去。但那還不是最糟的，因為更糟的是失去重力後，空氣和水也會跟著逸散到太空中，我們將無法呼吸，無水可飲，世上一切生命體都將消失無蹤。

世上所有生物的形體和結構都受到重力的影響，[3]包括人類的生理構造、體型、體重與動作。一九六九年，當美國太空人尼爾・阿姆斯壯（Neil Armstrong）第一次在月球漫步時，我們發現人類的動作模式深受重力大小的影響。在重力縮小的環境裡，人類的步行動作跟在地球上有很明顯的差異。

重力是地球上所有物體移動的推進力，第一位發現這項事實的是達文西。他曾寫道：「移動，是失去平衡所造成的。換句話說，當某物體的重量平均分布且處於平衡狀態時，它是不會自行移動的，失衡才會移動，而該物體移動速度最快的時間點，正是它離平衡點最遠的時候。」（圖2.3）[4]

圖2.3 ⊃ 重力是地球上所有物體移動的推進力，首位認清此點的是達文西。

照片來源：Wikipedia. org/Public Domain.

四百年後，生物力理學家湯瑪士・格林

漢・伯朗（Thomas Graham-Brown，圖2.4）才把達文西的思想發揚光大。他寫道：「對我來說，只要是前進的動作，不管在空中飛翔或是像跑步一樣在地面前進，都是因為物體重心受到重力牽引而『向前落下』的結果，從重力所獲得的動量（momentum）可以用在向前或向上移動；所以，在這反覆落下的循環中（理論上在沒有阻力的理想環境中）無須作功，物質就能在水平方向不斷移動。」[5]

圖2.4 ⊃ 伯朗將達文西的觀察結果發揚光大，他把地球上所有的「移動」定義為：物體受地心引力的牽引向前落下的過程。

照片來源：Wikipedia.org/Public Domain.

了解這些前賢哲人的想法之後，你必須了解，重力恆定不變、無所不在，而且這股把物體向下拉的力量永遠不會消失。重力處在最高位階，地球上所有其他力量都隸屬於它，受到它的影響。為了研究技術與提升動作的效率，我們必須先對「重力」這個概念有所了解，之後才能運用它來達到最有效率的移動方式；因此，當我們接下來想方設法在提升鐵人三項的技巧時，不要忘記「重力」，它將是所有討論的基礎。

參考資料：

(1) Pears Cyclopaedia, A & F. Pears Limited, Isleworth, Middlesex, 1956, p. 163.
(2) Anokhin, P. K. Selected works. Philosophical aspects of the functional system Theory. Nauka. M. Publications （In Russian）, 1978, pp. 27–48.
(3) Bejan, A. shape and structure, from engineering to nature. Cam bridge University Press, 2000.
(4) Keele, K.D. leonardo da Vinci's elements of the science of man. New York: Academic Press, 1983, p. 173.
(5) Graham-Brown, T. note upon some dynamic principles involved in progression. British Medical Journal, 1912, pp. 875–876.

第 3 章

支撐、移動與動作：鐵人三項中的三大基本概念

> 若給我一個穩固的支撐點，我將能移動地球。
>
> ——阿基米德（Archinedes，希臘數學家、物理學家）

你可能會認為鐵人三項這項運動只跟游泳、騎車與跑步有關。

當然，鐵人三項是由這三種項目所組成的運動，毋庸置疑，但如果你想在鐵人三項中獲得更高的成就，方法跟其他運動項目一樣，你必須深入去研究與理解它。不管從事何種運動，雖然不去理解移動的原理，只從事身體上的訓練仍可獲取一定程度的成就，但如果能花時間思考人體到底是如何從 A 點移動到 B 點，你將會更容易掌握這三項運動的精髓。

一旦明白移動的基本道理，就能了解游、騎、跑這三種看起來差異很大的運動，背後移動的原理竟如此近似。換句話說，如果能了解背後的原理，便能將你最擅長的運動技術運用在最差的項目上，使你三項的實力達到相同的水準。

原理是什麼呢？簡而言之，你可以把「支撐」（support）這個概念當作思考的起點；有了支撐之後，你才會具備穩定、平衡與移動的立基點。當你想要成為一位鐵人時，許多朋友和同事們也許會認為你精神錯亂，可能會對你說「這會打破你生活的平衡」。但不用理會他們，不管在心理或身體上都要立刻開始動起來。沒錯，結果是「行動」（action），因為行動的本質就是失衡，而且行動是思考與欲求的具體化呈現，就像你「想要」練三鐵，所以你才開始出門跑步、轉動踏板，接著再下水游泳一樣。

現在，有了你的「支持」之後，我們就可以開始一起邁向積極的鐵人生活。

支撐

圖 3.1 ⊃ 穩固的支撐可以使你達到不可思議的壯舉，像是把地球給舉起來。

我們需要特別注意「支撐」的價值，因為它是了解自然界基本運動原理的關鍵概念。

（在本章開頭處）我們引用阿基米德的話，他的意思是：只要有地方能站──支撐點夠穩固，我們就能達到不可思議的壯舉，像是舉起地球（圖 3.1）。阿基米德精準表述了支撐與運動之間的關係。當然，如果我們能像阿基米德一樣徹底理解支撐的概念，進而善用支撐點之後，我們在地面上的移動效率將大幅提升。

一個物體的平衡不只是因為支撐，還跟重力有關。支撐與重力這兩個概念每天都以各種方式呈現在我們的日常生活中。它們無所不在，但我們卻很少討論或對它們進行深思。支撐的意義對我們影響深遠，它掌控著我們的每個動作。

世間所有事物的鏈結都跟支撐有關，就像一種觀念支撐著另一種觀念；人與人之間互相扶持（幫忙）；各種物體也處在互相支撐的狀態。

牛頓所提出的萬有引力是一種物理法則，適用於所有的物體。此定律與伽利略（Galileo Galilei，義大利天文學家）所提出的自由落體理論相互印證（圖 3.2）。這兩位科學家都曾先後面對過許多當代學者的質疑，但他們的理論卻能夠互相支持，而且經過長期驗證之後已被視為物理的基本定律。同樣地，當我想清楚地把 Pose Method 的概念論述出來時，我找到了亞里斯多德（Aristotle，希臘哲學家）這位先賢的支持，他對生物的移動原理提出了相當精闢的見解，而且正好跟 Pose Method 的理論不謀而合。

你每天都要面對各式各樣的決定，朋友、愛人或長者的支持與協助，可以幫你

圖 3.2 ⊃ 伽利略是義大利物理學家與天文學家，他提出：不論體型與質量，所有的物體都會在重力的牽引下，以相同的速率往下落。

做出正確的選擇，使你的努力獲得回報。鐵人三項是一種很花錢又沒有實際功效的運動，在剛接觸這項運動時很多人會認為你很傻，但你仍受到它的吸引，踏上鐵人之路，在這條路上你想必也從部分親友的支持中獲得力量。不論這股力量是來自賽道上替你加油鼓勵前進的朋友，或是平日支持你訓練的家人，這些支持的力量看似無形卻又都真實無比。因此，不只物理上的支持很重要，心理與精神上的支持對你的努力成果也有正向的影響力。

從解剖學的角度來看，我們生理上的功能也相互依靠，它也是一種支持的展現。例如肌肉的收縮需要仰賴中樞神經系統、心血管系統與呼吸系統的支持。反過來說，這三種系統同時也會因為肌肉的反覆收縮而受到刺激，進而適應與強化。

因為有這些系統的支持，我們才能透過肌肉來運用體重，使身體朝目標方向前進。運用體重，需要支撐點才能做到，這個支撐點不論是在身體的哪一部位都行，有了支撐體重的部位之後，身體才能在空間中移動。亞里斯多德曾說過類似的話：「當某個連續且完整物體的某部分正在移動，另一部分必定處於靜止狀態；因為某部分靜止不動，所以整體為了能夠一起移動，其中必然存在著連結移動與靜止這兩端的共同部分。」（圖 3.3）

所以，我們需要支撐，才能夠透過肌肉來運用我們的體重。我們身體的「質量」（body mass）只有在它與另一個物體接觸有了「重量」（body weight）之後才能開始移動，而另一個物體可以是地面或其他物體。此物體阻止了身體被重力向下牽引的力量——也就是被拉向地心的力，變成

圖 3.3 ⊃ 亞里斯多德是希臘哲學家，他提出身體的支撐部位必須處於靜止狀態，才能成為移動部位的穩固支點。

靜止狀態。透過對抗與利用重力，移動才會發生。然而，若身體無依無靠（沒有支撐），肌肉就毫無用武之地，我們也會無法改變身體的移動方向。

簡言之，除非我們有東西可以支撐，力氣才會有處可使，不然將無法移動。

跑步，是人類最基本的移動方式，在這種移動過程中，我們是利用地面的腳掌來當作支點，有了支點才能運用體重。腳掌為身體提供支撐的同時，地面也為腳掌提供了穩固的支撐點。順著這樣的思考邏輯，腿部被腳掌支撐，軀幹被腿部支撐。腳掌通過地面的同時，肌肉提供了整個身體系統所需的支撐能力。

就算在騰空期，身體各部仍持續相互鏈結，只是在空中時身體變成了腿部的支撐點，如此後腳才能被抽離地面。當腳掌一觸地，循環再度開始。跑步只不過是一再重複這種快速且經過控制的轉換支撐而已，只要此種精巧的支撐循環被打斷，跑姿就會立即走樣。

從圖 3.4 我們可以看到「支撐」在跑步動作中所扮演的角色。

如圖所示，當地心引力把你的身體質量往下拉，而且支撐在地面上時，身體才會

形成體重。體重成形的同時，下肢的肌肉才必須開始用力。接著支撐的平衡被破壞，身體落下，加速度就此產生。

換句話說，當地面開始支撐身體時，重力創造了體重，也只有在這種情況下肌肉才能發揮功能。你可以跟朋友一起做一個簡單的測試，藉此體驗體重與肌肉間的關係。如同圖 3.5A 所示，把你左手的食指放在你朋友的手掌上，接著請他用力推你，此時他當然可以輕易推動你的食指；但是當你右手施力把他的胸口往後推時，

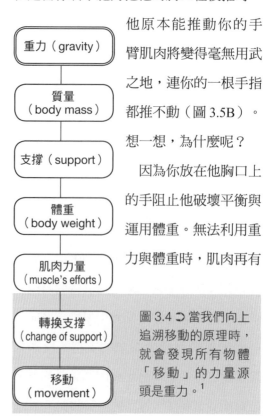

圖 3.4 ⊃ 當我們向上追溯移動的原理時，就會發現所有物體「移動」的力量源頭是重力。[1]

他原本能推動你的手臂肌肉將變得毫無用武之地，連你的一根手指都推不動（圖 3.5B）。想一想，為什麼呢？

因為你放在他胸口上的手阻止他破壞平衡與運用體重。無法利用重力與體重時，肌肉再有

力也沒用。這項測試可以幫助我們了解重力、支撐與平衡之間的關係。它們之間是一個環環相扣的系統，而重力在這個力學系統中扮演最關鍵的角色。

或許，最令你感到驚訝的是同樣的道理也適用於騎車和游泳。不管是哪一種運動，重力、體重與肌肉力量之間的關係還是一樣，並不因為動作模式不同而改變。大部分人會認為騎車和游泳屬於低衝擊的運動，可以免受地心引力的影響，但事實上任何一種移動方式，都是因為有了重力與支撐，在地面形成體重之後接著失衡與自由落下的結果。我們將在後續的章節，進一步揭開騎車和游泳的動作如何受這些元素影響。

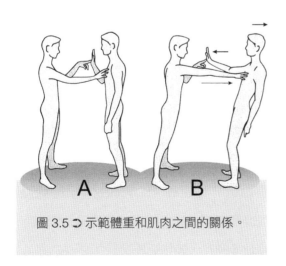

圖 3.5 ⊃ 示範體重和肌肉之間的關係。

移動

> 運動，是我們的天性；
> 完全的靜止，即是死亡。
> ——布萊士・帕斯卡（Blaise Paskal，
> 法國數學家、物理學家與哲學家）

雖然有了電腦以後，人類進入了知識爆炸的時代，但移動的原理與生命的本質，卻早在好幾個世紀以前就被哲學家了解透徹，並且清晰地表述出來了。「生命」的本質是能量的轉換，所有的事物都是「能量」的各種變化型，包括實體和光波，前者的能量被限制在一個固定的範圍裡，後者則屬於開放流動的形式。

能量、物質、空間與時間（圖 3.6）是構成這個世界的四大概念，這四種概念同時呈現這個世界的簡樸與多變。我們獨特的存在，也同時證明了這個世界的多樣性。

世間萬物的運作背後都存在某種基本的法則，其中之一是：「生命隨時都在動，會動才算是生命」。活動是生命的本性。宇宙中的萬事萬物處在一種持續的變動狀態之中，時空中各式各樣的物質，只是某

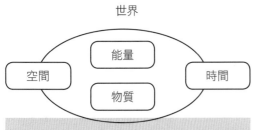

圖 3.6 ➲ 構成世界的四大概念。其中的能量在時空中與物質交互作用。

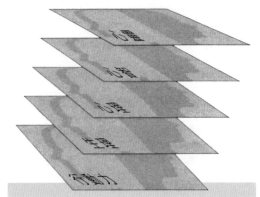

圖 3.7 ➲ 力學是最底層的能量形式，但現代的訓練法大都只專注在力學效益與生理體能的提升上，反而把其他都排除在外。

種形式的能量轉化成另一種形式的結果。

在上述宏觀的視野下，人類的存在可以被劃分成五個層次：行動力、生理、心理、心智與心靈（圖 3.7）。力學是最底層的能量形式，但現代的訓練法大都只專注在力學效益與生理體能的提升上面，反而把其他都排除在外。

每一層都是我們日常生活中運用能量[2]時所展現出的不同形式，而後天學習來的技巧，正是為了特定情境下的需求而把能量導向特定階層的動作。當每一種形態的能量都可以自由的流動時，它就能因應不同的需求，相互交疊與轉化。因此，在訓練動作時必須了解（也必須接受）：為了達到完美的運動表現，我們一定要先使能量形式的轉化達到完美，也就是能夠在對的時間點把能量轉化成正確的形式。[3]

當我們從事肢體活動時，能量最明顯的表現形式是看得到的「動作」，像是游、騎、跑這些動作，似乎是能量最主要的供應對象，但運動的「力學能」並非獨立存在，它們也和其他能量緊密地互相連結。這三項運動的動作，只是能量通過身體渠道對外顯現的形式，因為它在「門外」，所以顯而易見，但在這過程中，「門內」的能量仍然以看不見的形式流動。

說得更明白一些：肉眼所見的游、騎、跑動作只是能量轉換的最終產物，它必須通過其他內部能量的轉化，這種轉化的過程也是一種運動（movement）。此觀點並非我所創，許多哲學家都提過，例如亞里斯多德在《動物的運動》（*Movement of*

Animals）一書中提到：「事物的運動之所以能成形，都必須先經過內部運動，而原地的動作應是內部運動的最終階段。」[1]

俄羅斯的運動生理學之父——伊萬・米哈伊洛維奇・謝切諾夫（Ivan Mikhaylovich Sechenov，圖3.8）在著作《大腦神經反射》一書中也曾寫道：「大腦展現的所有外部活動都可被歸納成單一現象，也就是『肌肉收縮』，」謝切諾夫強調，「我們內在心智、心理和生理活動的『最終表現型』，是肌肉所產生的動作」。[2]

圖3.7是身體裡能量傳遞的階層。為何我要特別把它提出來呢？因為我們必須了解跑步訓練並非體能展現的第一步，而是最後一步。事實上，也正因為能量傳到了能量鏈中的最後一環，動作才會產生。也就是說能量若只夠形成念頭而傳不到行動，就算觀念再正確也無濟於事（正念再強也無用）；反之，若欲望（動機）夠強

圖3.8 ⊃ 運動生理學之父謝切諾夫認為：肌肉的收縮是我們內在心智、心理和生理活動的最終表現型。

大到形成動作，可是觀念錯了，練得再勤，也會因為動作偏差而造成傷害。

生命的本質是活動，「活」與「動」互為體用，無法切割。生命中的各種活動都必須通過這條能量鏈，鏈條終端是肢體的動作。在這條環環相扣的鏈條中，能量在其中循環往復地流動著，所以為了刺激身、心、靈的成長，我們必須移動。我們的目標是在這無盡的能量轉換過程中，尋求「生命」與「活動」的完美表現。

俗話說得好：當某件事情值得你去做，當然就值得把它做好。當我們追求身體運動能力的同時，我們的心智必須先深入去了解動作背後的原理。基本上，當你對游、騎、跑的動作了解愈深入，技術就會愈高超，因為運動是一種把能量從內心導引至外部活動的過程，內心的理解不夠正確與深入，運動能力自然無法有效發揮。

同時專注在身心靈各階能量是提升運動表現的關鍵，下面的情景有助於我們了解全神貫注的重要性，也能使我們了解分心為何會帶來限制。想像一下：早上六點，在現代化的健身俱樂部裡，到處都是最新的訓練設備。在飛輪室中沒有一台機器是空的，上頭坐滿了認真踩踏的人，他們一

邊讀報一邊使勁地踩著踏板，有的人則是看著前方小螢幕上的 CNN、MSNBC 或福斯晨間新聞。

這些人與對自行車充滿熱情的環法選手都是在做踩踏動作，但前者只是身體在動，心並不在那。雖然他們開始運動的立意良好，但可能只是因為高血壓、體重過重或心臟相關疾病，才被醫生要求到健身房來執行運動處方。對他們來說，只是把能量用在踩踏的動作上而已。雖然他們的身體是在飛輪上踩踏，但心思已經飄到自行車以外的地方去了，就像是盡責的機器，只是依指令完成動作，對運動本身並沒有太大的興趣。

提這些並不是要取笑或輕視這些朋友，我只是為了說明即使沒有用心運動也能獲得運動效果，這些只想著提高心率的健身者的確可以更養生、更健康、更長壽，運動表現也會提升，但他們不會變成真正的運動員。

我們可能會認為自己是真心想變強的運動愛好者，跟健身俱樂部裡那些只是把運動當成健身工具的機器人不一樣，但事實卻很殘酷：大部分的運動員做訓練時，也只是像無情的機器般自動化地移動四肢。

一旦訓練變成例行公事，就會像每天打卡上班一樣，只是為了完成既定的工作。沒有心所參與的動作，永遠也無法臻至完美。

但就算我們對訓練的熱情再大，也不可能在訓練時把現實生活中的所有事情都拋到腦後。像是工作上的大案子、家中小孩惹的麻煩、即將來臨的商務旅行、父母親逐漸衰老……這些紛雜的思緒很容易干擾我們的注意力，使我們從游、騎、跑的動作中分心。

然而，現況是大部分的鐵人都刻意把自己訓練得像機器一樣。逐漸變成連想都不想，就可以跳下水奮力游 1000 公尺、騎 40 公里或跑 10 公里。這不是聽起來很棒嗎？在訓練時可以考慮節稅的方式、怎麼把舊房子賣掉，或是該買什麼生日禮物給老婆。還有什麼時間比訓練更適合思考這些事情呢？

聽起來很棒，但只要仔細反省就會了解到這樣的訓練過程只是投入時間，並沒有投入足夠的能量，你的身心也會不知道如何專心致志的訓練與比賽。當你站到比賽的起跑線前，你的身體當然無法完全運用自身的能量，完全發揮應有的表現。剛開

賽時你可能會表現得還不錯，但接著疲勞出現，你會愈跑愈糟。你可能不了解到底發生了什麼事，為什麼經過那麼多的訓練後仍無法跑出更好的成績呢？到底發生了什麼事？簡單地說是因為你無法自由地控制身體裡的能量，當然就無法在賽場上維持該有的水準。

只是像機器般把心理、心智和心靈都撇除在外，無意識地進行訓練，這種訓練方式只是增加訓練日誌上的里程數，事實上卻是嚴重的訓練不足。在激烈的競賽中，身心的各個層面都需要能量，但你卻不足以應付。你無法保持平靜與專心，也無法全神貫注完成一場成功的比賽，你發現自己的心神一團混亂。當你的心神應該處在安靜的狀態時，它卻分崩離析，先是心神，接著是身體。崩解的心神會產生各種紛雜的念頭，像是「為什麼這麼累？」「還要多遠才會到？」「痛的理由是什麼？哪邊沒練夠嗎？」「他／她過去都比我慢，今天怎麼可以跑在我前面？」……數以百計的問題都在反映你無法保持專心致志的事實。

當心中的雜音完全把你占據時，你的跑步、騎行與游泳配速可能會比平常練習時還慢。因為你平時只有啟動肢體和生理的能量系統，就像只用一部分的力氣在工作，平日練習就身心分離，到了驗收日當然無法達到自己的目標成績。

從演化的角度來看，就更容易了解為何現代運動員很難動用到所有的能量階層。我們的祖先在野外跑步時大都關乎生死，不像我們只是為了參加比賽而訓練。當你的生存權取決於你的速度是否比飢餓的野獸還快時，你勢必得把各個層面的能量都用上，全心全意向前奔跑。但現代人只是把比賽或訓練當成行事曆上的代辦事項，要他們在訓練時付出全副精力是很難的。

從本質上講，在人類發展的過程中，各級能量都一直集中在維持生命和運動所需上面。我們可以把「需求」稱作指引人類生活和動作的自然法則，像是食、衣、住、行都是人類最基本的需求。我們因為這些需求而產生欲望，有了這些欲望而採取行動。因為所謂「需求」是目前環境中所缺乏的事物，當我們夠想要時就會採取行動來滿足它。

我們的存在就是持續不斷滿足這些需求，接著依據當下的環境為這些需求排定優先順序。我們會先滿足底層的生理需

求，之後才會一路向上朝心理與心靈面發展。需求驅動我們的行為，身體也會相應不同的需求來分配能量。但我們可以選擇使能量集中，把思考與欲望全都「鎖定」在特定的需求上。

當原始人的生命受到威脅時，跑步的需求自然大增；對他們而言，跑步是為了獵食或逃避獵殺，那是生死交關的大事，所以把全副精力都擺在跑步上是很自然的事。但生活在現代社會，我們為了基本需求而跑步的理由幾乎不存在了，你不一定要靠雙腳去找吃的，只要跳進車裡，開到當地漢堡店的得來速車道就可以滿足基本的生理需求了。我們也不需要特意把自己訓練成鐵人，就能享受健康幸福的人生。

但為什麼我們還會想要從事跑步這類的耐力運動呢？雖然我們已經創造了各種機器來滿足基本需求，但人類所創造出來的物品仍無法消除基因底層的跑步衝動，因為它是我們滿足基本需求最原始的行為模式。如今，在這個人口不斷增長的現代世界裡，跑步被當作逃避奢華、促進人類健康與福祉的必要手段。我們選擇參加比賽（不管是跑步或其他類型的運動），像是一種使個人現有能力不斷進化的測試平台。在人類有歷史紀錄以來，人體生物力學與基本的運動生理結構並沒有改變，跑步時必須把能量導向各個階層的需求也沒有因此減少，不管跑步的目的是為了在野外求生還是比賽奪冠，運動的機制仍然不變，我們必須學會「用最有效率的方式」把所有的能量轉移到當前的任務上，那個任務可能是游泳、騎車、跑步或其他運動項目。

行動

> 身體的動作源自心靈的動作。
>
> ——李奧納多·達文西

我們是怎麼「動」的？不用太驚訝，歷史上第一位把這條動力鏈做出清楚定義的正是亞里斯多德，他說：「行動者的動作起於欲求和思考。所有欲望的目標都一樣是為了被滿足，對事物欲望起始於認知與思維能力；它是行動前的最後一站，也是實際行動的起點。」[3]（圖 3.9）。

讓我們把這樣的邏輯再拆解更細一點。對所有的生物來說，即使是最簡單的動作

都處在圖 3.9 邏輯之鏈中的最後一環。此鏈條的結構不會改變，必須先對特定的事物有了「思想」之後，接著產生「欲求」，當欲求強烈到一個程度才會開始「行動」。套一句勒內·笛卡兒（René Descartes）的名言「我思故我在」：因為我思——且有所求——故我動。

更具體地說，這條能量鏈必須傳遞到最後一環，才會有所行動。亞里斯多德指出：思考與想法並不一定會延伸到行動，而且許多思想（思考與想法）獨立存在於欲求之外，並沒有串接起來，例如：我認為跑步只是一種運動的形式或是一種科學研究的主題。這是一種想法。有這種想法的人，只是陳述關於跑步的兩項事實，並沒有想要上路跑步或研究跑步的強烈動機。

就算把「欲望」這一環加進這條能量鏈中，也不保證一定會採取行動。例如有人說「我很想要開始規律練跑」，想歸想，但不一定會真的上路跑。就像我們都看過許多人在開始行動前大聲宣稱自己很想要開始跑步、很想要減肥、很想要把這份工作做好。我們不可否認這樣的陳述存在強烈的欲望和熱情，但有可能不知道該如何跑、如何減肥，或是缺乏技巧，所以就算「有心」，最終也可能因為知識或技術不足而無法落實。[4]

思考與想法也許能夠延伸到心志，進而有所（欲）求，欲求最後也許能再進展到行動。這是採取行動的一條最佳路徑，但它只是可能發生，我們必須主動提高它發生的可能性。思想是人類心智與心靈層面的作用，它是我們探索世界與知識的方式；而最原始的欲望是基於我們生理上對物質需求，像是食物、水、衣物和庇護所。

當生理上的基本需求被滿足時，我們才會開始轉而對其他事物產生想法與進行思考，此時心智與心靈才會開始發展。欲求，是一種強烈的需求，也許可以定義成我們想要某種事物的強烈感覺。

行動，是我們的各種所做所為，像是尖叫、呼吸、寫作、走路、睡覺、觀看、投

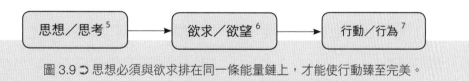

圖 3.9 ⊃ 思想必須與欲求排在同一條能量鏈上，才能使行動臻至完美。

擲、跑步等。它又可以分為即時或長期的行為，而整個人生就是不斷以行動來反應思想與滿足欲望的過程。

為了方便起見，我們可以依據動作的時間，把行動分類成即時性的動作（像是踢、打、揮）和長期性的行為（像是研究和訓練）。我們也可以依據運用大腦的程度，把動作分成自主性（跳躍或跑步）與非自主性（像是打哈欠），或是分成有意識（讀書）與無意識（呼吸）。有意識的行動通常起於思考，而無意識的行為則起於生理基本需求的滿足；有些行為只是為了對抗或避免其他動作的反應。

很顯然，行動可以分別由理性的思想和內心的欲望所發起，但相同的思想和欲望不見得會採取一樣的行動。你「想」做的事可能跟你「需要」做的事情完全相反。舉例來說，我想打開電腦來工作，但與此同時我也想要睡覺。前者是理智所設定的目標，後者是生理上的需求。理智和欲求產生了衝突，此時就必須決定要採取哪一種行動——工作還是睡覺。從這樣的觀點來看，我們可以把「行動」這個詞定義成：內心最終裁決的動作。

思想和欲望都會向你發出行動的要求，

至於決定採取何種行動呢？這關係到兩者哪一個較為強勢，任何動作總是跟特別強勢的思想和欲望有關。也就是說，所有的行為皆來自實現理想或滿足欲求。

身為人類，我們有相當多變的需求和必需品。在心理層面上，我們處理各式各樣的念頭、想法與概念。從另一個角度來說，當我們決定採取行動時，大都是為了追求「感覺很好」或逃避「感覺很差」的情緒，或是為了繁衍後代與維持生命，它們都屬於延續生命循環過程的底層元素。至於採取什麼行動則要依據需求的優先順序而定，我們會自動先滿足最重要或最迫切的需求。需求定案後，身心才會撥出能量給與此需求相匹配的行動。

最終的決定可能會跟其他需求形成衝突。有時的決定可能很差勁，放棄了優先權較高的需求，使得行動效率低落。原因有可能來自錯誤的理解、錯誤的感覺與知覺，或單純只是主動犧牲自己的需求而已。例如父母為了提供孩子更好的生活所需而犧牲自己，放棄做自己想做的事。

在訓練時，需求之間時常是互相衝突的。從最基本的階段來說，比賽中疲勞逐漸累積後，身體不斷要求你休息與一心想

要維持最佳表現的欲求，兩者之間形成強烈的衝突。以這個例子來說，我們的理智要求維持配速，但身體的欲求卻完全相反，它要求你立刻停下來或放慢速度。我們心裡想著贏得比賽（或創造個人最佳成績），但身體本能想要避免痛苦和避開用盡力氣時的煎熬，因為維持高強度有時不只是短暫的受苦，也可能造成生命危險。這種激烈的衝突通常在比賽結束之前會一直發生。

這種內在的衝突最後會如何演變呢？如果理智主導，我們將強忍痛苦繼續維持配速；但如果是被欲望屈服，我們就會為了好好呼吸、為了尋求生命安全而停下來或放慢速度。

事實上，強化忍耐痛苦維持配速或是提倡打擊欲望的意志，並非達到最佳表現的最佳路徑，而是要盡量避免衝突，使我們能完全依循「思考→欲望→行動」的能量鏈順序。這是單線道，也是支持和持續提升比賽成績的唯一道路。因此，想要有成功的表現，我們必須專心致志，以理性的思考來主導，順著欲望採取特定的行動（或行為）。

條條大路通羅馬……

我們的思考、感覺與行為只能在「當下」共存。鏈條繃緊時必然環環相扣，放鬆時才會分別存在。思考、感覺或行動都像鐵環一樣單獨存在，但只有在這三者相扣繃緊的情況下，動作才能臻至完美。

所以我們可以只在腦袋裡思考跑步的理論而沒有實際跑動；我們也可以坐在椅子上想像完美的跑步動作；我們也可以在跑步時不帶任何想法、任何感覺，或一邊跟朋友聊天，也可以邊跑邊聽 iPod。不管哪一種狀況，只要沒有全神貫注在思考與關注跑步當下的感覺和動作，能量就會耗損，最終的表現也會受到影響。當我們能同時專注於思考、感受與動作，就能活在當下，高超的運動表現所代表的是身體各階層的功能在當下全力運轉。沒有過去，沒有未來，只有現在。

當三者一體時，你的全部心思都在特定動作上，此時技術動作的知覺才能與實際的動作同步。這是運動表現的最高境界，此時所有的心思、感受以及動作都於當下具足。

想像一個畫面，如果你正在 10 公里的

賽道上，你的心思不應該放在終點。心裡想著「還有5公里才到終點」是一個常見的錯誤，它會使你的心思跟當下的動作分離。分心將會使動作失去精準度。當你把注意力放在「趕快回到終點休息」時，想要跑、想要比賽的欲求就會停止。在沒有理智指引下的肌肉和動作都會失去效率，接著你就會開始在賽道上掙扎。

如果心思不在當下正進行的運動上，所造成的結果就是能量分配失當、神經肌肉協調變差、肌肉過度緊張等，如此一來，結果當然很糟，表現也不會好。

所以我們必須要能夠在同一時空下使「思考→欲望→行動」的能量鏈維持繃緊的狀態，這是一種可以學習的能力。任何運動想要有所成就，就必須一再反覆訓練這種能力。假設每段時間與我們當下所處的空間都是一個小框架，在這個框架裡，我們的「思考→欲望→行動」之鏈必須是唯一的存在，而且此能量鏈的進展方向必須完全符合上述邏輯（如箭頭所示，只向右推展），沒有一絲偏差。以此觀點來看，我們需要訓練自己先把注意力放在思考上，因為它是創造最佳運動表現的源頭。

接下來我們將會仔細思考這三項運動背後的力學原理，因為要先有正確的思想與觀念，才會有正確的動作。

譯注：

1. 中國字的「動」正是「重」與「力」的結合。
2. 這裡指的能量即是中國人所謂的「精氣」。
3. 中國人將能量（精氣）在完美的轉化與流動的狀態稱為「神」。
4. 比如說不懂跑步技巧而受傷，就算有心練跑也會被迫停下腳步。
5. 這裡是指大腦理智「想」去做的事情，或是針對該事物進行思考，但想做與思考並不一定會行動，就像想跑步的人與研究跑步的學者不一定會出門跑步一樣。
6. 這裡是指「強烈需要」特定事物的衝動，但有衝動不一定會行動。
7. 分為即時動作、長期行為；也分為有意識的行動、無意識的行為。

參考資料：

(1) Aristotle. Movement of animals. The complete works of Aristotle. Edited by Jonathan Barnes. Volume one. Princeton University Press, Sixth Printing, 1995, p. 1091.
(2) Sechenov I.M. Reflexsy Golovnogo Mozga（Bran Reflexsy）. Selected works, Moscow, 1953, p. 33.
(3) Aristotle. Selections. De anima. Book III, Chapter 4. [Desire and Action], [The Role of Thought and Desire in Producing Action] Hackett Publishing Company, Inc. Indianapolis, Cambridge, 1995, p. 202.

第 4 章

知覺的概念

> 這個世界的本質是變動。人生的本質是知覺。
>
> ——馬可·奧里略（Marcus Aurelius，羅馬哲學家皇帝）

人類的過去就是一個不斷改變與適應的歷史。而且人類在面對改變時的感知和反應都不同，因此發展出很不一樣的社會體系。我們把人類辨識與分析變化的能力統稱為「知覺」，它是我們求生以及跟大自然力量互動時的重要工具。

人類的歷史不斷朝更安全舒適的方向發展，像是居家保安或更加便捷的食物供應鏈。現代化的保護傘把我們跟變化多端的荒野隔離開來，因為沒有了需求，敏銳的知覺也隨之一點一滴的流失。在現代化的社會中，我們不再需要做出生死交關的決定，也無須具備高度發展的知覺，就能夠日復一日、年復一年的活下去。

我們所創建的舒適圈的確讓我們安全地活著，但不可避免地也剝奪了我們在野地裡生存的技能和知覺。然而，某些特定的行業仍倚靠高度敏銳的知覺，因為時常要面對生死交關的時刻，像是軍人、消防隊員、警察、登山家、深海潛水員，他們都必須隨時對外在環境保持警覺並即時做出反應。

這個世界上，同時也有一群人在追求高水準的藝術創作或運動表現，他們在某些領域的感知能力特別敏銳，像品酒師能夠分辨出葡萄的品種、生產年分、國家，甚至當地的土壤類別；芭蕾舞者與鋼琴師可以從演出的動作與音調中分辨出細微的差異，進而找出缺點，做出調整，而那些缺點大部分人是無法察覺到的。

運動也是一樣，厲害的運動員都具有高度發展的特殊知覺，能夠運用敏銳的知覺

找出偏差所在，接著持續對缺失進行矯正，才能不斷地向完美靠近。但是大部分知覺敏銳度不足的平凡人，或是只在週末訓練的運動愛好者，大都只是想趕緊在時間內完成訓練，這樣的訓練方式完全把技術知覺排除在外，因此進步的空間非常有限。

知覺的定義相當多，我們可以從下面的定義了解到知覺在人類活動中扮演多麼重要的角色：

- 透過身體感官對環境中各種元素的覺察能力；[1]

- 當刺激出現時，通過感官所形成的單一統合意識；

- 利用感官與心智，對於身體感受的理解能力；

- 即時的鑑別力或直覺力，是一種道德或美學意識的展現，通常藝術家都具有特別罕見的知覺；[2]

- 在面對外在世界時，身體接收與詮釋資訊後進而決定行動方針的複雜過程。[3]

從這些定義可以了解到知覺是人類與外在環境互動過程中，身體的感覺、感受與內在心理活動合併之後的一種能力。換句話說，若不刻意開發敏銳的知覺力，任何事情都無法做好。

負責知覺的主要器官正是大腦。關於大腦的功能，在勞倫斯·岡薩雷斯（Lawrence Gonzales）所著的《冷靜的恐懼：絕境生存策略》（*The Deep Survival*）[1]中有精采的描述：[4]「大腦透過身體的感覺器官從

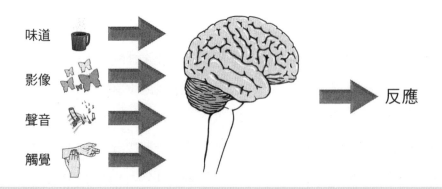

味道

影像

聲音

觸覺

反應

圖 4.1 ⊃ 我們的知覺來自感官，因此當我們愈專心協調各種感受，我們的反應也會愈精準。

外界接收到某種印象（這些印象可以是味道、影像、聲音或是觸覺，圖4.1），而且大腦在接收訊息的同時，對外在環境與自身提出應對之道，例如面對壓力時血壓的調整或交配時的生理變化。大腦會讀取身體目前的處境，再進行微調。它讀取環境，再引導身體去適應環境。除此之外，上述的過程同時也在不斷重塑大腦，使它內部產生新的連結，這一切都只是為了『適應』，而『適應』這個字正是『求生』的另一個同義詞。」

從另一個觀點看，「求生本事」是指：面對外在的變化，我們能學得多快。格雷戈里・貝特森（Gregory Bateson，圖4.2）是一位非常傑出的美國科學家，他曾寫道：「學習與科學都是人類感知世界的方式⋯⋯而知覺的運作是建立在差異之上。所有接收到的訊息都必須具有差異性，知覺才能順利運作（圖4.3），但知覺對差異性的辨識能力有其極限，也就是說，當差異太小、變化太慢或太快時大腦就會無法分辨，此時知覺就會失效。敏銳的知覺能正確分辨極細微的差異；而在某些特定的時刻，知識將會限制我們知覺的敏銳度。」[5]

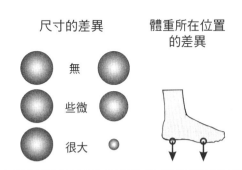

圖4.3 ⟲ 辨識差異的能力決定了知覺的敏銳度（功力的深厚程度）。從本質上來說，當知覺被調教得愈敏銳，就愈能感受到訓練時技術上的差異。

如果訓練的目的是為了提升運動表現，其中很重要的一部分跟技術動作的發展密切相關。進步，其實是辨別動作差異能力提升的結果。處理接收訊息的能力是關鍵。身體各部位在空間中的位置、移動的時機和用力的程度，都會決定我們在該項運動的成就。

我們拿一些運動作例子來說明何謂高度開發的知覺。世界級的跳高運動員對於要

圖4.2 ⟲ 美國生物力學家和人類學家貝特森，指出知覺的運作是建立在「差異」之上，輸出必須反應輸入的變化。

不斷躍過的那一根橫桿的高度極為敏感，就算橫桿兩邊只存在 0.5 公分的落差，他們也能感覺到差異。當槓鈴兩邊的重量差上兩三百公克，奧運舉重選手也能立刻發現。職業籃球員在比賽進行中發現籃框後緣比前緣低了一兩公分就要求暫停的事件也時有所聞。

這些相似的例子我們可以一直舉下去，但重點在於知覺，它是技巧開發的基石。假設技巧是一種運用所有資訊再把它轉化成達成特定目標的能力，那麼只有高度開發的知覺，才能夠獲取那些重要的資訊。敏銳的知覺能幫助我們辨識訊息，判斷標準與偏離程度，再進行必要的調整。所有的技巧都是立基於知覺之上，當我們在開發技術、鍛鍊心理素質以及訓練肌力、速度、耐力和柔軟度時，前面對知覺的定義都可以當成指導方針。

為了提高運動水準，我們就必須提高該運動中各種關鍵元素的感知能力，那就像芭蕾舞者精湛的演出需要高水準的知覺一樣，跑者、游泳選手與車手也要用心開發知覺，才有可能不斷提高運動表現。

以跑步為例，它可以說是人類最基本的運動模式，也與我們的求生能力息息相關。大部分的人把「跑」當成一種持續數十分鐘到數小時的移動方式，但事實上，跑步是某種特定動作模式一再反覆循環的過程，而且每分鐘重複的步頻率超過一百次以上。

跑步的動作模式看起來似乎相當簡單，只不過是兩腳之間不斷地轉換支撐，但在這一步之間牽涉到肌肉、結締組織、心血管系統與精神專注力之間相互配合的複雜機制。除了自身之外，你的動作還要密切配合外在環境做調整，像是地勢與空氣的變化，或是路上的汽車、狗和其他跑者等阻礙。太過疲勞、情緒不佳或注意力不集中都會使你的知覺敏銳度下降，隨之而來的即是運動表現的下滑。

旁觀者（甚至連運動員本身）多半認為運動表現下滑，是因為疲勞、補給錯誤或天氣狀況不佳，但真正的罪魁禍首是「變鈍的知覺力」。在劇烈的運動強度下，我們對動作的知覺會變得愈來愈遲鈍。求生的本能開始介入，它會不斷說服大腦此時的強烈活動（例如跑步）已經危害到生命，本能的說服力道既直接又強硬。

當我們被本能說服，就會開始失去維持速度的信心，注意力也會從動作本身轉移

到保護自身的安全。大腦開始相信減速與動作放慢才不會發生危險。接著，原本密切保持互動的大腦與身體開始妥協，協調能力因此消失，就像一台會跑步的機器忽然關掉控制軟體一樣。

因為如果我們只憑過去的經驗與邏輯思考來訓練的話，會逐漸對自身的潛能失去信心，導致無法達成過去未曾感知到的目標。[2]

每個人都會在心中築起許多道「牆」，在跑步歷史中最有名的莫過於「四分一哩」這座高牆。過去不只是跑者相信這座牆的存在，而且全世界都認為沒有人可以在 4 分鐘內跑完一英里。就算當時並沒有任何科學研究證實，大家還是認為這是道無法被任何跑者翻越的高牆。

因此，當英國跑者羅傑·班尼斯特（Roger Bannister，圖 4.4）在接近高牆頂端時，[6] 他不僅要改變自己的知覺界線，還要改變世界的認知。所以，當他達到目標時，心理上的閘門也打開了。原本過去認為無法做到的事，現在已經有超過兩萬名跑者可以在 4 分鐘內跑完一英里。

當班尼斯特向世界證明四分一哩的可能性後，身為運動員的最大挑戰跟他一樣，

圖 4.4 ⊃ 英國跑者班尼斯特在翻越四分一哩高牆的最後一步。

不斷向自己證明「自我的極限可以不斷被擴大」。開發知覺的困難就跟人生會碰到的其他事情一樣。在生活中，我們每天都必須不斷面對知覺開發的阻礙，這是人生中必須持續忍耐與面對的現實。開發知覺也跟自信有關，因為信心是知覺開發基礎，我們必須先相信自己做得到。當我們的心志跨越了原本所感知的界線，身體很快就會跟上它所發現的新境界。

譯注：

1. 繁體中文版於二〇〇九年出版。

2. 這也是間歇訓練的最重要目的。如果你想在 3 小時內跑完全程馬拉松，那代表跑者必須以每公里 4 分 15 秒的速度維持接近 3 小時，當然一開始做不到（所以才需要練習），但你可以只練數趟 800 公尺（如果一趟都跑不了就再縮短

距離），每跑完 800 公尺休息到恢復再跑下一趟。在這 800 公尺中維持 4:15/km 的速度並不難，藉此感知到該速度所需的知覺，數週下來，你將逐漸習慣該速度的知覺，接著就可以加長距離，藉此訓練該知覺的延續能力。因為如果你從未開發該速度的知覺，你會覺得很陌生，在比賽中你只要一跨到陌生的領域，就會產生不適與恐懼，自然會沒有信心。所以間歇可以幫助你熟悉陌生速度的知覺。

參考資料：

(1) Merriam Webster's Collegiate Dictionary Tenth Edition, 1993, p. 861.

(2) Webster's Encyclopedic Unabridged Dictionary of the English Language, Gramercy Books, 1989, p. 1069.

(3) Soviet Encyclopedic Dictionary. Moscow, 1988, p. 248.

(4) Gonzales, L. Deep survival. W. W. Norton & Company, 2003, p. 33.

(5) Bateson, G. Mind and nature: a necessary Unity. Bantam New Age Books, 1980, p. 30.

(6) Bannister, R. The first four Minutes. Sutton Publishing, 2004.

Part 3
教學架構

第5章

教學活動如何進行？

為了研究真理，我們需要方法。
——勒內·笛卡兒（法國哲學家、物理學家）

「我們該如何教？又該怎麼學？」這兩個問題跟人類的歷史一樣悠久。「認知」（cognition）一詞來自拉丁語「cognoscere」這個字，字典上的定義是人類處理資訊以及傳遞知識的能力。教導與學習是人類生存與追求進步的重要特徵。人類從原始時代的野外求生開始，逐漸發展成分工合作的社會，而社會的繁榮程度跟教學品質有直接的關係。我們需要老師和願意學習的學生，社會才能夠持續進步。

不論我們手邊的主題是多麼複雜或是多麼深奧的科學理論，成功的教學都是一種藝術。雖然教學的過程需要部分科學的介入，但藝術的成分更高一些。教學活動本身就存在藝術性。優秀老師所開發的教學

方法，目的當然是為了傳授技巧，但其中必含智慧與真理。歷史上最著名的老師都是優秀的哲學家和思想家，他們知識淵博、善於觀察與分析，也能有效地把知識傳授給學生。這些老師都有一套發現新知與探究真理的工具，這套工具來自他們的教學架構（structure）。因為有了架構才有所謂的教學「方法」（method）。[1]

笛卡兒（圖5.1）曾寫過一篇著名的文章〈指引我們天生才智的法則〉（*Rules for the Direction of Our Native Intelligence*），[2] 其中第四條法則寫道：「如果我們正在探究事物的真理，絕對需要『方法』……我指的『方法』，是一種可信任而且能加以運用的法則，因此只要有人能依法確實照做，絕不會浪費力氣，在個人的能力範圍

圖 5.1 ⊃ 笛卡兒相信「方法」的重要性，想要探究事物的真理一定要有方法。

裡，學問一定會持續積累，直到能夠從各種角度來了解真理……。」

克洛德・阿德里安・愛爾維修（Helvétius C. A.，圖 5.2）是十八世紀的法國思想家，他把「方法」當成一種可以用來達成特定目標的資源。[3]這種見解影響到現代對「method」這個字的定義：「具有明確計畫的做事之道。」[1] method 這個字來自希臘文的「methodos」，它的原始義是：行動之道。[4]

在教導與學習任何事物之前都必須先定義該事物的基本架構，如此我們才能知道如何研究它，以及該動用哪些主要資源才

圖 5.2 ⊃ 十八世紀的思想家愛爾維修認為：「方法」即是「做事之道」。

能使該事物的運作更有效率、更成功。這個架構中包含了感覺、知覺、概念的意象、會運用到的觀念與想法、採取的行動以及特定的矯正方法。

我們把它總稱為「教學架構」，這個架構是我們開發新知、建立流程和傳授知識的基礎。在教學的過程中，我們的目的絕不是為了讓每位運動員最後都能爬上完美之巔。在這個問題上，天才畫家薩爾瓦多・達利（Salvador Dalí）跟學生的一段對話可以為教學帶來新的啟發。學生問達利：「如果達到完美了，之後該怎麼辦？」他回說：「不用擔心完美之後的事，因為你永遠無法達到。」

學習是一個沒有盡頭的過程，我們的觀念、想法與知覺都會不斷進步，就像一山還有一山高，學無止盡，每一個高原都是下一個新發現的起點。每到達一個新的境界，我們都會對真理與自己有新的認識，這個過程都在反映古希臘的人生哲言：「認識你自己」。[5]

在人類的歷史中，「追求完美」跟「認識自己」一樣，是既重要又具挑戰性的課題。完美一詞，牽涉到一系列既複雜又深遠的主題，而且這些主題有時反而使人感

到迷惑。到底完美是什麼？

　　跑步、騎車和游泳一直都是人類最原始的活動。當我們從物理與運動科學的角度來看這三項運動時，我們會發現過去對於完美的動作未曾定義出一套客觀理性的標準，只存在各種主觀的意見。

　　沒有標準，就沒有教學架構，因此過去對於這三項運動的技術，教練不知從何教起，選手也沒有學習的依據。長久以來，動作教學的目標一直都是模糊不定的，這也是我致力於發展 Pose Method 教學系統的原因，這套技術動作教學系統不只可以運用在鐵人三項，也適用於其他運動上。

譯注：

1. 原文是：way of doing something。譯文中特地用「道」這個字來跟「方法」（method）做區別，「道」本身就有道途、技術與方法的意思，同時也具有境界義，可以呈現技術功力的深淺，也是書中第 4 章所強調的知覺敏銳度。在某件事上「道行」愈深的人，代表能辨別愈細微的差異、能做出技巧高超的動作。

參考資料：

(1) Thorndike-Barnhart Student Dictionary, Harper Collins Publishes, 1992, p. 703.

(2) Descartes, René. Rules for the Direction of our native Intelligence. Descartes selected Philosophical Writings. Translated by J. Cottingham, R. Stoothoff, D. Murdoch, Cambridge University Press, 2006, p. 4.

(3) Helvétius, C. A. oeuvres completes d'Helvétius. Nouvelle edition, t.III. Paris, 1818.

(4) Webster's Encyclopedic Unabridged Dictionary of the English Language. Gramercy Books, New York, p. 902.

(5) Bartlett, J. Inscription at the Delphic oracle. From Plutarch, Morals. Bartlett's Familiar Quotations. Little, Brown and Company, 1992, p. 55.

第 6 章

感覺與知覺

欲望受知覺所限；沒有人可以對無法感知到的事物產生欲望。

——威廉·布萊克（William Blake，英國詩人）

我寧願過充滿感受的生活，而不要充滿思索的生活。

—— 約翰·濟慈（John Keats，英國詩人）

生命無時無刻都混雜著各種感受（圖6.1.）。我們的經驗都是由特殊的感受所形成。[1, 2] 令人驚訝的是，在動作學習、訓練與教學的過程中，感受的存在大都被忽視或誤解，為什麼會這樣呢？

一般來說，感覺和思想這種無法碰觸或

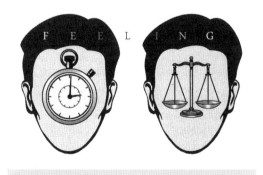

圖 6.1 ⊃ 運動員之所以能達到巔峰，關鍵在於他對時間與平衡的感知能力。

較難量化的特性，教練會很容易忽視，通常把注意力放在相對外顯的特點上，例如特定的肌肉運動。因為技術動作大都被當作身體的而非大腦的活動，所以在運動技術教學的過程中很少人了解感受的價值。

當然，在傳統的訓練方式中教練會請運動員回饋訓練時肌肉、韌帶與肌腱的本體感覺（proprioception），作為教學與矯正動作的依據，兩者在溝通時常用到「不費力」、「輕巧」、「流暢」或「沒力」、「沉重」、「僵硬」等字眼。但這些字彙都只是概略性的描述，使用這些字眼的人大都不了解這些感受所代表的意義、背後的成因，以及如何運用它們來調整動作。

當我們談到感受對於學習技術的重要性

時，運動員時常都會很驚訝，好像肌肉與結締組織的感受跟動作的熟練程度不相干似的。我們必須了解，在練就完美動作的過程中，感覺與知覺皆扮演相當關鍵的角色，而不只是一種肌肉的感受而已。

感覺與知覺兩者密切相關，但絕不相同。打個比方來說，「感覺」就像 FBI 和 CIA 情報機構中的探員，他們在外偵查與擷取情報之後，再把原始訊息送回總部。這些情報人員就如同我們的感覺器官，這些感官裡具有完備的接受器，能把身體內外的特定訊息傳遞到大腦。而這些訊息是未經解讀的原始資料。

知覺的運作過程則複雜多了，它就像 FBI 和 CIA 的總部一樣，主要進行資訊分析與決策。總部在正式採取行動前，必須先把情報員蒐集回來的情報進行分析，從中尋找關聯性與評估各種決策的優缺點，最後才能採取相應的行動。

同樣的過程也在我們的大腦裡進行。所有末梢神經與感覺器官接收到的訊息，都會在一瞬間湧進大腦進行處理，所有的資訊先被記憶，接著被分析、解讀後做出及時決策，選擇與行動都在極短的時間內完成。

學習過程中感覺和知覺都至關重要。感覺是表層的接受器，學習是深化某些特定感覺之後反應的過程（圖 6.2），透過學習我們能強化特殊的反應方式，那即是學習的成果。在這個過程中，知覺所扮演的角色是替感覺分類，專注在重要與有意義的感覺上，再決定正確的行動。

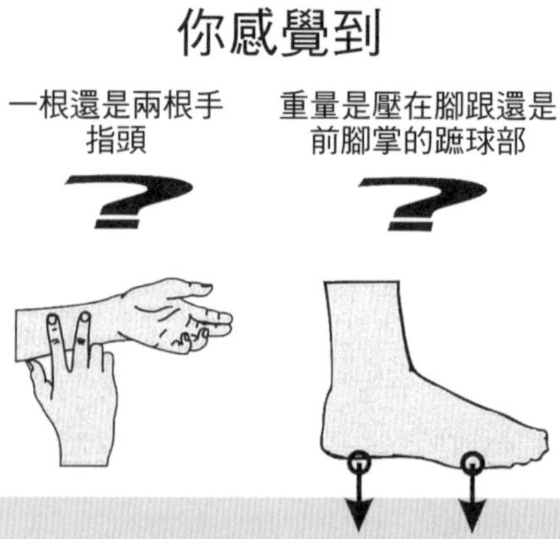

你感覺到

一根還是兩根手指頭

重量是壓在腳跟還是前腳掌的蹠球部

圖 6.2 ⊃ 知覺力測試：先要求你的朋友閉起眼睛，再把兩根手指放在他的手腕上，問他感覺到幾根手指。你兩根手指的間距愈近，他愈有可能回答「一根」。這個測試可以幫助你了解何謂知覺，以及不佳的知覺會造成錯誤的判斷。

讓我們再回到情報機構的比喻。回想一下美國近代重大的歷史事件，不論是珍珠港被日本偷襲或是九一一恐怖攻擊前，其實都一直有重要的情報傳回美國，但大量關於可能遭受攻擊的情報並沒有阻止災難

發生。因為蒐集情報相對容易，難的是處理訊息、做出決策與採取行動。

所以，當我們蒐集眾多感官提供的資訊後，學習的目的在於：辨識出哪些是有意義的資訊，以及認清各訊息之間的關聯性。以此觀點來看，我們不是在訓練感官，而是在訓練注意力，因為注意特定感受的能力即是知覺。

接下來再問一個簡單的問題：你對自己體重的感覺有多靈敏？對大部分的運動員來說，實際的敏感度接近於零，他們無法感受到自己體重。每一種運動能力的展現都跟體重有關，但大部分的運動員都不曾仔細思考過它的重要性，所以也從未訓練體重的知覺。

知覺是一個複雜的思慮過程。它如同過濾器一樣，這種能力使你專注在特定的感受，使你能從紛亂的「雜訊」中挑出關鍵資訊。這即是知覺的本質，也是學習過程中最重要的一部分。

整個學習系統由感覺和知覺所組成，其中感覺負責表層接受訊息的工作，往下再深一層的工作則由知覺負責。感覺來自不同的器官，所接收到的訊息類型也各異，像是溫度、顏色、尺寸、體積、時間、加

速度等。知覺負責在大腦的皮層和中樞神經系統將這些資訊進行歸檔、分析與評估，接著決定：下一步該做什麼？

如果我們不了解整個系統的運作方式，就不知道從感官收到的資訊哪些是有價值的。專注在特定感覺的訓練並不容易，從龐大的訊息中挑選出關鍵訊息，是決策過程的一部分，最終的行為也由此而來。

學習的重點就在：你必須先知道該監控哪一種感覺，並持續地把它跟其他感覺區隔開來，再把注意力放在選定的感覺上。舉例來說，在開發運動員肢體動作時，味覺和學習過程的關係不大，但對於肢體在時間與空間中的掌握就要很精準。

在我們努力的運動項目上，開發知覺力的第一步是挑選所需的資訊。在這個學習階段你無法自由的運動，你必須非常專注地把身心限制在某個框架裡，這個過程很耗能量。這是一種打磨知覺敏銳度的過程，必須這麼做技巧才會進步。

一流的廚師單看食譜就能推斷最終的味道，而且也有把心中的想像實際烹調出來的能力。大師級的畫家對於區分顏色、形狀與大小的知覺敏銳度極佳，所以能用畫作表達心中的概念與情感，進而引發觀賞

者的共鳴。芭蕾舞者可以透過動作表達深層的感受。音樂家能感知到獨特的旋律、音調和節奏，像是奏鳴曲、爵士、搖滾樂；嘻哈表演者也能證明他們在音樂上擁有高超的知覺力。

對運動員來說，這類高度開發的知覺是如何達到的？或是如何教出來的？簡單地說，方法就是使運動員專注在一些特定的訊息上。以跑步、游泳和騎車為例，這些特別的感覺與知覺，都跟這三項運動前進時的力學原理與動作模式有關。我們會在接下來幾章深入討論，你就會更加明白為何感覺與知覺是建構 Pose Method 教學系統的基礎。

參考資料：

(1) Гельвеций К.А. Об уме самом по себе. Том 1. Академия Наук СССР. "Мысль," Москва, 1974, стр. 148.
(2) Helvetius, C. A. oeuvres completes d'Helvetius. Nouvelle edition, t.III. Paris, 1818.

第 7 章

動作的視覺意象

> 我們只能看到我們所了解的事物。
>
> —— 雷・布萊伯利（Ray Bradbury，科幻小說大師）

我們感知世界的方式大都透過視覺。眼睛是我們最靈敏的感覺器官，能以極高的頻率把外面的世界以全彩、3D 畫面傳送到大腦。正因為視覺太過強勢，所創造出來的意象在生活中形成強而有力的標準，這個標準深深地影響我們的觀念、想法和欲望（圖 7.1），對學習的影響特別大。

我們時常在模仿名人，像是好萊塢的電影名星、頂尖運動員、流行歌手、政治家或牧師。這份清單可以一直列下去。在這個媒體充斥的世界裡，每個角落都有眾人爭相模仿的英雄。

我們個人的世界觀是從身邊的各種意象組合而成的，所以世界是由我們的看法所構成的，對嗎？如果從某一特定的時刻來看，答案是肯定的；但從最後的結果來看，

圖 7.1 ⊃ 眼見為憑，但有時候並不一定能看到事實背後的本質，所以我們實際上的動作可能跟自己認知的動作落差很大。

卻不見得如此，因為我們對於每件事情的看法一直在變。如同奧里略所說：這個世界的本質是變動；人生的本質是知覺。[1]

你還記得你出生的城鎮嗎？你現在所見到的城鎮樣貌跟兒時的記憶一樣嗎？或者是你對城市的印象已經隨著時間更新了呢？你是否會一再回到博物館去看同一幅喜歡的畫？如果畫作沒有變，你在尋找什

麼呢？那還是同一幅畫嗎？你知道並不是，因為每次看到的東西都不同。

意象深深地影響我們的生活。社會中時常有人會刻意創造大量的意象來改變你對事情的看法與欲求的方向，進而影響你的行為。不管你是否注意到，我們的確時常遭受眾多的「意象攻擊」。

對於跑步的意象也是這樣。《跑者世界》（*Runner's World*）雜誌封面上的跑者就是真正的完美跑姿嗎？大都不是。只要注意觀看世界級比賽中的跑者，你就會發現雜誌上所選的照片，時常跟菁英選手實際的跑姿很不一樣。

但為什麼這些不對的跑步意象會被複製數百萬次，而且不斷出現在我們的眼前呢？原因很簡單，因為這些照片充滿了情緒性的張力；也就是說，它們是為了吸引人而特意挑選出來的，並非為了教學。所以這些意象缺乏科學論證的有效性，甚至也禁不起基本常識的檢驗。但有許多跑步雜誌都用類似的照片當封面，所以世界各地的跑者們對這些充滿張力的跑姿毫不懷疑，直接照單全收。

每次教練認證課程開始時，我都會要求學員用簡單的線條，在講義上畫出心中對

跑者的印象。每一次結果都讓我驚訝不已，從休閒跑者、追求成績的市民跑者到菁英跑者和他們的教練，都對跑姿沒有一幅清晰的圖象。雖然這些熱中於跑步的人花了那麼多時間在訓練上，也在電視、報章雜誌和網路上看過這麼多跑步的影片與圖片，但幾乎沒有人可以精確地畫出跑步的姿勢。畫得最好的是一位來自基多（Quito）的繪畫老師莫妮卡·克雷斯波（Monica Crespo）。她來上我的姿勢跑法教練認證課程，當我在課堂上要求大家畫出心中的跑步印象時，她很快地就在講義上畫出她的想像（圖7.2）。當然，她是

圖7.2 ⊃ 上課學員克雷斯波在課堂上所畫的跑者形象。

從藝術的角度出發。如我們所見,她的想像跟生物力學上所定義的跑姿相差甚遠。從克雷斯波對跑步的印象可以反映出一件事:大多數的人學跑步時靠得是感覺和印象,而非扎實的知識。

我們再舉一些傑出的運動員為例,像老虎‧伍茲(Tiger Woods)、麥可‧喬丹(Michael Jordan)、蘭斯‧阿姆斯壯(Lance Armstrong)和其他運動名人,數以百萬的人都曾模仿過他們的動作,但模仿者大都不了解這些動作背後的運作原理。當然,在沒有人指導時只靠模仿動作來學習並不全是壞事。有些頂尖的運動科學家也曾提出類似的建議,像游泳教練厄尼斯特‧馬格利斯柯博士(Dr. Ernie Maglischo)[2]曾說:「我認為教練只要專心盯著世界頂尖游泳選手的游泳動作看,看久了就會知道該教什麼。」

傳統的智慧告訴我們:「動作模仿得再像,也不會像原版的動作一樣好。」這聽起來很合理是吧。儘管如此,在進行教學時若能提供一個正確的意象,的確在學習初期是有幫助,也能使你在學習路上一開始就朝正確的方向前進。但我還是必須這麼說:模仿,終究只是模仿。只靠視覺意象學習來的動作都有其限制。

想像一下運動電影中的演員在演出前可以透過觀看影片,很快就能模仿運動員的動作,而且透過練習可以模仿得很像,但動作中總有些東西不見了,看起來空空的。即使是對該運動沒有經驗的觀眾,也看得出他們的動作是演出來的。

這也是為什麼某些認真的演員在飾演知名運動員之前,會堅持要接受真正職業等級的訓練。每一種運動的正確動作,都必然經過獨特的心理運作之後,才透過外在的動作呈現出來,內心的運作與外部的動作之間具有獨特的合作方式,而這些方式建立在一套標準的架構上。為了用這套標準架構來進行教學,所以我們不斷在尋找定義「客觀標準」的方式。我們找到了,而且把這套標準通稱為動作的「關鍵姿勢」(key pose)。

而我們肌肉的主要功能,正是用來完成這關鍵姿勢。肌肉的主要功能並非用來表達個人情緒,而是用來完成動作、連結身體各部位,使身體在移動時能維持全身動力鏈的整體性。俄羅斯著名的戲劇理論家康斯坦丁‧史坦尼斯拉夫斯基(K. Stanislavsky,圖7.3)曾對他的演員說:「你

在舞台上不是演戲（play），而是由內而外自然而然的行動（act）」。[3]他的意思是，發自內心真實需求的「行動」（action），才能表達出我們真正的情感和人生。因此，在學習動作時，視覺意象能幫助我們由內而外的採取行動。而這些意象正是我們接下來幾章要討論的。

圖7.3 ◯ 史坦尼斯拉夫斯基告訴他的演員，要讓舞台上的演出是發自內心真實需求所採取的「行動」，這就跟學習技術動作一樣，先有正確的視覺意象才有優質的正確動作，而肌肉的收縮只是為了輔助心中想要完成的動作，若反過來就不對了。

參考資料：

(1) Aurelius, Marcus. Meditations. Translation by Gregory Hays. Phoenix, 2003.

(2) Maglischo, E. newton to Bernoulli and back again. Modern History of articles In freestyle from Past asCa World Clinic's and Related sources. American Swimming Coaches Association Advanced Freestyle School. Ft. Lauderdale, FL, 1995, p. 29.

(3) Stanislavsky, K. Creating a role. Theatre Arts Books, New York, 1961.

第 8 章

思想與觀念

擁有聰明才智還不夠，最重要的是怎麼去善用它。

—— 勒內·笛卡兒

知識就是力量。

—— 法蘭西斯·培根（Francis Bacon，英國哲學家）

蜜蜂和建築師之間最大的差別在於前者是靠遺傳的本能來建造蜂窩，而後者在建設之前必須先在腦中或紙上設計好藍圖（圖 8.1）。如果把這樣的比喻用在跑步上，我們在跑步前也必須先知道正確跑步的動作藍圖，才能進行跑步技術的教學。

當我們剛開始跑步的時候，你最先做什麼事？是什麼都不想直接上路跑嗎？是的，大部分人都是這麼做！假設他們已經知道如何跑了，所以直接開跑。大部分的跑者在開始練跑前，腦海中並沒有一份完整的藍圖。或許有些人第一件事不是去跑，而是先買新鞋、新跑褲和跑衣，再遵照媒體上關於距離和配速的建議來跑，但在實際練跑之前卻很少想到跑步技術的事。我們直接上路跑，但實際並不太清楚

「該怎麼跑」，對跑步這項運動來說，這是最主要的衝突點，因為從來沒有一項運動像跑步一樣，絕大多數人在剛開始入門時就把技術撇除在外（這也是跑步運動傷害居高不下的主因）。

蜜蜂天生就有建造蜂窩的本能，蜂窩的

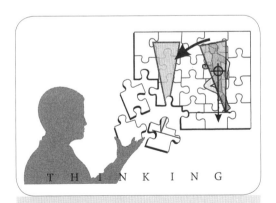

圖 8.1 ⟳ 我們要把跑步技術的相關元素全部整合在一起，在腦海中建立一份清楚的藍圖，才能了解該追求何種標準。

結構堪稱完美。但也因為是天生的能力，所以失去了「創造力」。想像一下「本能」這個詞的意思，它代表行為模式已經被固化了。如果你把它當成人生行動的驅動力，等於是把你的人生設限了。人類進步的起點在本能的盡頭，我們在盡頭之後做出超越本能的事才會進步。人類的進步，歸功於心智的功能，而非身體。人類的優越性來自於心智。別忘記笛卡兒所說的：擁有聰明才智還不夠，最重要的是怎麼去善用它。[1]

是的，如何善用心智是個難題。人們常受限於某些既定認知，部分跟跑步有關。大部分的人都認為跑步是天生就會的動作本能，目前的跑姿也是與生俱來的。但這樣的觀念卻限制了我們的潛能。只有少數人認清跑步並非本能，美國前副總統迪克‧錢尼（Dick Cheney）曾說：「跑步技術是未知的領域，我們還不知道那是什麼，也不知道人是如何向前跑的。」

假設我們的跑姿是出生時就決定好的，那等於是宣告我們無法透過技術訓練來提升成績，只能把體能與肌力訓練當作進步的唯一方式。所以，操練體能是許多跑者採取的主要訓練策略，這是個艱辛的策略。只練體能與肌力的跑者，等同於承認他們不知道什麼是跑步技術。

在數十年開發 Pose Method 跑步技術教學系統的過程中，我問過不少教練、菁英和業餘跑者同樣的問題：「跑步是什麼？」「我們如何向前跑？」

提問之後，我一再面對的是猶豫、惶恐與沒有信心的答案，而且答案從來沒有令我滿意過。這些教練和跑者剛聽到問題時都很驚訝，接著我看到他們開始焦慮，甚至生氣。情緒過後，他們開始好奇，也開始反思自己熱愛的跑步到底是什麼。

當跑步老手開始思考這個問題的答案時，那些原本看似簡單的問題便不再簡單。人類不像蜜蜂天生就有建造完美蜂窩的本能，我們的 DNA 裡並沒有完美跑姿的遺傳密碼。

所以，如果跑步不是天生的，那它一定是需要根據思考與觀念才能進步的動作。當我們想透過技術訓練向完美靠近時，必然需要指導，像是指引方向的地圖。

指導的內容都從「該教什麼？」與「如何教？」這兩個問題開始。一旦我們認清自己不知道「該怎麼跑」，要做的第一件事就是設立跑步的「標準」。設立標準的

過程需要思考，透過思考形成觀念與理論，而觀念與理論的燃料則由「知覺」提供。心智，人皆有之。笛卡兒提醒我們，我們的工作就是要學會好好善用它。

首先，第一個要思考的標準是跑步技術的框架為何，這是「該教什麼？」的問題。這個問題的標準答案必須是完全客觀的，我們必須先把跑步技術教學的模型架構定義出來。接著，第二個要確定的標準是教學方法，也就是「該如何教？」這個問題的答案建立在第一個標準之上。

上述設立跑步技術教學標準的思考邏輯不只適用於跑步，任何事物在進行教學時都要先思考這兩種階層的標準。在後面幾章我們將分別針對跑步、騎車與游泳做進一步說明。

不管我們選擇哪一種與肢體相關的活動，想要達到自己最高水準的表現，就要先明白優先順序：運用心智在腦中建立方法是首要工作，接著身體只是跟著這套方法來執行動作而已。

參考資料：

(1) Descartes, R. Discourse on the Method. Descartes selected Philosophical Writings. Translated by Cottingham, Stoothoff, and Murdoch, Cambridge University Press, 2006, p. 20.

第 9 章

能量轉換的迴圈

不為而成。

——《老子》第四十七章

如果最終的動作不如人意，開發知覺也沒有意義。動作是知覺和思想的終點。正確的行動有助於我們朝理想的方向改變。改變的立基在當下的知覺水平，以及你對追求更高知覺的欲望有多強。知覺、思想與觀念可以透過行動整合在一起，最後再化成新的行動。我們把知覺、思想與觀念這三個共同成長的迴圈稱為「改變的迴圈」。在這個迴圈中，當人的身體和心智從廣泛的訊息中接收到變化的信號，隨後就會採取行動改變，此時身心便進入下一個改變迴圈的起點。

我們總是依據當下的知覺而行動，但有些行動需要更高水平的知覺才能完成。我們的運動表現取決於體能、力量與知覺系統中各元素的能量轉換。在這個能量轉換的迴圈中，體能和力量的元素皆有極限，但知覺的開發卻是無可限量的。在這個能量轉換的迴圈裡，又包含著由外在訊號、感覺、知覺和動作所組成的內部迴圈。

了解能量轉換迴圈系統的本質之後，就可以知道我們的目標是不斷開發愈來愈完美的系統，使得身體與外在環境互動時能量可以非常有效率地進出身體。在這個迴圈中，動作扮演關鍵性的角色，因為正確的動作是從正確知覺向外延伸出來的，有正確的知覺才會反映出正確的動作，接著正確的動作才能引出更高的知覺層級。如果知覺有錯，最終的動作一定也是不對的，自然無法達到更高層級的知覺。當動作沒有效率時，外在的能量將無法以有效率的方式進行傳遞，這代表傳遞能量系統

的開發也將被扼阻，如此一來，不管體能練得多辛苦，目標也會無法達到。

行動是知覺對外展現出來的實踐或表達形式。知覺和外部動作之間的關係，可以從姿勢跑法裡找到明確的範例：上拉動作。它是姿勢跑法中的一個簡單原則：跑步時的每一步都必須立即把腳掌從地面拉到臀部下方（圖9.1）。這個原則很明確，一點都不含糊。

但當我們教姿勢跑法時，大部分的學生一開始上拉的動作都做得不到位。他們可以做到「把腳掌從地面拉起」，但不在臀部下方。這是知覺上的偏差，因為這些學

圖 9.1 ⊃ 不論速度為何，你必須把腳掌拉到臀部下方。這是一個不受任何因素所改變的原則，至於上拉的高度只跟速度有關。

生都堅稱他們的確有把腳掌拉到臀部下方。只有把動作拍下來，放在他們面前時才相信自己是錯的，錯的不只是動作，還有知覺。

不管學習任何動作，被錯誤的知覺蒙蔽是常發生的情況，這或許也是學習新技術時最大的挑戰。直到我們的知覺跟真正的動作完全吻合時，才有可能進步到更高的水準。我們所有的動作應該非常精準地與知覺相符，這樣才能使動作接近完美的境界。

正確的動作表示：正確的移動知覺、正確的用力方式、正確的時機掌握、正確的費力程度與方向感，以上都對了才能組成一個完美的動作。所謂完美的動作，是指用最少的能量達到最大的效率。

這個完美的動作是由循環往覆的正確移動所組成。任何物體的移動，都跟支撐與體重有關。不只是跑步、騎車和游泳的動作，幾乎所有的運動形式都涉及到運用體重與轉換支撐的概念。每一個動作都直接導致一個又一個的動作發生，這是一種能量轉換的循環過程。

第 10 章

設立標準與錯誤矯正

> 人類是從錯誤中學習，而非範例。
>
> —— 弗雷德·霍伊爾（Fred Hoyle，英國天文學家）

不論是教導或學習過程，矯正錯誤都是一項很關鍵的元素。在這個元素中包含了「確認偏差」（包括認錯）和各種「矯正錯誤」的方式。上述霍伊爾的話，有助我們了解矯正錯誤是學習的必經過程。每個人都會犯錯，而進步最多的人正是最能認清錯誤與即時修正的人。

我們如何定義「錯誤」，很簡單：只要偏離標準[1]就是錯誤（圖 10.1）。但如果沒有標準，我們就失去追求的目標，也會不知道什麼是對、什麼是錯，當然就更不用談矯正錯誤的方法了。[(1)]

不管你想學哪一項運動動作，所有的錯誤都可以用圖 10.2 來進行分類。

動作上的錯誤並不只是身體上的問題，也與知覺、思考與理解方式的錯誤密切相

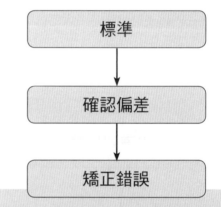

圖 10.1 ⊃ 想要修正技術上的錯誤必須先設立標準，沒有標準就無法分辨錯誤與錯誤偏差的幅度。

關。知覺上的錯誤就可以分成好幾種。上一章最後我們提到許多跑者誤以為自己拉起腳掌的動作始終都在臀部下方進行，但事實卻並非如此。其他知覺上的錯誤還包括低估用力的程度或錯估終點的距離。知覺上的錯誤主要跟身體內部與外在環境所

回饋的資訊有關。

思考上的錯誤來自被誤導的概念與錯誤的觀念。有個好例子可以說明觀念上的錯誤。湯姆・艾克（Tom Ecker）在著作《基本田徑力學》（*Basic Track and Field Biomechanics*）中提到，身體前傾和跑步加速度之間的關係：「『前傾』這個跑者的經典姿勢是個假象，它只是在跑步推進期之後所觀察到的姿勢。」[2]

如果你仔細讀這段描述，你會發現他在暗示「前傾」是加速度造成的。從他的觀點來看，「前傾」的動作只是運用肌肉加速推蹬之後的結果，但從姿勢跑法的觀點來看，兩者的因果關係卻剛好相反。

想像一下你是如何跑出第一步的？是用肌肉把身體往前推，或只要把身體往前傾

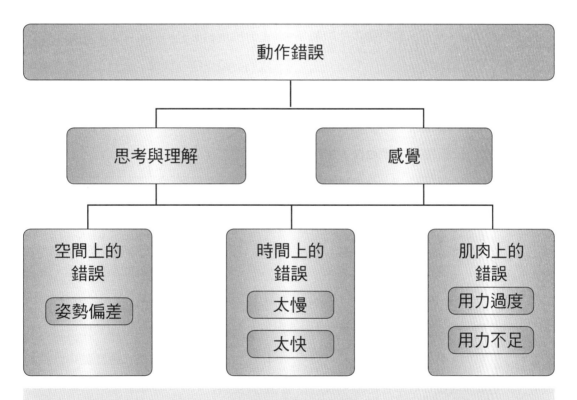

圖 10.2 ↻ 就如同上表所呈現的，動作的錯誤可以回追溯到動作的「理解層」和「感覺層」。理解對了之後，還會犯錯就跟執行的精準度有關。空間上的錯誤是做得不夠或太多，例如在轉換支撐時不必要的多餘動作。時間上的錯誤是動作太慢或太快。肌肉上的錯誤大都是過度使用，但也有可能是用力不足，兩者發生時都會在肌腱、韌帶與關節上形成多餘的壓力。

讓身體自己開始動，哪一個比較合理呢？把注意力放在肌肉上即是一個典型的錯誤觀念，這個觀念會導致錯誤的技術與教學方式。

為什麼說這是錯誤的知覺和動作呢？因為這個觀念是假設肌肉位於跑步力量階層的最高地位，這種觀念時常導致跑者的肌肉過度緊繃和運動傷害。要怎麼矯正這種錯誤呢？我們需要正確的思考、正確的觀念和正確的知覺，唯有大腦對跑步的理解正確，動作才會是對的。

為了理解正確，首先必須先確認人與自然環境之間該如何互動。如果我們對抗自然，效率就會受到限制；我們應該與自然合作而非跟它發生正面衝突，就像變成自然的一部分。因此，我們的動作應該要能善用自然本有的力量，盡量減少自己的力氣。關於這點，運動生理學之父尼克萊‧伯恩斯坦（Nikolai Bernstein）[2]的定義如下：「當身體能在運動時利用較多外部力量與較少的肌肉主動作功時，動作將更具經濟性，也就是說動作效率會更好。」[3]

到此，我們應該能藉由「偏離標準的程度」來理解何謂錯誤的動作。從人與自然的關係來看，最佳的「標準動作」是指：對抗自然的力最少、利用到最多免費外力的動作。所以必須從我們與自然之間的互動關係來尋找錯誤所在。

自然界最具主宰性的力量就是重力。所以標準動作的定義可以修改成：前進時用最小的力氣對抗重力，同時又能盡量利用重力的動作。

對抗重力的結果就是會在肌肉、骨頭和結締組織上形成較大的壓力。所以為了矯正對抗重力與肌肉過度使力的錯誤動作，我們必須先建立標準，而且這套標準必須建立在自然的原則之上。順著自然的原則來發展正確的觀念、知覺與動作。當客觀的標準被建立起來之後，我們才有辦法分辨錯誤與進行動作矯正。

綜上所述，若我們的思想、欲望和行動能統整成一個與自然互相合作的系統（天人合一），動作效率就能達到極致。本書的目的就是：在「順應自然」的哲學思考下，把跑步、自行車與游泳的標準技術動作建立起來，再指出這三種運動中常犯的錯誤及矯正方式。

譯注：

1. 標準是我們可以拿來比較的基準，它讓我們可

以設立模範、規則、測試與需求。

2. 尼克萊，伯恩斯坦被稱為「運動生理學之父」，也是神經機械學（Cybernetics）的創立者之一。從伯恩斯坦之後，逐漸揭開各種生物運動方式的祕密。

參考資料：

(1) Thorndike-Barnhart. student Dictionary. Harper Collins Publishers, 1992, p. 1074.

(2) Ecker, T. basic Track and field biomechanics. Tafnews Press, Los Altos, California, 2002 p. 62.

(3) Bernstein, N. on constructing movement. Medgiz, Moscow, 1947, p. 31.

Part 4
跑步技術

第 11 章

我們需要學習如何跑步嗎？

子曰：「民可使由之，不可使知之。」

——《論語·泰伯第八》

高爾夫球界有句俗語是這麼說的：「開球是表演，賺獎金靠推桿」。對鐵人三項來說，我把這句俗語稍微調整成「游泳和騎車只是表演，賺獎金要靠跑步」。鐵人三項的最後一項是跑步，也正是贏得比賽的關鍵，比賽距離愈長，跑步的重要性也愈高。

諷刺的是大部分的運動專家都堅稱沒有一體適用的跑步技術。幾乎每個人都認同游泳必須學習正確的技術，關於游泳和騎乘的高效率技術理論非常多，但一談到跑步技術幾乎一片空白。[1] 跑步時常被認為是一項「自然」就會的運動，是人類與生俱來的本能（圖 11.1）。

「每個人的跑姿都是獨一無二的。」這樣的觀點總是一再被提出來。在這樣觀點下的結論是：我們不需要（也不可能）教導正確的跑步技巧。在缺乏正確技術的認知下，跑步產業朝硬體發展，因為大多數的人認為想要改善（或預防）跑步的運動傷害，需要的是：更高科技的跑鞋。

我們不需要教別人如何跑步，因為它是自然的動作模式，只要身為人就知道該如何跑步。

跑步是自然就會的運動。

【圖 11.1 ⊃ 關於藝術，因為藝術家的個人偏好不同，自然有各式各樣的風格和意見。然而，這並不適用於跑步。我們的身體在與環境互動時有其限制，因此我們必須順應自然給我們的限制，才能跑得更有效率與避免受傷。

反對教導正確跑步技術的聲音很大，而且很堅持。原因是很多成功的跑者都強力反對標準跑姿的存在和需要。包括前馬拉松世界紀錄保持者保羅‧特卡（Paul Tergat）也是，他在雜誌《跑者世界》的專訪中說道：「肯亞跑者的成就跟跑姿無關，沒有任何跑者可以因為調整跑姿而成功。」他進一步補充道：「肯亞跑者從不學習跑姿，甚至連談都不談。因為我們教練的訓練法中從沒有技術這一塊。」[1]

義大利籍教練加布里埃爾‧羅薩博士（Dr. Gabriele Rosa）的觀點也跟《跑者世界》裡的故事相似。羅薩博士是世界知名的教練，在肯亞開創了「訓練營」計畫，這個計畫促成了肯亞長跑王國，但他也持相同的論點：「你在跑步時無法思考腳、身體和手掌的動作，那太分散精力了。全部都跟體能訓練有關，沒什麼其他祕訣。」

另一番比較激烈的言論來自另一位肯亞冠軍 —— 基普‧凱諾（Kipchoge Keino），他也是肯亞第一位世界知名的冠軍跑者。凱諾在一九六八年的墨西哥奧運 1500 公尺以相當驚人的方式奪冠。他也是現任的肯亞奧會主席。[2]

凱諾一再強調自己的能力來自造物主：「世上沒有所謂正確的跑姿，所以你無法透過後天學習。跑姿是上帝給的。如果你想系統化的學習它，就會把上帝賦予的跑姿給毀了。」

科學家、運動員與教練們普遍認為世上沒有唯一標準的跑姿，關於「如何跑得更好」這個問題總是眾說紛紜。最主流的論點莫過於「最快的跑者具有最優秀的技術」，我們只要模仿就對了。以肯亞的例子來說，凱諾本人的跑姿就成為眾多肯亞跑者的學習典範。當時在眾多頂尖肯亞跑者身上都可以看到凱諾的影子，現在的模範生則變成了特卡。另一個長跑強國伊索比亞的情況也一樣，當地的跑者很自然會想到米魯茲‧伊夫特（Miruts Yifter）、海勒‧格布雷西拉西耶（Haile Gebrselassie），以及一九六○年用赤腳跑出馬拉松奧運冠軍的阿貝貝‧畢奇拉（Abebe Bikele）。模仿最厲害跑者的動作絕不會有錯，連科學界也下了定論：「沒有一套完美的跑步技術能套用在每個人身上。」[2]

哇！看來「跑步技術可被教學」這件事完全違反那些歷史上最佳跑者的認知，只

要談論標準跑步技術的人都會被視為異端。但事實上正確的跑步方法是可以被教導的，那也正是我們要做的事。

首先，我們來看一個特殊的案例，這位頂尖跑者的認知剛好落在「自然派」與「標準技術派」之間。麥可·強生（Michael Johnson）無疑是歷史上200和400公尺項目成就最高的跑者（圖11.2），他所創下的世界紀錄一直保持到退休後，直到二〇〇〇年的雪梨奧運才被打破。

強生的跑步風格是自創的，他很樂於嘗試，透過不斷的實驗和天生敏銳的知覺，找到了高效率的跑步技術。除此之外，他的教練也極具洞見，[3]並沒有刻意調整他的跑姿，再加上嚴格的訓練，使他以獨樹一格的跑姿獲得了五面奧運金牌。

從網路維基百科可以查到某次記者問他：「如果你的跑步技術像其他跑者一樣，你認為自己可以跑更快嗎？」他是回答：「如果我像他們那樣跑，只會跟他們一樣慢。」[4]

有趣的是，同一篇維基百科也記載了強生獨特跑姿的採訪紀錄，但卻看不出來該跑姿所代表的意涵。文中寫道：「麥可·強生的跑步風格非常獨特，上身直立、步伐短促，這完全違背了當時認定的高抬膝才能加速的技術理論。他那獨樹一格的跑姿是否正是他跑得那麼快的原因，仍然是個謎。」

思考一下強生的例子。這位史上最厲害的短距離跑者所用的技術跟對手都不同，而得到的結論竟是：「他那獨樹一格的跑姿是否正是他跑得那麼快的原因，仍然是個謎。」

人類的其他活動項目會如此抗拒尋找「最佳技術」嗎？很少有比生孩子更自然的事了，但人類還是一直在尋找更安全的生產方式。咀嚼食物也是一種很自然的動作，但仍有許多專家在研究最佳的咀嚼法。關於正確呼吸與藉由冥想來控制心率的理論也有一大堆。

但當我們面對跑步這項運動時，卻只把它當成一件人類自然就會的移動方式。直接認定：我們是人類，所以天生就知道如何跑步。只要我們到任何一場路跑賽現場，就可以知道這種說法是自欺欺人，賽道上的跑姿五花八門，而且顯然有某些人的跑步技巧比其他人優秀。那些技巧不好的人天生就是那樣跑，所以永遠就該低人一等，這樣的結論合理嗎？如果他們開始

學習如何跑就可以提高成績，這樣的推論很難令人相信嗎？

除了跑得更快之外，「避免跑步的運動傷害」是學習跑步技術的另一個更重要的理由。跑步熱潮於美國七〇年代興起，雖然當時的跑鞋還很粗糙，但長跑運動在那十年間開始流行，到了七〇年代尾聲，《跑者世界》發表了一篇驚人的報導：研究人員發現有三分之二的業餘跑者每年至少會受一次傷。

二〇〇五年，美國運動醫學學會在研討會上發表令人驚奇的數據：跑者受傷的比例竟上升到 85%。雖然在這二十年間，跑鞋的科技一直在進步，有關跑步訓練的書籍和文章也愈來愈多，但因跑步而受傷的人口比例卻一直上升。

如果查看跑步受傷的相關文獻，[5~8] 會發現幾乎所有的研究都沒有提到跑步相關

圖 11.2 ⊃ 強生在一九九六年亞特蘭大奧運時，以 19 秒 32 的成績打破 200 公尺的世界紀錄，也一舉奪得奧運金牌。
資料來源：Gary M. Prior/Getty Images

科技可以減輕受傷的風險。仔細想想實在有點詭異；但這樣的反差也讓我們認清：技巧不好才是導致受傷的主因。

同樣明顯的是：如果你用不好的技巧加快速度或拉長距離，受傷的風險就會愈高。換句話說，一星期只跑兩次，每次以每公里 7 分半的配速輕鬆慢跑，在訓練量不大的情況下，就算技術不好也不至於受傷。但當跑量和訓練強度提升時，身體忍受錯誤的範圍就會縮減，所以在增加跑量和拉高強度前，最好確定跑姿已經調整好了，否則再微小的錯誤都會被放大，受傷的機率也將大幅提升。

現在讓我們再回到大家普遍認知的觀念：跑步是一項自然的、簡單的動作。如果事實真是如此，那我們該如何解釋跑步受傷的比率這麼高呢？如果人類的基因裡天生就設定好跑步的程式，而且每個人的跑姿就像每片雪花一樣獨一無二，那因跑步而受傷的比例應該非常低才對。

比較合理的結論是：跑步需要技巧，而且是可教導、可學習的技巧。既然如此，下一個問題是：什麼才是正確的跑步技巧，該從何教起？值得注意的是前面我們提到的那些有天分的跑者，他們認為有效率的跑姿是天賦，不可能教得來。

就像那些對藝術、音樂或美式足球有天分的人一樣，畢奇拉、凱諾、格布雷西拉西耶和特卡這些跑步天才，他們精湛的跑步技巧比其他人來得容易，所以他們才會堅稱無須把跑步當成一項技巧來學習。但就像沒有繪畫和演奏天分的人一樣，透過學習技巧會有顯著的改善，所以沒有跑步天分的人，一定也可以透過正確的指導變成技巧更好的跑者。

長久以來，跑步界都認為跑步這項運動是人類「自然」就會的動作，但這個觀念忽略了「自然界的其他因素」，這些因素正是開發正確跑步技術的關鍵。在自然環境下移動時，人類跟其他陸生動物沒什麼區別，必須跟環境裡的各種力量互動。因此，技巧的進步完全跟我們是否能更有效地利用這些自然界的力量有關。

當我們能「順應自然」時，就能跑得更好；反之，違背自然就會遭受處罰。而這裡所謂的自然，正是主宰所有動物形體與移動方式的「重力」。如果我們在跑步時一直感覺在對抗重力，那就會限制我們拉長距離或加速的能力。會一再強調「推蹬」或「用力推地」的人正是相信（也有

可能是下意識地認定）：為了向前跑，我們必須先對抗重力。

當我們聽到跑者描述自己跑起來「很輕巧、腳步很流暢」時，我們知道這位跑者已經學會順應重力跑步。與「輕巧」這個詞的意象形成對比的是「沉重」；前者是順應自然的跑法，後者則是在對抗自然。

在這兩種意象的對比之下更可強化「跑步必然有技巧可學」這個論點。如果我們要選擇順應自然（利用重力），而非對抗自然（對抗重力），那一定需要技巧才做得到。

最重要的問題來了：要如何跑才能最有效地利用自然給我們的力量？也就是要怎麼跑才能利用重力？重力是一股「向下」的力，也就是直指地心的力，但跑步是使身體在水平方向的移動，因此，所謂的跑步技巧就是把重力提供的「免費能量」導向水平方向。我們把這種技巧稱為「姿勢跑法」（Pose Method of Running），這也是接下來談論的重點。在了解姿勢跑法的模型之後，你將對本書後半部自行車踩踏與游泳技術有更全面性的了解。

譯注：

1. 這本書是二〇〇八年出版的，當時的跑步技術理論很少，直到近年來才逐漸受到重視。

2. 凱諾在墨西哥奧運 10 公里比賽中，原本一路領先，卻在倒數兩圈時因膽囊炎疼痛而倒在地上，不過他仍堅持跑完。四天後，在 5000 公尺中他拿下銀牌。最後的 1500 公尺項目，比賽前因交通堵塞，他為了趕上比賽跑了 1.5 公里到比賽場地，最後還是摘下金牌。這也是肯亞史上第一面奧運金牌。

參考資料：

(1) Wallack, Roy M. I will learn to run better. Runner's World, October, 2004, p. 68-73, 109.

(2) Nitro, A. "What is Correct Technique?" Track Technique, Vol.100, 1987, pp. 3195-3205.

(3) Wischnia, Bob. "Point to Point." Runner's World, Vol. 31, No. 10, October, 1996, p. 16.

(4) <http://en.wikipedia.org/ wiki/Michael_ Johnson>

(5) Guten, N.G., Editor. Running Injuries. Philadelphia, W.B. Saunders Company, 1997, pp. 61-65.

(6) Krissof, W.B., and W.D. Ferris. Runner's Injuries. Physician Sports Medicine, Vol. 7, 1979, pp. 55-64.

(7) MacIntyre, S.G. "Running Injuries: a clinical study of 4173 cases." Clinical Journal of Sport Medicine, New York, 1(2), 1991, pp. 81-87.

(8) James, Stanly L., and Donald C. Jones. Biomechanical Aspects of Distance Running Injuries, Biomechanics of Distance Running. Champaign, IL, Human Kinetics, 1990, pp. 249-269.

第 12 章

跑步的力量

> 任何物體的移動都需要外力作用，才能離開原本的位置。
>
> ——李奧納多·達文西

我們在跑步時，力量扮演著什麼樣的角色？某些人一直喜歡討論這個問題。跑步看起來是一種百分之百自發性的運動，我們是用自己身體的能量來讓自己向前跑。如果問題是「跑步的推進力來自於何處？」答案顯然是：來自我們的身體，不是嗎？但答案並非如此單純，想要跑得更好，必須對跑步過程中的「力量」有更完整的了解。我們必須先知道有哪些力量會影響人類的動作。

在古典物理中「力量」的定義是：物體之間接觸時互相作用的強度。所以力的形成一定需要接觸，力量的大小取決於互相作用的強度。對物體施力的結果是移動，移動的現象可以是方向上的改變或是速度上的增加。

牛頓從數學上來定義：「力量」等於「質量 × 加速度」（F=ma）。透過這個公式，物體的「加速度」可以表示成「力量 ÷ 質量」（a=F/m），也就是說物體的加速度會與其所承受的合力成正比，跟質量成反比。「力量」一詞的定義，從物理上來說並不存在其他解釋。

跑步的過程中存在多種作用力，包括重力、地面反作用力、肌肉收縮力、肌肉肌腱的彈力（常被稱為「牽張-收縮循環」〔stretch-shortening cycle，簡稱為 SSC〕，是一種肌肉與肌腱被快速拉長時瞬間收縮的機制）。每一種力都有其功能與意義。

這些力可以被分類成「外力」（external forces）與「內力」（internal forces）。重

力與地面反作用力是身體以外的力，被歸為外力；肌肉收縮力、肌肉肌腱的彈力則歸屬內力。

另一種分類方式是看這種力是否需要由身體產生能量才能運作。免費的外力不需要消耗三磷酸腺苷（ATP，身體使用的主要能量），而「自費」的力量就需要消耗ATP才能運作。

你可以把ATP當成世界上各種生物皆能通用的貨幣，只要移動身體就需要消費ATP。它是生命的真正「開銷」，只要活著就需要用到ATP。就像全世界石油消費量最大的美國一樣，消耗ATP最多的正是肌肉的活動。肌肉在收縮過程中會一直消耗ATP，為了持續繼運動，身體必須不斷代謝醣類、脂肪和蛋白質，才能補足ATP的存量。

運動愈劇烈，身體需要的氧氣也愈多。就像鍋爐裡的柴火愈旺，需要的氧氣愈多一樣，我們必須要有更多的氧氣才能為身體快速提供動能。因此，運動時肌肉收縮的力道愈強，能量帳單上的費用也愈高。反之，如果我們能運用更多比例的免費外力，運動的效率與經濟性就會相對提升，能量的花費也會隨之減少。

免費外力與自費內力兩者之間的重要性不言可喻，但目前的跑步理論似乎都忽略了這點。過去從來沒有人仔細解釋過這些力量在跑步時如何在一個系統中互相作用，以及如何推動人體向前。德高望眾的俄羅斯運動生理學教授伯恩斯坦曾提出一項通則：「當我們的身體在同樣的運動表現下能運用更多的外力，（肌肉）主動作功愈小，移動的效率與經濟性自然愈高。」[1]當我們談「技巧」時，這條通則很好用，大家也應該都能接受，但過去仍無人能明確地解釋這些不同力量如何在同一個系統中「互相作用」。

一百多年來，眾多科學家和運動生理學家都企圖解釋這些力如何在跑步動作中發揮作用，[2~7]但大都失敗了，失敗是因為他們把這些力獨立成單一系統，而沒有階層的概念。必須從階層的角度看，我們才會知道每一種力的源頭以及各自扮演的角色。

目前主流的理論架構都建立在肌肉收縮力量、肌肉肌腱的彈力[5,6]與地面反作用力[7]這三種力量上。論述很多，但不曾有人清楚解釋過它們之間的關係，以及這些力是如何使身體前進的。

在主流論述下，重力在跑步運動中的角色，一直被局限在把騰空後的身體向下拉往地面。換句話說，以往認為重力只能使身體下墜而無法使身體向前。因此，重力被視為無益於推進的中性力。

重力並非無益於推進，它反而是主導身體移動與管控其他力量的源頭。這帶出了 Pose Method 的主要力學模型。

在這個力學模型下，重力位於最高階，主導跑步動作中其他力量的作用。也就是說，其他力量全都從屬於重力之下，有了重力，其他力量才能在跑步動作中發揮各自的貢獻。

接下來我們會分別討論各種類型的力量（依序分別是肌肉收縮力、肌肉肌腱的彈力、地面反作用力、科氏力與重力）、解釋這些力量跟重力之間的關係，以及跑者該如何學會利用外力與節省自身體力（內力）的消耗。

當我們了解跑步運用重力的完整概念之後，本書後半部將同樣的概念套用在自行車與游泳上，藉此證明同樣的力學原理與邏輯可以運用在所有的運動項目上。

參考資料：

(1) Bernstein, N. On constructing movement. Medgiz, Moscow, 1947, p.31.

(2) Marey, E.J. Movement. Arno Press & The New York Times, New York, 1972.

(3) Fenn, W.O. Work against gravity and work due to velocity changes in running. American Journal of Physiology, Vol. 92, 1930, pp. 433-462.

(4) Bernstein N. Some biodynamic data of running of outstanding athletes. Theory and Practice of Physical Culture, no. 4. Moscow, 1937, pp. 328-341.

(5) Cavagna, Saibene, and Margaria. Mechanical work in running. Journal of Applied Physiology, Vol. 18, 1964, pp. 1-9.

(6) Alexander, R. The human machine. London: Natural History Museum Publications, 1992, pp. 74-78.

(7) Weyand, Sternlight, Belizzi, and Wright. Faster top running speeds are achieved with greater ground forces not more raid leg movements. Journal of Ap- plied Physiology, Vol. 89, 1991-1999, 2000.

第 13 章

肌肉在跑步中所扮演的角色

有些事情不是我們原本以為的那樣。

—— 斐德若（Phaedrus，蘇格拉底的學生、知名哲學家）

過去從來沒有比現在這個時代更強調肌肉對運動表現的幫助。大多數人都認為運動時肌肉負責所有的工作，因此擁有更強更壯的肌肉就能表現得更好、跑得更快。類固醇和某些可以讓肌肉長大的禁藥更強化了這樣的觀點。肌力當然有助於運動表現，只是大多數人都誤解它的功能。

「所有運動項目的動作，都是肌肉用力的結果。」這句話出自席夫（M.C. Siff）所著的《肌力與爆發力訓練中的生物力學基礎》（*Biomechanical Foundations of Strength and Power Training*），[1]對於這個陳述似乎沒什麼好爭論的。我們生活周遭的各式運動，都來自肌肉收縮的結果。你可能也會這麼說：有肌肉才有辦法移動。生活經驗中的每件事都向我們證明這句簡

單的陳述，而且似乎也與科學相符。

難道運動不是肌肉活動的結果嗎？刻意駁斥的人是否故意在唱反調？或許是，或許不是。因為這句話這樣說比較恰當：「肌肉的力量並非移動的『創造者』，而是『支持者』。」

讓我們從這個觀念開始：「肌肉在活動中的功能只在傳輸重力所帶來的能量，再把這股能量引導到我們所要移動的方向，也就是體重移轉過去的方向。」你可能開始搖頭，覺得不知所云。我知道過去的肌肉認知已根深蒂固在你的腦海裡，要你放棄長期的認定並不容易。

但如果我們認定移動「只能」透過肌肉創造，就會限制重力這個有力角色的發揮空間，而且還會貶抑它的價值，只把重力

當成垂直向下而無助於前進的引力。把我們留在地球表面當然是重力的功勞，但那並非它唯一的功能。我們之所以能隨心所欲的移動，也是肇因於重力。重力善於把身體留在地面，也善於移動身體。

我們是靠重力才能待在地球表面，因此可以將肌肉看作重力的「傳遞者」。此觀點將有助於我們回答「伸肌悖論」（extensors paradox）問題。[2] 伸肌（extensor）是指四肢的關節在伸展開來的過程中所運用的相關肌群。

「伸肌」一詞很容易讓人以為它是在關節伸展時最用力的肌肉，但是跑者下肢的關節在快速伸直時已經從站立中期（臀部在支撐腳正上方）離開了（失重了），從肌電圖看，此時腿部的伸展肌群回到靜默狀態（圖 13.1）。

肌電圖的靜默狀態代表腿部肌肉在伸展時並沒有啟動。腿部伸展時相關肌群應該更活躍，為什麼肌電圖的刺激反而最安靜。這項發現並不符合傳統對肌肉活動的看法，因此被稱為「伸肌悖論」：伸肌在

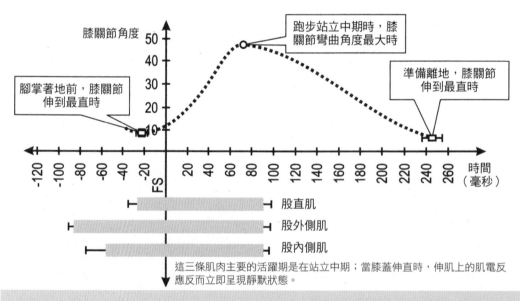

這三條肌肉主要的活躍期是在站立中期；當膝蓋伸直時，伸肌上的肌電反應反而立即呈現靜默狀態。

圖 13.1 ⊃ 跑步過程中膝蓋不同的彎曲角度下，肌電圖所顯示的股四頭肌出力狀態。研究人員共選了六種典型步態的受試者，人數也都平均分布（研究結果出自克雷教授等人的論文，詳細出處見參考資料 2）。

伸展時反而不再用力。

這些伸展肌群被認為是跑者推動身體向前最重要的肌群，怎麼可能被「關掉」呢？負責推蹬的肌群怎麼可能在傳統認為的推進期沒有用力呢？它們並非刻意逃避責任，只是在某個充滿智慧與完整的系統中扮演好自己的角色而已。過去未曾有運動理論從宏觀角度看待肌肉所扮演的角色，所以才會無法了解跑步背後的機制。

談到這裡，我們先重新檢視意志跟肌肉之間的關係。過去我們假設意志是肌肉活動的控制中心，但事實上，控制肌肉活動的是另一種力——重力。

當跑者離開支撐，身體前傾落下，也就是重力開始接手的時候，此時肌肉也立即接受到停止用力的暗示，所以肌電圖在此時才會顯示靜默。跑者在支撐期肌肉會用力，離開支撐時肌肉就會自動放鬆。「體重」與「肌肉」的關係，從一九七〇年代到現在的研究都呈現相同的結果。

為什麼腿伸直時相關的肌群會停止用力呢？我們應該這麼問：當重力使我們的身體向前落下時，為什麼我們的肌肉還要花費能量來用力？伸肌的活動被關掉只是因為身體落下時不需要肌肉。眾多研究顯示

肌肉只用在支撐體重時；跑者肌肉最用力的時間點是在膝蓋彎曲時（也就是站立中期），垂直方向最大的地面反作用力也剛好同時發生，這是科學研究已確認的事實。[3,4] 站立中期之後，也就是說當膝關節開始伸直時，伸肌的用力程度同時下降。[5]

以上現象所代表的意義是：肌肉最用力是在站立中期臀部通過支撐腳正上方時，因為此時腿上的體重最大，地面反作用力也最高。接著重力接手工作，身體向前失重（也就是向前失衡落下），支撐腳上的壓力同時減輕，因此腿部伸展肌群的工作量就會跟著變小。身體開始向前落下時（失重時）需要肌肉的地方不在推進，而是在維持身體的姿勢，要使身體維持在最小的框框裡才能提高落下的效率。

肌肉不是在下肢的三關節伸展時被啟動，而是在跑步的另一個階段——著地時最需要用力。雙腳騰空時大部分的肌肉都在休息，但只要腳掌一觸地，下肢的首要任務就是緩和著地的衝擊。為了使跑者在面對著地衝擊時膝蓋和臀部皆能保持穩定，股四頭肌和膕繩肌（後大腿肌）必須在膝蓋開始彎曲的同時收縮用力。腿部與臀部的活躍情形都已經透過肌電圖的數據

獲得證實。[5~12]

當我們重新檢視跑步動作中單腿肌群的活動情形時，最用力的時間點是在體重轉換方向（失重）前，也就是向前落下（失去平衡）的起點。當跑者來到起點時，最好的落下姿勢即是關鍵跑姿，身體以關鍵跑姿落下的角速度最快，落下結束後要盡快拉起才能盡快回到關鍵跑姿。因此，姿勢跑法的基礎正是由「關鍵跑姿→落下→拉起」這三個元素互相串連構成。

在跑步的過程中不管腳的位置在哪裡，肌肉的用力程度不會完全歸零。肌肉不會有百分之百放鬆的時候，用力程度是相對的，某些肌肉在特定的時刻會用力較少，當某處肌力較為放鬆時，對應的拮抗肌群必會用力。這代表在跑步過程中不會有肌肉完全放鬆的時候。

仔細檢視跑步動作，可以得知股四頭肌最用力的時間點，是在膝蓋彎曲和與地面反作用力最大時。在這之後，膝關節附近伸展肌群的活躍度就會開始消失，而且當膝蓋開始伸直時，伸肌就幾乎完全失去作用（不再用力）。[4,5] 所以腿部看起來是快速伸展，但並不是伸肌用力伸展的結果。這就是前面提到的「伸肌悖論」。

上述現象告訴我們一件事：跑步時「推蹬」這個動作看起來很符合邏輯，但研究顯示這是一個錯誤的用力模式。我們不應視為悖論，而是把它當作普遍存在的「誤解」（misunderstanding），是誤解就必須被重新導正。如同科學驗證的結果，肌肉主要是在支撐期用力，關節伸展時看起來在「推蹬」，其實三關節伸展是身體前進時腳被留在後面的結果，伸肌沒有用力而是處在放鬆狀態。

真正的悖論……是？

但有些人面對誤解的態度可能是「那又怎樣？」「有差嗎？這只是定義不同，跑步動作本身並沒有太大的差異不是嗎？」不論跑者是否有主動推蹬，真的有差嗎？看起來都一樣呢。

許多問題都源自於這種錯誤的思考。如果跑者只想著推蹬前進，不論幅度大小，都會浪費能量收縮此時不該收縮的肌群，最嚴重的後果是拖延到肌肉分內本該及時完成的工作。說具體一點：推蹬的動作會使跑者錯過拉起的最佳時機。

不了解跑步動作的實際情況，結果就是浪費了不該浪費的時間，而時間就是量化跑步成就高低的最終指標。專注推蹬而非專注把腳從地面拉到臀部下方，等於是在拖自己後腿。看起來好像是小事情，但卻會破壞完美跑步技術的基礎。

再舉一個例子，當你騎一段很陡的下坡時，你想踩踏板但都踩空，下踩的動作在此時就是浪費力氣。因為你已經在向下滑了，所以向下踩的動作是白費力氣。在滑下陡坡時重力的影響力遠遠大於肌肉，這個道理跟向前跑時還向後蹬地一樣，浪費力氣，因為身體向前失重時，肌肉本能是「停止」運作的，如果此時用力等於是做了不必要的動作、浪費多餘的力氣。

肌肉的活動分成主動和被動，兩者間的差異極大。肌肉被動用力主要是為了「承擔體重」，當身體方向改變或失去平衡時，肌肉無須主動出力。肌肉在被動用力時都是下意識的反射動作，完全無須控制。例如腳掌著地時你不用主動做任何事，肌肉會自動撐住身體。

另一方面，肌肉主動用力的活動大都跟特定目的有關，像是觸碰、彎曲和擺盪等。這些都是有意識的動作，以跑步來說是把腳掌從地面拉起。當然，我們希望把這種需要意識參與的動作轉變成下意識的動作。目標是不用多想就能把完美的動作做出來。

你可以把它想成武術家所謂「禪」的境界，能自動做出本來需要意識控制的動作。在此境界中，心靈平靜無波，什麼都不想，但動作卻極為完美。在跑步時，只需主動做一件事，就是把腳從地面拉起。

問題是大部分的跑者時常搞混這兩者的差別，當被動用力發生時還企圖主動發力會大幅增加肌肉的負荷，進而造成肌肉過度緊繃。這才是跑步的真正悖論。如果你急於去做的動作，恰巧是錯誤的動作，就會同時浪費能量和阻礙最佳技術動作的產生。

我們必須非常清楚該運動中主動動作的樣貌與運作方式，但絕非主動去創造無意義的肌肉活動。「主動的動作」不等於「主動的收縮肌肉」。你在快速移動時可以命令身體做特定動作，但你無法直接命令特定的肌肉收縮。肌肉要透過動作才能發揮功用。我們控制的是動作，而非肌肉。

你不應該命令特定的肌肉該多快或多用力的收縮。運動過程中大腦和肌群之間的

溝通錯綜複雜，肌肉的收縮根本就不是意識可以掌控的，我們只能命令身體執行某個動作，僅此而已。肌肉進行收縮只是為了滿足行動上的需求，肌肉用力只是為了配合身體當前的姿勢與行進中的運動。

　　這樣的道理很簡單，不是嗎？身為一個運動員，你唯一需要知道的是「該做出哪個動作」，而非用哪一塊肌肉用力。以跑步來說，你需要知道的動作是「把腳從地面拉起」，但無須在意是哪一塊肌肉完成這個動作。你要在意的是能否及時完成動作。後面章節提出的技術訓練是在幫你微調動作，使你能在跑步時正確地運用身體做出好的動作，當你做出好的動作，身體的肌肉都會自動來幫忙，根本不用控制它，也無法控制。

參考資料：

(1) Siff, M. Biomechanical foundations of Strength and power training. In Biomechanics in Sport London. V. Zatsiorsky Editor. Blackwell Scientific Ltd., 2000, pp. 103~142.

(2) McClay, Lake, and Cavanagh. Muscle activity in Running. Biomechanics of distance running. P.R. Cavanagh, Editor. Champaign: Human Kinetics, 1990, pp. 165-185.

(3) Brandell, B.R. An analysis of muscle coordination in walking and running gaits. Medicine and Sport: Biomechanics 111 S. Cerquiglini, A. Venerando and J. Wartenweiler. Basel, Editors. Switzerland: Karger, 1973, pp. 278-287.

(4) Nilsson, J. and A. Thorstensson. Adaptability in frequency and amplitude of leg movements during locomotion at different speeds. 10th International Congress of Biomechanics Abstract Book, 20. Solna, Sweden: Arbetar-Skydd Sverket, 1985, p. 194.

(5) Mann, R.A. and J. Hagy. Biomechanics of walking, running and MUSCULAR ACTIVITY IN RUNNING | 65 sprinting. American Journal Sports Medicine, Vol. 8, 1980, pp. 345-9.

(6) Paré, Stern, and Schwartz. Functional differentiation with the tensor fasciae latae. Journal of Bone and Joint Surgery, Vol. 63, 1981, pp. 1457-1471.

(7) Schwab, Moynes, Jobe, and Perry. Lower extremity electromyographic analysis of running gait. Clinical Orthopaedics, Vol. 176, 1983, pp. 166-170.

(8) Montgomery, Pink, and Perry, Electromyographic analysis of hip and knee musculature during running. American Journal of Sports Medicine, Vol. 22, 1994, pp. 272-278.

(9) Wank, Frick, and Schmidtbliecher, Kinematics and electromyography of lower limb muscles in overground and treadmill running. International Journal of Sports Medicine, Vol. 19, 1998, pp. 455-461.

(10) Elliot, B.C. and B.A. Blanksby. The synchronisation of muscle activity and body segment movements during a running cycle. Medicine and Science in Sports, Vol. 11, 1979, pp. 322-327.

(11) Mann, Moran, and Dougherty. Comparative electromyography of the lower extremity in

jogging, running and sprinting. American
Journal Sports Medicine, Vol. 14, 1986, pp.
501-510.

(12) Heise, Morgan, Hough, and Craib,
Relationships between running economy and
temporal EMG characteristics of bi-articular
leg muscles. International Journal of Sports
Medicine, Vol. 17, 1996, pp. 128-133.

第14章

肌肉肌腱的彈力

> 自然不做無用之事。
>
> ——亞里斯多德

肌肉肌腱的彈力聽起來像是留給運動科學家研究的議題。但其實它對一般跑者也非常重要，任何一位能夠免於受傷的優秀跑者都需要它。

肌肉肌腱的彈力只發生在腳掌與地面接觸時，因為肌肉末端的肌腱本來就具有快速牽張-收縮循環的彈性（圖14.1）。簡單說，你的身體本來就具有彈性可以在支撐期儲存彈性能，而這股能量可以在跑者離開支撐時轉化成動能。這有點像彈簧被壓縮之後快速向上彈起的現象。

移動的效率與經濟性中不可獲缺的重要元素之一正是下肢的彈力。回顧一下第十二章，彈力跟重力與地面反作用力一樣，都被歸類在免費的外力。善用肌肉肌腱的彈力可以節省肌肉的力量。當跑者能

圖 14.1 ⊃ 皮球從空中落地後會立即向上彈起。貓和狗也會善用與生俱來的彈性向上躍起很高的距離。我們在跑步時也可以運用同樣的原理，順著重力讓腳掌自然往下落，落地後運用肌肉肌腱的彈力，使腳掌自然彈起、順勢上拉。

妥善運用下肢的彈力之後，同一個配速下的耗氧量與肌肉力量都會下降，這代表跑者在比賽時能保留更多寶貴的能量。

喬治歐・卡瓦尼亞（Giorgio Cavagna）等人於一九六四年研究證實，如果能在

跑步時善用下肢的彈力，身體的耗氧量可節省 50%。[1] 卡瓦尼亞和他的研究同仁持續透過其他研究強化這項論點，[2,3] 其中一項研究指出，跑步時的力學效益大於化學轉化給肌肉運動的效率。[2] 這些研究都在進一步說明：跑者的肌肉與肌腱，在腳掌剛著地時藉由離心收縮（eccentric contractions）儲存彈性能，接著會快速產生向心收縮（concentric contractions）釋放儲存的能量。[1~6]

以上看起來有點學術，但事實上道理很簡單。如果你能用正確的技術跑步，就能用更少的體力跑出更快的速度，這比那些單純用肌肉用力的跑者有效率多了。

放鬆與釋放

肌肉「釋放」彈性能的動作是自然發生的，所以最重要的是「放鬆」。要使肌肉肌腱的彈力在跑步中發揮最佳效益，關鍵在釋放的時間與姿勢。如果姿勢不夠正確或觸地時間太長，肌肉肌腱的彈力就會被打折扣。

要有效利用下肢的彈性能，觸地時間一定要短；[7,8] 儘管目前並沒有一套明確的方法可以量化彈性能的大小，[9] 但大家基本上對於善用肌肉肌腱的彈力可以提高動作的經濟性已有共識。[3,5,10,11,12,13]

當地面反作用力最大時跑者耗費的能量也達到最大，然而此時肌肉肌腱也潛藏著最大的應變能（strain energy），這股應變能來自重力所造成的落下衝擊。[1] 然而研究中並沒有明確指出使應變能提升到最大與縮短觸地時間的理想姿勢。

這證明跑步是一項需要精確控制動作的技巧性運動。首先，重力是跑步力量與效率的主要來源。重力是「免費」的外力，善用它即可減少能量的需求。從力的階層來看，肌肉肌腱彈力的優先順序顯然該高於肌肉的收縮力量，因為效率較高。如前所提，要想在跑步時善用身體的彈性，關鍵在正確的姿勢與時機。

以上所列舉的文獻缺少的是「方法」，該如何才能有效利用肌肉肌腱在落地後所儲存的彈力呢？很簡單。姿勢跑法的設計正是為了使你學會在正確姿勢下利用彈性能，這個姿勢即是「關鍵跑姿」。

善用身體的彈性

腳掌著地時，「肌肉肌腱的彈力」與「肌肉收縮」既分開運作又互為體用，彈力是透過肌肉活動所啟動的被動結果。兩者之間的關係很複雜，也很容易搞混，看起來似乎不相干。雖然肌肉力量可以主動控制，但彈力卻只能被動反應。

所以，在姿勢跑法中該如何善用身體的彈性呢？

答案很簡單，就是把動作簡化到只剩關鍵跑姿→落下→拉起，我們會在第十九章仔細討論這三個元素。在進行關鍵跑姿時，重力這股外力對下肢施加壓力，把彈性能儲存到肌肉與肌腱中，跑者接著向前落下後把腳從地面拉起的一瞬間，這股彈性能將被自動釋放。所以跑者無須主動施加或卸除肌肉上的壓力，壓力的變化只是拉起和落下動作的副產物。

在姿勢跑法中，使用身體彈性的方法，可以歸結到跑者的動作能否精確地達到關鍵跑姿、落下與拉起這三個元素，若可以的話，你只需放輕鬆讓身體的彈性自動發揮功能。

但要強化彈性，你必須進行一些特殊的彈跳訓練。在姿勢跑法的體系裡特別設計了一連串的技術訓練動作，包括轉換支撐、關鍵站姿彈跳、關鍵跑姿跳繩和眾多雙腳與單腳的彈跳訓練，都是在加強跑者下肢的彈性。這些動作可以在第二十四與二十五章中找到。

想要成為一位技術優良的跑者，耐心是最重要的美德。專心訓練這些動作，不要急於求成，讓身體有時間適應與改變，尤其是彈性的開發與強化都需要時間。進步，不會一天就發生。所以，耐著性子練技術動作非常重要。經過一段時間的技術訓練之後，你會發現身體能有效利用彈力的跑步距離將愈來愈長。提高身體的彈性，不論對長跑還是短跑來說都一樣重要。

參考資料：

(1) Cavagna, Saibene, and Margaria. Mechanical work in running. Journal of Applied Physiology, Vol. 18, 1964, pp. -9.

(2) Cavagna, G.A. and M. Kaneko. Mechanical work and efficiency in level walking and running. Journal of Physiology, 1977, pp. 268, 467-481.

(3) Cavanagh, P.R. and R. Kram. The efficiency of human movement-a statement of the problem. Medicine and Science in Sports and Exercise 17, 1985, pp. 304-308.

(4) McNeill, Alexander R. The human machine. London: Natural History Museum Publications, 1992, pp. 74-78.

(5) Taylor, C.R. Relating mechanics and energetic during exercise. Advanced Veterinary Science, Vol. 38A, 1994, pp. 181-215.

(6) Jung, A.P. The impact of resistance training on distance running performance. Sports Medicine, Vol. 33, 2003, pp. 539-552.

(7) Zatsiorsky, V. M. Science and Practice of Strength Training. Champaign: Human Kinetics, 1995.

(8) Paavolainen, Hakkinen, Hamalainen, and Rusko. Explosive-strength training improves 5-km run time by improving running economy and muscle power. Journal of Applied Physiology, Vol. 86（5）, 1999, pp. 1527-1533.

(9) Fukunaga, Kawakami, Funato, and Fukashiro, Muscle architecture and function in humans. Journal of Biomechanics, Vol. 30, 1997, pp. 457-463.

(10) Cavagna, G. A. and G. Citterio. Effect of stretching on the elastic characteristics and the contractile component of frog striated muscle. Journal of Physiology, Vol. 239, 1974, pp. 1-14.

(11) Winter, D.A. Moments of force and mechanical power in jogging. Journal of Biomechanics, Vol. 16, 1983, pp. 91-97.

(12) Luhtanen, P. and P.V. Komi. Force-power and elasticity-velocity relationships in walking, running and jumping. European Journal of Applied Physiology, Vol. 44, 1980, pp. 270-289.

(13) Komi, P.V. Stretch-shortening cycle: a powerful model to study normal and fatigued muscle. Journal of Biomechanics, Vol. 33, 2000, pp. 1197-1206.

第 15 章

地面反作用力

地面反作用力這項數據能告訴我們什麼，
不能告訴我們什麼，分辨這兩者的差別是跑步生物力學的基礎工作。

——德瑞思・米勒（Doris I. Miller）

地面反作用力？

看到這個詞你如果立刻想到跑步時腳掌著地的衝擊力，表示你想對了，但可能對它的理解還有些模稜兩可。不只是你，連運動科學家在學術期刊上也一直在互相爭辯地面反作用力對跑步的影響。這個模糊的概念被鞋商拿來大作文章，他們宣稱經過特殊設計的厚底鞋可以緩衝，而且保證具有緩衝功能的鞋子可以降低關節受傷的機率。

地面反作用力長期被認為會對跑者帶來負面效果，所以應該要消滅。正是因為長期被誤解，地面反作用力更值得我們仔細探究。

在深入探討地面反作用力如何影響跑步之前，我們必須先了解它是什麼。

地面反作用力，是一種當身體對地面施力時，地面對身體所產生的大小相等、方向相反之反作用力。[1]簡單地說，如果你向地面用力踩腳，你的腿和身體會立即感受到地面傳回來的衝擊力。

這即是知名的牛頓第三運動定律：當兩個物體交互作用時，彼此施加於對方的力，其大小相等、方向相反。力必會成雙結對地出現：其中一道力稱為「作用力」；而另一道力則稱為「反作用力」。當你踩地時，地面也踩回去。啊！好痛！

只要我們跑步，不管跑多長的距離，你的腳都要不斷與地面接觸，所以在面對這股反作用力時，最好已經充分認識它。

地面反作用力的主要效應並非創造向前的推進力，[2]而是阻止身體繼續向下運

動，地面在阻止你的過程中，你的身體和肌肉也必須出力抵抗。

牛頓提供了一個清楚的結論：你對地面施加的力道將全部被加總起來，立即反饋給你，這股反作用力可被切分為三種方向，分別是垂直方向、前後方向與腳掌內外側的反作用力（圖 15.1）。

你立刻就可以從下面這張圖了解到為何地面反作用力會造成問題。比方說，如果你腳掌著地時的受力不均，地面反作用力的分力會跑到內外側（Fx），這會造成腳踝、膝蓋、臀部或腳掌骨頭周邊組織的傷害。像「內旋」或「外旋」這樣的名詞，就是我們常聽到的錯誤著地方式。不少鞋商特別打造（高價的）鞋款來矯正這種錯誤，但姿勢跑法強調的矯正不是靠鞋，而是靠學習正確的跑步技術。

運動科學家的意見衝突

儘管所有人都同意地面反作用力的存在，但對於它如何影響跑步的看法卻出現許多分歧。米勒指出身體各部位對身體整體加速度的貢獻約為 80％，所以他的結論是：「過去的研究都把整個地面反作用力歸因於腳掌、腳踝與腿部的蹬伸動作是不對的，下肢只負責支撐時把力量傳輸到地面，並不需要用力推蹬。」[3]

彼得‧韋揚德（Peter Weyand）針對米勒的觀點提出反駁，他堅稱：「不管任何速度，運用更大的肌力對抗重力，將加快跑者騰空的速度，這將延長跑者的騰空時間與每一步的距離。」韋揚德的結論是：

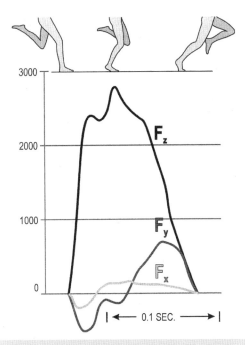

圖 15.1 ◯ 跑步支撐期的地面反作用力具有三種分力：

Fz - 垂直方向
Fx - 腳掌內外側向
Fy - 前後的水平方向

「想要加大步幅就必須對地面施加更大的力量。」[4]

此外，韋揚德否認地面反作用力中水平分力的效益，他宣稱：「當跑者加速時水平分力並沒有大太的變化。」韋揚德似乎暗示：騰空愈高，跑得愈快。他的見解跟運動生物力學的主流意見相當不同，[3]學術界一般認為地面反作用力的水平分力（Fy）為向前的主要推進力。

如果我們採用韋揚德的方法來解釋衝刺時加速的現象，就勢必得拋棄另一位運動科學家喬瑟夫·杭特（Joseph Hunter）的研究成果，[5]杭特發現：「速度愈快的跑者，垂直振幅反而較小。」這個現象跟他的另一個發現有關：「騰空時間不需要很長，只要允許跑者能夠把後腿拉回下一次支撐姿勢即可。」這點跟姿勢跑法一致，但衝突點在杭特假設「向前的推進力可以透過腿部蹬伸來提升」。[6]

很多不同的資訊需要消化，是吧？但這些所有關於地面反作用力的研究似乎都忽略了階層的概念，只把它獨立來研究，沒有放在整個力學系統中思考。這項疏忽導致研究者無法明確掌握各種力量之間的關係與功能。總之，現代的學者在解讀地面反作用力的數據時，因為缺乏整體性的詮釋，所以反而模糊了焦點，無法使人更加了解地面反作用力對跑步的意義。[3]

一個發人省思的例子

為了深入了解，我們把跳遠的數據拿來和跑步比較。[7,8]首先，從之前提過的問題開始：「把身體向前推的時機為何？」這是一個好問題。從圖 15.2 中我們幾乎看不到跳遠選手有發出推蹬的力道。[7]他們最後一步的主要動作是向上，所以從測力板的數據，我們看到的是垂直方向的地面反作用力大增。只有在最後快離地的百分之一秒，產生一股極小的水平反作用力。[8]

不管是跳遠還是跑步，身體都不斷在水平方向移動，這是非常明顯的事實。但在跳遠時的最後一步，地面反作用力的水平分力卻幾近於零。有趣的是，短跑跑者的前進速度跟跳遠選手在加速時非常接近，但短跑選手的水平分力卻比跳遠選手大很多。

這讓我們不禁要問：為什麼最後一步騰空距離如此之遠的跳遠選手，幾乎沒有向

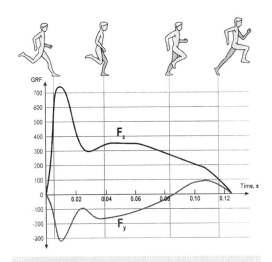

圖 15.2 ⊃ 跳遠運動員起跳時最後一步的地面反作用力。

後的水平分力呢？而跑者對地面的向後水平分力反而較為明顯？換個問法：為什麼跳遠選手在最後一步不用向前推進，但跑者一直都需要？這些疑惑將把我們導向最核心的問題：跑步時地面反作用力的水平分力（Fy）所代表的真正意義何在？

當然，我們也可以這樣猜想：跑者和跳遠選手主要都是利用慣性在前進。也對。但如果是這樣，為什麼跑步動作的每一步都存在水平分力，而跳遠時的最後一步就會消失呢？唯一的解釋是：跳遠的最後一步不需要「向前落下」來彌補支撐期所損失的動能。

為何這點很重要？因為沒有向前落下，

就沒有加速度；沒有落下的每一步都會拖慢原本的速度。

想像一下

在腦海中勾勒一下跑步時雙腿的動作。你的腿部在支撐期，身體同時在水平（向前）移動與繞著支撐腳轉動。對腿部來說，水平移動的力道大於旋轉的力道（力矩），而最大力矩是發生在腳掌快要離地時，因為此時你的後腿必須向前加速才能跟上身體與前腿。

支撐期的腳掌被困在地面，只有當它離地時必須加速向前移動才能回到臀部下方。後腳離地時跟上身體的加速度來自身體質心向前移動的慣性以及腿後側肌群。

地面反作用力的大小取決於你對地面的施力大小，包括多餘的力量。例如腳跟先著地或腳掌「扒地」的跑法，[9] 都會使圖15.3 中第一道地面反作用力的波峰變得比第二道更高。圖中的第一道波峰所代表的是「衝擊力」，[1] 第二道波峰所代表的是「推進力」，因此我們立刻就可以從測力板的數值，了解到腳跟先著地會產生較大的衝

擊力與較小的推進力。那樣的結果有誰想要啊？

顯然沒人想要更大的衝擊力。現在我們對地面反作用力會如何影響跑步技術開始出現比較完整的圖像了。如果腳跟著地是差勁的技術，那我們要選擇「改變跑步的技巧」，還是選擇「穿足跟具有緩衝功能的跑鞋」呢？答案肯定是修正跑姿。但很多跑者選擇後者，以為買了足跟緩衝功能良好的跑鞋就能避免著地衝擊所造成的傷害，卻反而傷得更嚴重。想要避免跑步（加速時）的運動傷害，並非透過緩衝的跑鞋，只要腳掌的著地點接近臀部下方，身體就會自然以前足的蹠球部著地，有效把部分的衝擊力道儲存起來，運用到離地時（轉化為彈力）。

地面反作用力的真正意義

地面反作用力的真正意義其實是：反應體重變化量的大小，而變化量的大小跟體重這股力的方向改變有關。騰空後，體重向下落；但要向前跑，我們必須把體重轉移向前，所以要利用肌肉來支撐體重與轉

移體重的方向。地面反作用力的曲線圖正是反應「體重的變化量」，也可以說是「改

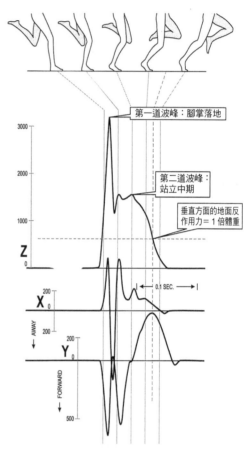

腳跟先著地的 63 公斤受試者，以每秒 9.5 公尺的衝刺速度下，腳掌著地期間地面反作用力對時間作圖的變化曲線。

圖 15.3 ⊃ 地面反作用力圖 。
（摘自一九八三年潘恩 [Payne] 的研究）[12]

Z —— 垂直方向的地面反作用力
X —— 腳掌內外側的地面反作用力
Y —— 前後的水平方向的地面反作用力

圖中 Z 向的第一波高峰是刻意「扒地」動作所造成的。

變體重方向的速度」。騰空時體重為零，腳掌觸地來到站立中期時，地面反作用力的垂直分力達到最大（衝刺時甚至可達三倍體重）。[3]

此時肌肉的功用就是在地面反作用力波動過程中盡量維持身體穩定的支撐姿勢，任何多餘的力氣都是浪費體力。也就是說，如果你在支撐期主動對地面施力（超過支撐所需），你不會獲得多餘的推進力，只會增加衝擊力道與浪費更多體力。換句話說，如果你想利用支撐腿的推蹬動作來加速向前，你只會增加垂直方向的速度，使身體向上移動。為什麼要浪費力氣抬高身體，再花更多力氣接住身體呢？

若你在騎車時向下踩踏的力道大於支撐體重所需，也會發生同樣的結果——身體向上移動。所以在騎車時肌肉的力量只需用來承擔體重（剛好克服阻力），如果過度用力，踏板沒有下降，這些力量只是使你的身體上抬，對於功率輸出並沒有幫助。對車手而言，過度用力下踩並不會變快，只會使身體上下跳動。這是一個浪費力氣的多餘動作。

現在重新回想一下：當你跑得愈快，觸地時間愈短，肌肉用來支撐體重的時間也

會跟著變短。再從另一個角度來思考：步頻愈快（或騎車時的迴轉數愈高），利用免費外力的頻率也會愈多；也就是較省肌肉的力量，骨頭、關節和結締組織所受到的壓力也會減輕。如果你以沉重緩慢的步調在路上跑步，每一步你都必須承受體重下落的全部衝擊力，但如果步頻增加、觸地時間減少後，整體衝擊力也會變小。

以上的論述讓我們確立：移動的速度來自重力。重力是以體重的形式呈現，所以愈能有效地運用體重，速度也會愈快。推蹬的力量跟向前的速度並沒有直接的關係，水平分力（Fg）只是身體移動的現象（體重快速向前轉移時，向後的地面反作用力也會跟著增加的現象）。運動科學家們已經發現，當跑者速度愈快時，垂直振幅也會變得愈小；[10~12] 某些經濟性較差的跑者，垂直振幅甚至是其他菁英跑者的兩倍以上。

不管在地面或坐墊上跳動都是在浪費力氣。上下跳動會形成較大的地面反作用力，無法讓你跑得更快。

利用地面反作用力來追求更完美的跑步技術

既然我們已經知道：地面反作用力所代表的是體重的變化量，那我們該如何利用前面關於地面反作用力的知識來達到更好的跑步技術？它跟你在支撐期與地面之間的互動有關。何謂好的互動？關鍵在「快」。這並不是單純指提高步頻，更明確地說是「縮短觸地時間」，換成另一種說法是「加快體重轉移的速度」。跑步時應該有意識地專注在「快速拉起」與「向前落下」，這樣才能減少對抗重力的時間。

不管任何時刻，只要發現上下彈跳的情況，你就知道技術上一定有某些地方出錯了，也代表你正在浪費不必要的能量。

關於地面反作用力的關鍵數值是「一倍體重」。當你的體重小於一倍體重時，你就無法再創造加速度；以跑步來說，地面反作用力低於一倍體重時代表已經失去支撐，必須立刻找到新的支撐點。為了找到下一個支撐點，你的腳掌必須快速離開地面，準備用另一個好的姿勢（關鍵跑姿）支撐體重，以進行下一次落下。

這不只是教練「教」出來的動作，這是生物力學的法則。我們做的每一個動作都圍繞著「體重」這個概念。任何移動都必須有支撐點，想要支撐穩固，體重就必須放在支撐點上。當支撐點上的重量小於一倍體重，就代表失去支撐，也可以說是失去重量（失重），這即是「落下」的定義。你所有的肌肉、肌腱等組織都會本能地去配合體重，當腳下的壓力小於一倍體重時，它們會立刻自動放鬆。

每位跑者抵達一倍體重的身體角度不同，這跟速度有關。速度較快的跑者可以在落下角度 16° 時抵達一倍體重，休閒跑者平均是 8°。我把這稱為「地面反作用力的消退速率」（運用體重的速率），消退速率愈快，代表你向前落下的速度愈快。

一倍體重的原則可以用來解釋每一種運動項目的地面反作用力數據。當我們在一倍體重以下就會失去支撐，無法再加速。所以當我們在月球上時會失去跑步的能力，這並不是巧合，而是跟重力大小有關。[13]月球上的重力只有地球上的六分之一，所以我們能夠運用的體重也只有六分之一。試想：若重力是拖慢我們速度的力量，那在重力較小的月球上應該可以跑得更快才對，但事實剛好相反。在月球上的

確可以打破跳高的世界紀錄，但因為重力不足，跑步時很容易上下彈跳，速度當然衝不起來。

運用體重的底線是當你失去支撐時，必須盡快以最有效率的方式轉換支撐。以跑步來說，最有效率的現象是垂直振幅最小化，這也是避免受傷和提高速度的關鍵。本書後面幾章將介紹一連串的技術訓練動作，這些動作有助於你跟地面反作用力和樂相處。

譯注：

1. 此處可能會讓讀者誤以為推進力來自於地面反作用力的分力，或誤以為第二道波峰愈大，推進力才會愈大，實際上並非如此。第二道波峰的大小只是「反應」推進力的大小。作者在本章所要傳達的意思是：跑者向前加速的推進力來自「向前轉移體重的速度」，體重轉得愈快，第一道波峰所反應出來波峰愈小、第二道波峰則愈高。若是倒果為因，刻意向下「蹬地」或向後「扒地」去創造更高的峰值，反而會失去效率與提高受傷的風險。

參考資料：

(1) Bartlett R. Linear and angular kinetics. Introduction to Sports Biomechanics. F & FN Spon, 2001, p. 84.

(2) Zatsiorsky, V. M. Kinetics of human motion. Champaign: Human Kinetics, 2002.

(3) Miller, I.D. Ground Reaction Forces in Distance Running. In Biomechanics of Distance Running. P.R. Cavanagh, Editor. Human Kinetics Books, 1990, p. 203.

(4) Weyand, Sternlight, Belizzi, and Wright, Faster top running speeds are achieved with greater ground forces not more raid leg movements. Journal of Applied Physiology, Vol. 89, 2000, pp. 1991-1999.

(5) Hunter, Marshall, and McNair, Relationships between ground reaction force impulse and kinematics of sprint-running acceleration. Journal of Applied Biomechanics, Vol. 21, 2005, pp. 31-43.

(6) Легкая атлетика: Учеб. Для институтов физ. культ./Под ред. Н.Г. Озолина, В.И. Воронкина, Ю.Н. Примакова.-Изд.4-е, доп., перераб.М.: Физкультура и спорт, 1989, стр. 45.

(7) Уткин В.Л. Прыжки в длину с разбега. Биомеханика физических упражнений. М.: Просвещение, 1989, стр. 171.

(8) Донской Д.Д., Зациорский В.М. Биомеханика: М.: Физкультура и спорт, 1979, стр. 185.

(9) Payne, A.H. Foot to ground contact forces in elite runners. In Biomechanics Vol. 8B, H. Matsui and K. Kobayashi, Editors. Champaign: Human Kinetics, 1983, pp. 19-41.

(10) Cavanagh, P.R. Biomechanics of Distance Running. Human Kinetics Books, 1990, p. 117.

(11) Williams, K.R. Biomechanics of running. Exercise Sport Science Review, Vol. 13, 1985, pp. 389-441.

(12) Miura, Kobayashi, Miyashita, Matsui, and Sodeyama. Experimental studies on biomechanics on long distance runners. In review of our researches, H. Matsui, Editor. Dept. of Physical Education, University of Nagoya, Japan, 1970-1973, pp. 45-46.

(13) Margaria. Biomechanics and Energetics of Mascular Exercise. Oxford University Press, Oxford, 1976, p. 128.

第 16 章

科氏力

當旋轉中的運動物體改變質量或半徑時就會出現假想力（fictitious force），科氏力便是一種假想力，這股力並不存在，而是慣性所造成的現象（圖 16.1）。

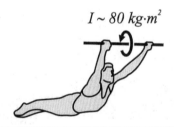

$$I \sim 80 \ kg \cdot m^2$$

圖 16.1 ⊃ 單槓上體操選手的動作是科氏力的最佳解說範例。

本書之所以要討論科氏力，是因為它普遍遭受大家的誤解，而且也會影響跑步技術的教學方法。最大的誤解是把科氏力當成跑步的推進力來源。

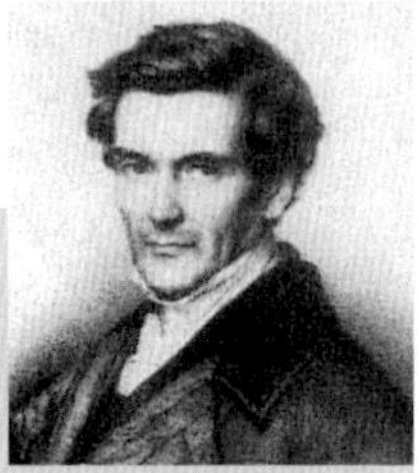

圖 16.2 ⊃ 法國物理學家科里奧利（Gaspard-Gustavede Coriolis）率先描述旋轉系統中，由一股假想力（也就是科氏力）造成加速旋轉的現象。

科氏力的名稱源自法國物理學家科里奧利（Gaspard-Gustave Coriolis，圖 16.2）。[1] 科里奧利生於一七九二年，卒於一八四三年，是第一位描述這個力學現象的科學家。雖然這並非科里奧利最大的成就，他也不是第一位運用數學公式表述這個現象的人，但學界還是用他的名字命名，願此力與科里奧利同在。

科氏力主要被運用在旋轉系統中轉動慣

量（Momentum of Inertia）增減時的現象。

大部分的移動都跟轉動有關，而科氏力存在於每一次轉動的動作中。因為我們身體的質量不會改變，所以科氏力是出現在運動過程中腿部與手臂伸長或彎曲時。

現今論述中所忽略的重點

以跑步來說，特別是發生在「擺盪期」腿部還留在身體後方時（圖16.3）。在主流的步態定義中，擺盪期又被稱為「恢復期」。理論上，擺盪期主要是由臀部和腿部的肌肉把腳掌從身體後方拉回前方，進而幫助跑者向前。這個理論以為在空中把腳拉回的動作能夠幫助身體向前推進，這

Running

$$r_1 > r_2 \implies I_1 > I_2$$

圖16.3 ⊃ 改變擺盪腿的旋轉半徑。

是謬論，違反了物理的基本定律。

教練和運動科學家相信強而有力的擺腿可以幫助跑者向前推進，但對跑者來說，騰空期的動作只是單純從地面拉起腳掌而已。因為腳掌從地面拉起後，當擺動半徑縮短時，擺動速度就會加快，這是因為科氏力所形成的結果，它能減少肌肉的負擔，但並無法創造推進力。跑者要做的只是持續向前落下，而非用力把腿往前擺。

但在現行的教學模式中，常把擺盪期稱為「驅動期」，要求跑者快速抬膝，並且把抬膝這個動作跟支撐腿的推蹬動作當成推進的動力來源。乍看之下有道理，卻似是而非，從生物力學的觀點來看根本是胡說八道。基本物理對於移動與支點之間的關係說得非常清楚：如果想要移動某件事物，必須先找到穩定不動的支撐點。[2]

為了移動身體的某個部位，身體的其他部位必須作為靜止不動的支撐點才行。如果你主動把腿向前驅動，那身體就必然成為相對靜止的支點。因此，主動用力把腿往前擺盪，就會減慢身體質心向前移動的速度。想藉由主動抬膝來加速移動身體的說法完全是謬論，雖然感覺起來好像加速抬膝有助於推進，但那只是假象而已。

腿部由後向前加速擺盪的動作，只是腳掌上拉過程中旋轉半徑縮短的結果，而拉起後腳是為了把腿部的質心盡量靠近身體的質心，如此身體才能在回到關鍵跑姿時與地面垂直，使向前落下的角度發揮最大的效益。這就是為什麼我一直強調要把腳掌從地面拉回臀部下方的理由。

當你把腳掌從地面拉起後，它就會自動回到臀部下方。兩條腿在空中的動作就像鐘擺一樣，當後腿的支撐任務結束後前腿的腳掌正處於擺盪的最高點，接著下一個動作就是被地心引力牽引向下。後腳被拉起到最高點後，也會接著向下與向前「擺」到身體質心正下方。前腿的情況也很類似，它會為了「追上」身體的質心而同時向下與向後移動。

此外，大腿和臀部的肌肉都有類似彈簧的元素，當它們被拉長之後會有一股彈力協助它們縮回到身體下方。所以擺盪腿最後的工作完全是由重力引導，身體為了找到下一個支撐點使腳掌快速回到臀部下方，擺腿的動作會自然而然地發生，絕對不需要主動用力向前擺腿。對跑者來說，也不需要想著拉回的動作，只要想著：在臀部下方拉起腳掌。

利用一點物理知識來解釋

以科學的方式來表達可能有助於大家的理解。前面已提過轉動慣量可以用公式表述為：

$$I = \sum_{i=1}^{N} m_i r_i^2$$

I：轉動慣量

m：身體的質量

r：轉動的半徑

角動量 (L) = 轉動慣量 (I) × 角速度 (ω)

轉動時「角動量守恆」。在運動過程中，身體的質量幾乎不會變，唯一會改變的是轉動的半徑，當半徑一改變，轉動慣量就會變小。以跑步來說，轉動半徑是指擺盪腿的腳掌到臀部的距離。當轉動半徑變小（圖 16.3 的 r 變小），轉動慣量變小，接著腳掌擺動的速度就會跟著變快。這項知識可以從三個方面來提升跑步動作的效率：

1. 支撐期：此時你的整個身體繞著支撐腳向前轉動，盡快彎曲騰空腿的膝蓋而且「維持」在彎曲的姿勢（關鍵跑姿），有助於提升身體向前轉動的速度。

2. 擺盪期：想要加快腳掌在臀部下方擺

盪的速度，並不需要主動向前用力擺腿，只需要從地面拉起腳掌使膝蓋彎曲（使腳跟靠近臀部）即可。收腿時，擺盪半徑變短，所以腿部肌肉不用主動用力向前，擺盪的速度也會「被動」變快。

3. 擺臂：手臂彎曲能縮短擺動半徑，半徑縮短轉動慣量跟著變小，也就是說，手掌盡量靠近身體擺動比較輕鬆，但同時也要注意手肘與手臂不能太過緊繃。

常見的運動案例

最後，我想用比較具體的視覺畫面來幫你認清科氏力如何影響跑步動作。我們都曾看過花式溜冰選手跳躍旋轉（圖16.4），動作上有許多的變化，但這些旋轉動作大都是透過手臂（有時是騰空腿）來啟動。花式溜冰選手在旋轉前會先把手臂向外延伸，接著利用擺臂使身體旋轉，下一個加速轉動技巧則是收回手臂靠近身體，此時轉動速度會因為旋轉半徑縮短立刻急劇加快。這是運動選手中運用科氏力最經典的範例。

接著我們來看科氏力如何運用到跑步運

花式溜冰的轉軸

$I \sim 3\ kg \cdot m^2$ $I \sim 3\ kg \cdot m^2$

$I \sim 1\ kg \cdot m^2$

圖 16.4 ⊃ 花式溜冰選手透過收腿的動作來加速轉動。

動中。想像一下跑步時把手臂和雙腿刻意向身體外延伸，手肘和膝蓋都不能彎，此時每跑一步手掌都會畫過一個很大的弧線，前腿向前跨大步時，後腿也會同時被留在身體後方，就像一條腿尾巴似的。所以跑步時若四肢都保持伸直狀態，擺動的範圍會變大，擺動的速度也會變慢，這會使你在跑步時耗費更多的體能。

現在邊跑邊把手腳收回來，使它們在擺動的過程中盡量靠近體，你立刻就會發現擺動的速度變快了。就像花式溜冰選手把手腳收回身體就能加速轉動一樣，跑者也是利用同樣的原理來加速擺動。收回手腳的動作不只能加快跑者的擺腿與擺臂動

作，也能節省體力的消耗。妥善運用科氏力可以節省肌肉的力氣，跑起來感覺更輕快。這樣的解釋是否更容易理解呢？

利用這點物理知識也許就能幫你突破個人最佳成績。大家必須了解：藉由縮短擺動半徑這一個簡單的動作，就能減少體力的內耗，更省體力的好處就是提升整體跑步的效率與成績。

參考資料：

(1) The New Webster's International Encyclopedia. Trident Press International, 1994, p. 265.

(2) Aristotle. Movement of Animals. The Complete Works of Aristotle, Vol. 1, Princeton University press, 1995, p. 1990.

第 17 章

地心引力

> 當我們要認識一件事物，就必須熟悉該事物背後的終極原因和首要原則，
> 以及能從該事物中分析出恆常不變的元素。
>
> ——亞里斯多德

跑步時是什麼力量使我們前進？這個問題聽起來似乎很容易回答，畢竟從人類出現在這個世界以來一直都會跑步，所以你以為已經有人把推進力的源頭找出來了，是嗎？

奇怪的是，過去從未有人從科學的角度定義跑步的推進力來自何處。所以一般人仍假定跑者是利用腿部的肌肉在推動身體前進。因此在這樣的假定下，幾乎所有的跑步教學方針都建立在腿部的訓練上。

如果你讀過有關跑步訓練的文獻，就會發現整個學術界幾乎都認為跑步的推進力僅來自雙腿，所以一再強調抬膝、擺腿、推蹬與腳掌扒地動作。

不只教練強調腿部的推進力，整個跑鞋產業也在誇耀自己的產品有助於雙腿的推進功能，或是該鞋款適合某些特殊的步態缺點，像是內旋還是外旋；或是該鞋款重量更輕、具有更好的支撐效果。全世界的醫生和物理治療師已經從這些受傷且受挫的跑者身上收到大筆醫藥費。

如果腿部真的能在跑步時推進身體前進，以上論述都很合理，但如果不是呢？那是否一切都得跟著改變？

聽起來很有趣嗎？

很好，因為跑步的推進力來自一股神奇的、源源不絕的牽引力量，這股力量即是「重力」。如果你能從重力的角度重新理解跑步，你的跑步方式將被徹底改變。

推進力由重力提供

你可能會質疑：重力應該使我們跑得更辛苦，而非更輕鬆吧？這就是麻煩所在。當你試圖用雙腳來推動身體跑步，就等同於在出力對抗重力，這將導致跑者常見的錯誤——用腳撞擊地面。但如果不再對抗重力，而是配合它，你的跑步技術將全面改變。

然而，另一派認為重力是中性的，既不該對抗它，但也無助於跑步。理由在於重力是鉛直力，只能把身體往下拉，所以不可能對水平方向的移動有所幫助。

這是對重力的片面理解。接下來我們將用較嚴謹的方式來說明重力如何推動跑者前進。

我們過去應該都學過，重力帶來每秒9.8公尺的加速度，遠遠超過雙腿所能產生的加速度。最大的挑戰在於運用重力加速度來向前跑。

達文西早就發現運用重力移動的方式

雖然前面我們提到關於跑步的推進力一直沒有合乎科學的明確判準，不過很久以前就有一位哲人弄清楚移動的原理，這個人就是達文西。他觀察到一個很重要的現象：「人們總是把體重移往想要前進的方向，當一個人跑得愈快，他就會把更多的體重朝前進的方向傾斜。」[1]

當你站在原地保持靜止狀態且要開始移動時，需要某種形式的加速度，最主要的兩個來源是雙腿和重力。運用雙腳，就必須收縮肌肉做推蹬或抬腿等動作；運用重力，你就只需要將身體前傾（圖17.1）。

圖 17.1 ⊃ 從地面上的支撐點向前落下。

你可以試看看。先站在原地再讓身體開始向前傾，不要彎腰或低頭看地面。想像自己是比薩斜塔（圖17.2），讓身體自由

向前落下。你立刻就會明顯感受到每秒9.8公尺的加速度是如何帶你移動，接著你必須很快做出決定：要讓身體持續下落然後用臉著地跌得狗吃屎，還是伸出一隻腳來接住身體。

大部分的人應該都會挑第二個選項，伸腳接住身體，這即是跑步動作的第一步，身體向前落下的動力是由重力提供的，腿部的肌肉只是用來穩定支撐。但接住落下的身體並非目的，目的在持續不斷地落下，所以我們必須換腳支撐才能形成下一次向前落下，一路落向終點線。

因為臀部是跑者的重心，所以在整個過程中，臀部扮演身體向前加速的油門。世界上偉大跑者之一的格布雷西拉西耶，能在比賽中平均維持在16°的落下角度。10公里跑50分鐘的跑者平均落下角度為10°，而衝刺跑者必須達20.5°才具有世界級的競爭力。

接受跑步的推進力來自於重力之後，你會對於跑步這項運動的認識完全改觀。改掉用腿出力推動身體向前的習慣，學習用腿來接住落下的身體。這也會改變你選鞋的習慣，原則變得更簡單了。你不再需要腳跟加厚的緩衝鞋墊，多餘的支撐沒有用，你只需要輕巧地以前足的蹠球部接住體重再盡快離地，才能讓落下持續發生。

運用重力來向前跑的方法，無法突然間使你輕易地提高速度。別擔心，你仍舊需要很努力的練習才有辦法打破個人最佳成績，但至少現在你已經知道比較聰明的訓練方法，也明白如何節省體力與前進時該專注在哪些必要的動作上了。你將不會再害怕鐵人賽事最終的跑步路段，而會非常有信心在最後一階段超越其他參賽選手。

圖 17.2 ↺ 世界知名的比薩斜塔，傾斜了5.5度。

參考資料：

(1) Keele, K.D. Leonardo da Vinci's Elements of the Science of Man. Academic Press, 1983, p. 175.

第 18 章

學習跑步技術

只有無知者才會對教育嗤之以鼻。

——普布里利亞・西魯斯（Publius Syrus，拉丁格言作家）

如何學習？如何學習移動？如何學習正確的移動？更重要的是，如何學習正確的跑步？這即是本書的目的。

當你把跑步的學問拆解開來，就會發現最核心的兩個問題：跑步該怎麼跑？以及如何學習跑步？

不管任何運動，關於標準技術的問題一直都存在爭議。但如果你想學一項運動，例如高爾夫球或網球，你一定會先考慮技巧問題。你可能會從書籍或教學影片中尋找答案，或直接找合格的專業教練指導。當我們學習一項新的運動時，透過這樣的過程來學習正確的動作與訓練方法。每當學到一點新技巧，我們通常會迫不及待的想要測試自己在賽場上的表現能達到怎樣的新境界。

但是當我們談到跑步，卻是完全不同的一番光景。跑者們只是一直在問「該跑幾趟？」「該跑多遠？」「該跑多快？」這一類的問題，反而沒把注意力放在「該怎麼學習正確的跑姿？」這個最重要的問題上面。不知道什麼緣故，大多數的跑者都認為自己已經知道該怎麼跑了。跑步的確是人類自然就能做到的移動方式之一。我們認為跑步很簡單、也很自然，動作模式已經燒錄在我們的 DNA 裡了，所以不用學習。但事實真是如此嗎？

事實是大部分的人從未認真學習過跑步技巧，因為在目前跑步社群中的主流觀點認為：跑步是人類的第二天性，不用特別學習。像前面提到的高爾夫球和網球，幾乎每一個從事這些運動的人都懂得如何分

享技術的要點，對於技術的標準，大家基本上有共識，但一談到跑步技術的準則，跑者經常兩手一攤，不知道重點何在。大家都是憑感覺在跑步，只要感覺對了就行，好像不需要明確的方法來提升跑步技術。

但如果跑步是一種自然的行為，請你身邊的跑友定義一下「自然的跑法」是什麼意思。看你是否能獲得滿意的答案。幾乎沒有人答得出來。的確，世界有所謂的天才，他們自然能找到優秀的技巧，這點毋庸置疑，但大部分的人不是天才。難道這代表一般人就無法經由學習來提升跑步技巧嗎？

如果你去挖掘過去談論跑步技術的文獻，[1]會發現他們描述的動作細節都是肌肉該怎麼用力、[2]該把力氣用在哪裡，像是推蹬、抬膝、著地要快等。這些方針都專注在動作的幅度與用力的程度，談論技術的用語常是「多少」、「大小」與「快慢」，不然就是「輕鬆」、「流暢」與「省力」這種形容效率的用語，而非具體的標準動作。有些教練則喜歡用其他動物當作自然跑法的意象，比如貓、羚羊或獵豹。這些形容詞與意象我們都很熟悉，但卻很

少跑者可以成功模仿這些動物的跑姿或是達到上述形容的境界。

有些菁英跑者的確可以做到輕鬆、流暢與省力的動作，但廣大的業餘跑者卻很難只靠本能就達到那樣的境界。難道我們談的是兩種不同的運動嗎？或是菁英跑者跟其他跑者身處在兩種不同的世界？若答案是肯定的，聽起來就像在強詞奪理，但很多人卻深信不疑。他們會認為優異的跑步動作屬於「天賦」，一般人練不來。[3]

你相信這中間仍有「後天學習」介入的空間嗎？我們前面談了這麼多，就是不斷在證明「完美跑姿是每位跑者都可以追求的」，這也正是姿勢跑法存在的意義。任何人都可以藉由練習達到優異的跑姿，當你這麼相信時，你就能把技術放在訓練的最優先順位。不管任何運動都有特定的技術理論與準則，接著才能依據理論開發技術訓練動作，先確立理論（what theory）再談訓練法（how to train）。本書的技術訓練動作發展流程也是這麼來的。

也就是說，我們必須先認識跑步的本質，確認跑步的基本元素有哪些，接著就必須重新學習跑步動作。

美國運動科學家馬格利斯柯博士認

為：只要模仿世界上屬害游泳選手的划手動作，不用去理解任何游泳技術的理論。[4] 如果他的觀點是對的，那我們也只需要模仿世界上頂尖跑步選手的動作就可以了。

雖然這樣的論點非常吸引人，但問題是我們要模仿哪一位菁英跑者？以及該從何處模仿起？也就是說，是什麼樣的技巧才能讓他／她表現得如此優異。從這兩個問題看來，單純只是模仿頂尖選手動作的論點似乎不切實際。

因此，關於跑姿的問題，比較好的方法是先了解跑步這項運動的基本元素，把標準定義出來，才能讓每個人依循一定的標準學習跑步。這就是「姿勢跑法」這套方法被建立出來的目的。這套方法會先用科學的觀點來解釋跑步技巧的元素，再用一系列的分解動作來強化正確跑姿的知覺，藉由反覆地練習使它變成你的第二天性。

參考資料：

(1) Doherty, J.K. Modern Track and Field. Englewood Cliffs, N.J. prentice-Hall, Inc. 1953, pp. 166-177.

(2) Bosch, and Klomp. Running. Biomechanics and exercise physiology in practice. Elsivier Churchill Livingstone, 2005.

(3) Wallack, Roy. I will learn to run better. Runner's World, Oct 2004, pp. 68-73, 109.

(4) Maglischo, E. Newton to Bernoulli and Back again. Modern History of Articles In Freestyle From Past ASCA World Clinic's and Related Sources. American Swimming Coaches Association Advanced Freestyle School. Ft. Lauderdale, FL, 1995, p. 29.

第 19 章

姿勢跑法的主要元素

> 事情看起來完全是他本來的樣子，但在表象之下……空無一物。
>
> —— 尚保羅・沙特（Jean-Paul Sartre，法國哲學家）

姿勢跑法的主要目標是駕馭重力，因為重力是使身體向前移動的動力來源。跑步時，我們是透過關鍵跑姿→落下→拉起的順序來運用重力（圖 19.1）。「關鍵跑姿」是跑者支撐體重的最佳姿勢，接著「落下」是跑者運用重力向前移動的主要動力，最後把腳掌從地面「拉起」以盡快回到下一個關鍵跑姿。

觀看跑步影片時，你可以利用分段暫停的方式來分析影片，當跑者的騰空腳在膝蓋附近，支撐腳以前腳掌的蹠球部支撐在地面上時，正是我所謂的「關鍵跑姿」，

圖 19.1 ⊃ 任何跑者都必然會經過「關鍵跑姿→落下→拉起」這三個元素，所以姿勢跑法的訓練非常重視專注力，必須把注意力放在這三個元素上，其他動作都是這三個元素所形成的結果，例如手臂與腿部的擺動範圍。

圖 19.2 ⊃ 在輕快配速下的關鍵跑姿。請注意，腳掌離地的高度跟跑步的速度有關。

此時支撐腿的膝蓋微彎，身體呈 S 形，腳上正承擔著一步之中最大的體重（圖19.2）。此刻跑者的身體正處在準備向前落下的關鍵時期，只要一股微小的力量就能使它向前失去平衡。這股微小的力量可以來自外部的重力，或是藉由內部肌肉張力的釋放，使身體改變姿勢而向前落下，跑步動作就此發生（圖 19.3）。

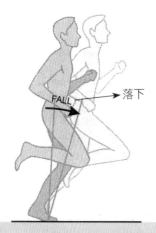

圖 19.3 ➲ 允許身體在重力的牽引下，朝你的目標方向自然「落下」。

所以向前跑，就是「允許」身體不斷向前「落下」的過程，強調「允許」是因為我們無法強迫落下發生，我們只能讓落下自然發生。落下是重力造成的，它會使身體同時向下和向前加速。如果每一次的落下角度都一樣，而且每一步都能盡量減少

著地的剎車效應，這股加速度就能使身體維持等速移動。

姿勢跑法的最後一項元素是「拉起」。當體重通過支撐點後，立刻拉起支撐腳，使腳掌離地（圖 19.4），身體騰空後必須快速重建平衡，作為回到關鍵跑姿與落下的準備。當體重離開支撐點的正上方後，腳掌也沒有理由再留在地面上。在落下階段，切忌為了增加落下速度而用肌肉主動發力，因為人體是無法主動加速落下，所以不管多用力都只是浪費力氣而已。

向前落下是跑步加速度的唯一來源，落下時要像木桿向前傾倒一樣，姿勢不能跑掉，必須維持住緊密的整體性。

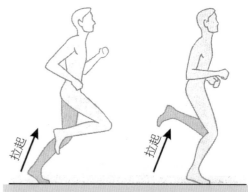

圖 19.4 ➲ 在拉起階段，前腳也同時落下，但它純粹只是受到重力而向下落，落下的過程中前腳絕不能主動向前或向下施力，跑者只需專心拉起後腳就好。落下動作會自然發生。

腿部任何用力「推蹬」地面的用力動作都會導致身體向上移動，這即是垂直振幅過大的主因，它同時會對身體水平速度造成負面影響。有些人認為下肢（髖膝踝）三關節伸展的動作有助加速，所以才想要推蹬，但這並不符合力學的邏輯。

為了說明清楚，我們引用較為生硬的運科術語——地面反作用力的向量。瑪格里亞（Margaria）研究發現，在支撐結束時此向量與地面的最小夾角大約是 63.5°；[1] 此外，頂尖跑者的垂直振幅都在 4~6 公分之間，而且身體的質心只會產生 2~3° 的「水平位移角」（圖 19.5）。

刻意用力「推蹬」會使水平位移角度大於身體所需，使身體偏離上述的最佳水平軌跡。從這點來看就無法支持推蹬的理論。此外，當我們從跑步時肌肉部位活動的數據來看（肌電圖），傳統認為在推蹬期該用力推蹬的肌肉（像是股四頭肌）都沒有反應，再次證明推蹬是多餘且沒有實際效益的動作。因為伸展肌群的主要用力時機不在伸展期，而是在關節彎曲的支撐期，當下肢的肌肉伸展時身體已經失重，體重不在了肌肉就無須再用力，這現象被運動科學家稱為「伸肌悖論」。[2]

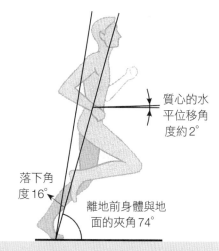

質心的水平位移角度約 2°

落下角度 16°

離地前身體與地面的夾角 74°

圖 19.5 ⊃ 圖中為跑者在支撐結束前的落下角度，想跑得愈快，就必須維持較大的角度與步頻。「推蹬」的動作會延長觸地時間與拖慢步頻。

跑步時不用推蹬，真正需要專心注意的動作是把腳掌從地面「拉起」。在姿勢跑法的教學模型裡，跑者只要考慮腳掌在臀部下方上下移動的幅度，專注在拉起，而非拉回。雖然在外人看來，跑者是把腳從後方拉回臀部下方，但只要「即時拉起」腳掌就會很快回到臀部下方，快到根本察覺不出來；所以，當跑者的動作正確時，在心裡只會感覺到腳掌是直上直下的動作，就像在原地跑一樣。換句話說，只要跑者感覺需要把腳掌從後方拉回，就代表腿尾巴形成，一定有某些地方做錯了。這就是旁觀者的描述與跑者本身對動作的感

受之間最大的差異。

從力學上來說，旁觀者所見的腳掌軌跡是一弧形，這是騰空腳實際上的動作沒錯，但它是慣性所造成的被動結果，並非主動用後腳畫出一個弧形。在跑者的主觀意識中，只要拉起腳掌即可。

我們無須知道是哪一塊肌肉用力，我們需要知道的是要移動身體的哪一部分，以及何時移動。當該部分的身體移動時，負責該動作的肌肉自然會正確用力；換句話說，我們所要下達的指令是「拉起腳掌」，後大腿和其他相關肌群自然會完成任務，腳掌也會自動形成最佳的軌跡。

即使我們碰巧知道拉起腳掌主要是靠後大腿的膕旁肌，但在跑步時我們不用刻意收縮該肌群，只需想著拉起腳掌的動作。問題常發生在錯誤的動作指令，像是「抬膝」或「把腿往前送」，這種錯誤的動作會導致力學效率低落並提高受傷風險。

所以，正確的做法就是姿勢跑法中三個元素的簡單循環：關鍵跑姿→落下→拉起。然而，簡單的元素不代表學起來很容易，要完全練會並不簡單。

從理解姿勢跑法的簡單概念到實際練會之間，有一道很高的「知覺」門檻。我們已經在第四章仔細討論過知覺的意涵，以及在學習動作時它所扮演的角色。知覺，是大腦的工作，它的運作過程很複雜，包括透過感官所接收的外在訊息，接著進行分析、評估與存進記憶庫。為了執行跑步動作中三個簡單的元素，大腦會在預測未來的同時權衡思想、欲求、過去的動作記憶，以及量測心中的恐懼與遲疑，而且持續比較與下結論，最終才會依據身體的狀態決定該採取什麼行動，這些過程都在極短的時間內發生。知覺運作的過程即是一種從氾濫的資訊中挑選出適當訊息與採取適當行動的能力。

外在環境與內在思緒會同時帶來龐大的資訊，這些資訊會不斷轟炸我們的感官，但絕大多數的資訊都像耳邊風，沒機會被認識與感知到就消失了。我們稱它為「知覺閾值」，在每一個當下我們的大腦只能處理一定的資訊量，超過了就會過載。

問題是，大腦處理這些訊息的優先順序和程序為何呢？人類在經過數千年的發展過程中，心智已經演化到能挑出特定的訊息，再替它們排出優先順序。這些具有優先權的訊息通常跟身體的健康和生存密切相關。心智會先權衡所有的資訊之後再根

據所處的環境下決定採取行動。

為了把這些化約成比較容易理解的圖象，我們現在來設想一種情況：你為了一場即將到來的鐵人賽準備出門練跑，但這個星期的訓練量很大，特別煎熬，你的訓練動機低落。你在心裡已經默默地把這點納入考量，想要放慢速度輕鬆跑就好。但正當你熱身剛結束打算慢跑時，一隻大狗邊吠邊朝你衝過來，此時求生的念頭瞬間攻占你的意識，所有盤聚在心裡的思緒與想要放慢速度的想法被拋在腦後，你立刻決定加速快跑。

在這種情況下，很容易跑出驚人的速度。求生的本能比你想要在下一場比賽中跑出好成績的驅動力大得多。想跑好的挑戰正在那裡。贏得比賽對生存來說並非至關重要，想要贏或跑得好只是你眾多欲求中的一種，欲求最終能否達到滿足取決於你的專注度與決心。

身為一位運動員，你每一秒都在決定該做還是不該做這個動作，在運動過程中這些決定都是獨自完成的。以跑步來說，這些動作非常簡單，就是關鍵跑姿、落下與拉起，但是要一而再、再而三地精確重複這些動作，就必須具備強烈的決心與持續

的專注度。

在跑步時必須保持專注與持續採取的行動即是：有意識地使體重向前落下，以及在正確的時間點把腳掌從地面拉起的動作。聽起來很簡單，但學起來可是一大挑戰。接下來幾章要進入實務演練階段，目的就是要使你內在的心智與外在的動作都能專注在高效率的跑步姿勢上。

參考資料：

(1) Margaria, R. Biomechanics and Energetics of Muscular Exercise. Oxford University Press, 1976, pp. 127-128.

(2) McClay, Lake, and Cavanagh The Extensor Paradox Experiment. In Biomechanics of Distance Running. Hu- man Kinetics, 1990, pp. 129-186.

第 20 章

體重的知覺

當一切準備妥當，跑步這項運動其實就是把你的血肉之軀從 A 點運送到 B 點。單純從作功的角度來看，跑步是一種運用能量與技巧把固定的體重移動到你想要的地方去。

若失去重力，你當然就沒有體重，只剩質量。重力是一種力，它創造了體重。「創造體重跟移動體重的都是重力」，這是姿勢跑法理論中最主要的前提。

既然我們知道體重如此重要，何時我們才能意識到體重的存在呢？答案是當身體的某部位形成支撐點時。因此，移動自身體重的進程如下：重力→質量→支撐→體重→肌肉用力→轉換支撐→移動（圖20.1）。

如果你遵循這樣的進程，很快就能了解

到，只有在支撐的時候才能感受到體重的存在。當支撐點不存在時，我們感覺不到體重。唯有當我們腳支撐在地上感受到壓力時，腿部肌肉才需跟著用力，此時也才需要真正面對重力。也就是說，重力只有

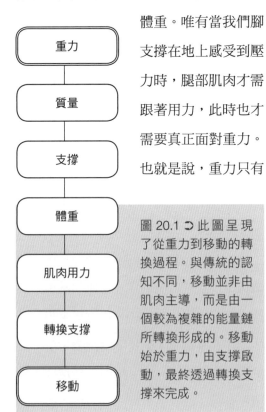

圖 20.1 ⊃ 此圖呈現了從重力到移動的轉換過程。與傳統的認知不同，移動並非由肌肉主導，而是由一個較為複雜的能量鏈所轉換形成的。移動始於重力，由支撐啟動，最終透過轉換支撐來完成。

在腳掌觸地時才能發揮功能，支撐點形成後身體的質量才能轉換成體重，而我們才能運用體重來前進。

體重位於下圖（圖20.2）的中心，也位於移動力學階層的核心位置，它是把所有系統連結與整合在一起的關鍵。跑者感受到最大體重時，正是前足蹠球部與地面接觸時，也是肌肉感覺到最緊繃的時候。此時肌腱拉長、骨頭承受壓力，這一切都跟支撐體重有關（圖20.3）。

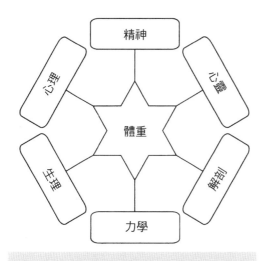

圖20.2 ➲ 我們跟重力之間的關係比我們認為的還緊密。因為這股神聖的力量亙古不變，所以我們忽略了它對我們的影響，我們所做的每一件事幾乎都跟重力有關。體重是我們跟這個世界連結的方式，也是我們跟重力直接互動的方式。我們所做的每一件事都由這股亙古不變的力量所控管，體重又跟所有的運動方式有關，但這種關係一直沒有人定義清楚。

體重的知覺非常重要，因為它是重力的代表。生命在重力場底下經過長期的演化，體重的知覺已經根植在我們的細胞裡，成為生存的重要機制。所有的生命為了移動身體，都必須懂得運用體重的知覺。因此，骨頭與肌肉的功能是依附在體重之上。換句話說，肌肉的功能在於：支撐體重以及把體重從 A 點移動到 B 點。

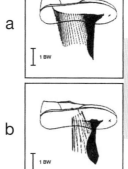

圖 20.3 ➲ 跑者的體重（也就是壓力）主要在前腳掌的蹠球部。

圖中的向量代表兩位不同著地方式的跑者，腳掌落地後地面反作用力的大小和方向。（a）是腳跟先著地；（b）是前腳掌先著地。圖中的視角是鞋底內側上揚 30°。（此圖摘自 Cavanagh and Lafortune, 1980）

動物當然沒有解剖學、生物力學等相關知識，但牠們的移動方式卻如此的流暢、優美。怎麼做到的呢？牠們似乎能夠運用天生的知覺去連結體重、支撐與肌肉之間的關係。如果你注意看大型貓科動物（例

如美洲獅或獵豹）全速奔跑時的慢動作畫面，可以發現牠們在騰空（離開支撐）時身體徹底放鬆，但在觸地的瞬間肌肉立即充滿爆發力，使腳快速離開支撐。牠們之所以能夠跑得這麼快，正是因為腳掌支撐時間（觸地時間）極短，而且只把肌肉的力量花在必要的時間點上，讓身體持續向前落下。

當我們在開發體重的知覺時，關鍵是要先了解一倍體重的概念。一倍體重是指你在靜止狀態下支撐部位所感覺到的壓力（圖20.4）。你的大腦，也就是運作知覺的主要器官，感受到體重在支撐部位所形成的壓力，在特定時空下這股一倍體重的壓力傳給大腦的，是一種穩固與平衡的訊號。

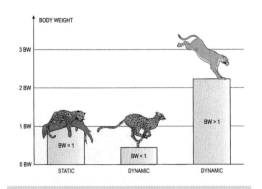

圖 20.4 ⊃ 一倍體重。靜止狀態下 = 一倍體重；離開支撐時腳下的壓力會小於一倍體重；著地時的壓力會大於一倍體重。

一倍體重的知覺伴隨著整個神經肌肉的協調系統、骨骼結構和結締組織，它們之間互相支持。只要當知覺系統一感覺到體重「消失」，大腦就會立即傳達轉換支撐與不再用力的指令。當體重消失時，肌肉就會自動停止用力。一倍體重對大腦來說就是休息的狀態，此時所有支撐身體運作的系統，都只是為了讓身體待在原地休息而已。經過前面的說明，你應該已經了解如何從一個嶄新的角度來看待身體移動中所需的所有元素。

移動過程中支撐期所需要的每一個元素都跟體重有關；當離開支撐時，體重的知覺也會跟著消失，此時支撐體重的肌肉也會自動放鬆。離開支撐的過程正是身體向前落下的加速期，此時的肌肉不是用來支撐或推蹬，而是用來拉起腳掌。

理論上，持續感覺到自己的體重應該是一件相當簡單的事（圖20.5）。還有比感覺到自身體重簡單的事嗎？

其實它並沒有想像中那麼容易，我們很容易在跑步時恍神而忽略了體重的知覺，原因是我們在跑步時很容易被其他更急迫的訊息給淹沒，像是心肺系統傳出的訊息。當肺部吶喊要求更多的空氣，或是心

臟發出再加快下去就會鬧罷工的訊息時，你還有辦法專注在支撐、體重和向前落下嗎？

體重在腳跟
還是前足蹠球部

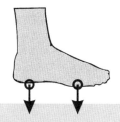

圖 20.5 ⊃ 體重是在腳跟還是前腳掌的蹠球部，兩者之間的知覺差異非常微小。

這一類關於生存的訊息具有較高的優先權。在跑步時，你的意識的確可以冷靜發出平靜的訊息，要求向前落下、要求拉起支撐腳；但是潛意識裡的求生警告會不斷想要壓過你的意識，這會使你失去動作的主控權。

當意識與潛意識在心裡打仗時，集中力不可避免的開始渙散，動作隨之走樣。這是一連串的潰敗，動作一旦走樣，跑步的效率變差（維持相同配速變得更辛苦），心肺系統的負擔就變得更大，直到超過生理上的負荷，隨後很快就會失速。

讓我們再回到本章一開始提到的概念：跑步是一種把體重從 A 點移動到 B 點的方法，是一種移動的技術。從這個觀點我們可以重新檢視跑步訓練。練跑，不再純粹只是強化身體的能力，而是一種維持特定技巧的專注力。我們訓練的不只是身體，而是在強化意識、強化集中力，進而穩固心志不被危險訊號干擾。當能持續專注在轉移體重的技巧上，跑步實力自然就會提升。

第 21 章

向前落下的知覺

你正在走路。

但你一直沒有了解到，

你也一直在落下。

每一步都在輕微地向前落下，每一步你也都在接住落下的身體。

你不斷地重複，落下和接住自己的過程。

而這就是你之所以能同時落下與走路的原因。

——蘿瑞・安德森（Laurie Anderson，美國前衛音樂教母）

要感受前一章提到的體重知覺其實相當簡單，只要你在原地彈跳幾下，立刻就可以感覺到：「沒錯！這就是我的體重。」如前所言，當體能的負擔變重，你很難專注在體重上。但至少現在你已經知道靜止時的體重是什麼感覺。

要學習向前落下的知覺的確有點棘手。首先，落下在定義上就是移動的意思。身體向前傾之後必然會落下，持續向前落下的過程腳必然會跟著向前移動、手臂跟著輕輕擺動、心率加速、呼吸加重，在這些附帶的動作與效應底下，你必須非常專注才能感覺到身體向前落下。

體重知覺與向前落下之間存在本質性的關係，當身體向前落下的同時也是在釋放體重，這是啟動跑步過程的關鍵要素。

有一個很簡單的動作可以呈現兩者間的此種關係：先在原地跑，腳掌只要剛好離地即可，不要太用力，愈放鬆愈好；身體保持直立，眼睛直視前方。等你抓到節奏後，開始把臀部（身體的重心）微微地向前傾，除此之外，其他都跟原地跑一樣，

盡量放鬆，不要花太多力氣，不要用腳推蹬地面，也不要去想「跑步」這件事，在你的意識裡，只想著「原地跑」加上「臀部微微前傾」而已。在輕微的前傾下，你不斷自動換腳的目的是為了接住身體以免摔倒。

再好好把玩一下這個動作。想像重心（臀部）就是你的油門。向前傾的角度愈大，腳步自然會加快，才能跟上身體以避免摔倒。反之，只要把重心拉回來，速度就會自動變慢。但前傾並不是彎腰，前傾的只是臀部，上半身必須保持挺直卻又不緊繃的狀態。

體重和前傾之間的互動關係使身體能向前移動，當身體前傾落下之後，為了避免摔倒，腳步會跟著自動轉換，跑步動作順應而生。儘管體重和前傾落下之間有如此緊密的關係，我們還是必須先把「落下」當成單一的元素來看待。在姿勢跑法的定義裡，「落下」這個元素是指身體仍處在支撐狀態時偏離平衡的幅度，在落下動作中還包含許多小元素，像是落下角度、重心轉動的角速度、前傾時軀幹的位置等。但前提是要先把「落下」當成一個完整的整體來看待。

談了那麼多次「前傾」這個詞，你腦中蹦出的畫面可能會是像比薩斜塔般全身打直向前傾斜的跑者。但這是一個還不夠精準的意象。這樣的意象會使跑者只有肩膀前傾，臀部還留在後面，這是掙扎中失去注意力的跑者常有的跑姿，並非優秀的跑步技術。

事實上，有效率的前傾必須保持上半身打直。過去許多人都說強生的上半身「直得很奇怪」（curiously upright），但他曾是 200 與 400 公尺的奧運紀錄保持者。這正是標準的前傾，因為前傾的是臀部（重心），而非肩膀。前傾的角度是指支撐腳和臀部的連線，至於臀部以上應該盡量保

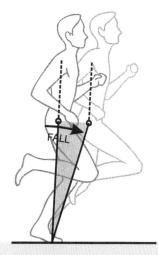

圖 21.1 ○ 落下時上半身應打直，前傾的是臀部（重心）。

持直立。強生就是最佳範例：雖然他的跑姿看起來「很直」，但只要仔細分析他的臀部與支撐腳的連線，就會發現他的前傾角度非常大（圖21.1）。

你很難知道自己現在的落下角度是多少。你的眼前沒有儀錶板能告訴你現在的前傾角度與身體轉動時的角速度；正確的前傾與落下技巧全靠本身的知覺，就像落下和體重之間互不可分的關係一樣，前傾的角度跟步幅大小、步頻和速度有關。想像一下移動是由許多環節所構成，這些元素環環相扣，就像鏈條一樣，其中「前傾與落下」是這條移動之鏈中最關鍵的一環。

不論你想跑多快或是多遠，控制開關都在身體的前傾角度上。在本章開頭的時候，你應該已經體會到只要輕微的前傾，就能從原地跑變成向前跑。

當你覺得配速太快時，第一個放慢的指令會是「回來一點」，而不是縮短步幅或是換腳的頻率，只要身體回來一點，速度自然會變慢。講得更明確一點，當你的臀部離開支撐腳的角度變小後，步幅、步頻都會自動改變，它們都是落下角度的結果，配速也是。

學會控制身體落下的角度是決定速度的關鍵技巧。就像我們前面看到的，當身體的重心在支撐點的正上方時，不管你的腳怎麼動，哪裡都去不了。反之，如果你的身體太過前傾（落下角度太大），你的腳會跟不上，結果就是摔倒在地。你在每一種距離與配速底下都有一個特定的落下角度，這個角度就介於「原地跑的零度」與「會摔倒的臨界角度」之間，我們不用確認這個數字是幾度，但要學習用知覺去分辨差異性。

我們實質上是藉由控制身體向前落下的角度，來調節重力力矩所帶來的向前加速度，角度決定了能跑多快。學習過程的第一步是發展正確的落下知覺，你必須學習使身體以一個緊密的完整單元進行移動。雖然跑步時上半身要保持放鬆，但要持續維持在打直的姿勢，從臀部到肩膀必須呈一直線。

肩膀不應該向前轉，手臂也不應該過度擺動，上半身不要彎腰（圖21.2）。上半身要盡量保持放鬆，但它必須在身體前傾的同時保持穩定，不能向前彎。不管腳步換得有多快，軀幹的姿勢始終不變。

圖 21.2 ⤷ 彎腰跑是不對的，這裡所謂的前傾是指臀部以上整個一起向前落下，而不是只有頭部與肩膀往前傾而已。腿部動作不應跟重心同步，它的任務是在離開支撐後「趕上」身體的所在位置。

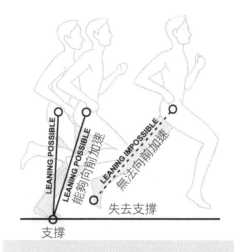

圖 21.3 ⤷ 在失去支撐的情況下，身體就會無法向前落下，意思是在空中時無法向前加速。

我怎麼知道自己的落下角度是幾度？如同前面所述，落下角度是指臀部偏離支撐腳前腳掌蹠球部的角度。當臀部移動到支撐腳的前方時，各種支撐點快要消失的訊息會開始轟炸大腦，直到腳上的壓力真的消失身體開始騰空後（圖 21.3），身體會很想要快點回到支撐狀態，大腦會一直想著下一步何時才著地。這時你應該讓身體和前腳自由落下，不能因為急於落地而主動往下踩。不能怕、不能急於著地與不能下踩都是需要訓練的，訓練的是大腦的知覺，敢於自由落下的知覺。

這些都是知覺的訊息，知覺無法量化為具體的數據。就算你知道在跑出每公里 3 分 30 秒的配速時需要達到多少的落下角度，你也不可能即時量測到這個數據。對跑者而言，落下角度是學習加速的重要概念，但在跑步時不用考慮當下是幾度，而是透過練習來分辨角度大小的差異。

所以必須回到知覺訓練，透過一次又一次的落下技術訓練，逐漸掌握落下的知覺，直到落下時不再主動下踩，能夠自由順著地心引力落下為止。「臀部是你的油門」這個概念雖然很簡單，但它可以練到非常細膩，每一種落下角度的知覺裡都能

分辨出現在的配速是幾分幾秒。透過不斷地訓練，就算在很累的情況下你仍能維持良好技術，你能忽視體力消耗時身體發出的各種壓力訊號，像是心率升高、呼吸沉重，只專心在重要的事情上 —— 關鍵跑姿、落下和拉起。

在練跑時刻意改變節奏是教會自己落下知覺的好方法，你可以在改變配速時感受到 3:30/km、4:30/km 或 5:30/km 身體落下角度的差異。你可以學習透過增加前傾幅度來加速，或是透過減少角度來減速。經過一段時間的練習，你就能自動分辨出哪一個姿勢可以跑出多快的速度。

向前加速的關鍵在於身體向前落下的角度。至於步頻，只是落下角度的結果而已。就如同前面提過的，如果身體沒有前傾，步頻再快也只是在原地踏步。直到身體前傾，它會自然向前（加速）落下，所以速度跟步頻無關。步頻的確很重要，但它的角色在於跟上身體向前落下的速度。也就是說：步頻，是為了「服從」落下。落下角度愈大，向前加速度愈快，此時腳步就必須跟上才能繼續維持同樣的落下角度，速度也才能維持。

第 22 章

拉起的知覺

我們的思考、我們的學問、我們的信仰到頭來影響都不大。

真正有影響力的,是我們的所作所為。

——約翰·羅斯金(John Ruskin,英國知名藝術評論家及思想家)

　　一般人在定義跑步時,描述的內容都跟腿部的動作和步態有關,基本的概念都圍繞在腿部的動作上。像下踩或許多教練強調的抬膝、抬腿或推蹬,這些動作指令與衍生的訓練法,全都建立在「速度與力量來自跑者的腿部肌力」這個假設上面。跑步的運動傷害甚至更加深了這種印象。並沒有太多人會因為跑步撞斷鎖骨或扭到手腕(除非是跌倒),大多數跑者的受傷部位是腿部和腳掌,像是足底筋膜炎、壓力性骨折、髖或膝關節痠疼等毛病。

　　絕大多數人對於跑步的既定觀念是「由腿部主導的運動」,所以會刻意把腿往身體前面跨,不帶懷疑地接受地面所傳來的瞬間衝擊,接著再誇張地推蹬地面,把身

體送向前方。

　　這正是大部分跑者會做的事,也正解釋了為何受傷的比例如此之高。我們在前幾章引用過以下數字:一九七〇年時平均每年有 66% 的跑者會受傷,到了二〇〇五年,跑鞋經過三十年的改進,訓練法也不斷進步,但跑者受傷的比例卻上升到 85%。跑步是人類最基本的活動,這樣的統計數字實在很震驚。

　　現在,讓我們從 Pose Method 觀點重新定義跑步:跑步是受到控制的落下動作,而落下是重力造成的,跑者為了避免摔倒,必須不斷換腳支撐才能持續向前落下,向前跑的動作就此發生。

　　既然跑步是不斷利用雙腿接住身體與落

下的過程，所以我們可以理解為何跑者總是在注意腳掌的著地方式。從生物學和演化學的觀點來看，雙腿在求生時所扮演的角色的確至關重要，它能接住身體以避免跌倒。但僅只如此。因為我們已經知道速度與加速度並不是來自腿部，而是來自重力與體重。我們的雙腿顯然並非跑步推進力的來源。

什麼時候腿部可以創造出推進力呢？當體重一直在腳掌的正上方時，腿部就可以對地面施力，進而創造推進力。當然，這股力量無法使身體向前，只能向上移動。所以要學會用姿勢跑法來跑步的關鍵，在重新思考「雙腿」的角色。

跑步時腿部的主動動作應該是從地面拉起腳掌。

跑者不能讓身體去追趕跨出去的腳掌，前腳的工作在於及時接住體重。專注點不應放在著地的動作上，而是把腳掌從地面移開。因為有重力的存在，所以就算跑者不做任何事腳掌也一定會「著地」。

需要跑者花力氣的是把腳掌拉離地面；換句話說，拉起的動作是在對抗重力。這件事看起來很簡單，只不過是拉起腳掌而已，但是不管是跑 100 公尺還是全程馬拉松，當你的每隻腳在 1 分鐘內拉起 90 次以上時就會變成一大挑戰。

從姿勢跑法的觀點來看，腳掌接觸地面的時間（觸地時間）愈短，跑步速度就會愈快。如果腳掌的著地點跑到身體的前方，著地後勢必要等後方的身體追上，如此一來，腳掌就要花更長的時間停留在地面上，下肢將承擔更多不必要的體重，這些多餘的負擔將帶來傷害，並會拖慢你原本的速度。

然而，如果腳掌可以落在接近身體的重心下方，就可以減少等待體重經過支撐點上方的時間。腳掌也可以在身體向前失衡時迅速離地，再趕上已經向前跑的體重。在製造業的行話稱為「JIT 配送」；跑步是在運送身體，所以道理也是一樣。跑步時的每一個環節都要配合到位，當身體向前落下時，支撐腳要盡快拉回到臀部的正下方才能及時支撐身體。

當我們重新思考跑步這項運動時，必須先澄清兩個常被拿出來討論的概念：步幅與步頻。這兩個概念皆根植於跑步是由腿部驅動的觀念。但事實上，步幅和步頻都無法決定你的速度，它們是被決定速度的關鍵元素所控制。

回到前面我們做過的實驗，先從原地跑開始，接著把身體的重心（也就是臀部）輕微地前傾，此時你的兩腳會開始前後交替，身體則開始慢慢向前移動，此時步幅很短、步頻也很慢，就像在慢跑一樣。

然而，當前傾角度增加時，重力會更用力地把你的身體往地面方向拉。為了避免跌倒，你的雙腿必須加快交替的動作，每一步的移動距離也會跟著自動增加。

但關鍵就在於你的身體目前是否能夠支撐得了落下的衝擊，以及能撐多久。在不斷落下的過程中，專注點應該放在腳掌上拉，而非腳掌落在地面的動作。前面說過，從地面拉起腳掌這個動作看似簡單，但是當速度變快後各種生理反應（像心率、呼吸、汗水）和由生存本能發出的警訊，將會不斷襲擊你的專注力，迫使你轉而關注腳掌「著地」而非「離地」，專心拉起變成一大挑戰。

腳掌的動作很單純，直接把腳掌朝臀部正下方拉起，拉到定位後讓它自由在體重下方落下。沒有往前伸小腿或抬大腿的動作，主動的動作只有「上拉」，就是這麼簡單。但困難的是拉起的時機要拿捏準確，如果腳掌拉起太慢就會拖到下一次

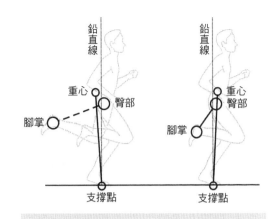

圖 22.1 ⊃ 左邊的圖代表「拉起太慢」，使得支撐腳在地面停留太長的時間，重心跑到支撐點後方，跑者必須花更多能量才能回到關鍵跑姿與準備好下一次的轉換支撐。右邊的圖代表「即時上拉」，所以很快就回到關鍵跑姿與進入失衡落下的狀態，此時身體可用最少的能量來完成換腳支撐的動作。

「落下」，如此一來速度就會變慢（圖22.1）。

談到這裡我們勢必要回到知覺的概念。關於跑步技術中最重要的是拉起的知覺，拉的動作要夠快，而且肌肉的運用也要夠精準，在拉起的瞬間只能用後大腿肌把腳掌拉起，而不能用股四頭肌或髖屈肌來抬膝或把大腿向前頂。只有腳掌快速上拉。

正確的技術知覺中只有「拉」，沒有「推」。而且是在身體下方把腳掌拉離地面，並非抬高身體。垂直振幅要愈低愈

好，你的頭、肚臍或臀部盡量跟地面平行移動，不能上下振盪。

接下來我們要談談何謂跑者的技術知覺之鏈。正確的知覺是環環相扣的，拉起的動作跟體重、關鍵跑姿與落下的知覺互相連結在一起，所以拉起時機準確的前提是，其他元素的知覺也要到位。你必須要能感受到體重在前腳蹠球部時是什麼感覺，必須先有體重壓在上面的知覺，才能知道向前落下時體重離開的感覺，進而才能控制向前落下的幅度。這條知覺之鏈上的所有元素都到位後，跑者才能精準抓住每一次從地面拉起腳掌的時機。

因此不管是哪一個元素，最後都必須回到腳掌知覺的開發上，跑者必須隨時知道自己的腳掌在哪、正在做什麼。從我過去的教學經驗中發現，很少有跑者練跑步時會注意腳掌，大都只想膝蓋、大腿或生理上的警訊，而且傾向於讓雙腿自動「巡航」，心裡只想著現在有多累、還有多遠要跑。

開發腳掌的敏銳知覺將會使你對跑步運動有新的詮釋。當腳掌剛接觸到地面時，腳底板的壓力很快來到前足的蹠球部，而不是腳跟和腳趾。觸地後必須感受到壓力，並確認不是腳跟先著地或試圖推蹬地面。整個著地的流程是前足外側觸地，體重主要壓在蹠球部上，接著體重通過支撐腳，開始失重之後腳掌離地，後大腿肌快速收縮，拉起腳掌回到臀部下方。

跑步的本質（也正是跑步這項運動的特徵）是主動向前落下以及拉起腳掌。似乎非常簡單，但當里程數拉長後，要持續專注在拉起的動作就會變得非常困難。所以學習姿勢跑法對心志的挑戰非常大，如果你能集中精神在每一步，精準地在對的時間點拉起腳掌，你的身體會像騎自行車一樣，在地面上滑行。

第 23 章

為何要練技術分解動作？

學問之途，無帝王之路。

——歐幾里得

天啊，技術分解動作。

一想到跑步要練基本的分解動作就覺得彆扭嗎？「分解動作」這個詞喚起你不好的記憶了嗎？想到國中時的體操課或小時候的鋼琴課嗎？還是你想到的是當兵時一個口令、一個動作，那種單調乏味的情景？的確很少有人會對這種「分解動作」感到溫暖又舒適。

「跑步」讓我們想到自由。許多人跑步是為了暫時逃離日常的責任與生活的枷鎖，在跑步時我們可以奔向自由，享受一個人獨處的時光。

但跑步技術的分解動作訓練，很容易讓人聯想到下達高壓命令讓人想要逃離的權威人士，例如健身房的教練、嚴厲的鋼琴老師或像拿破崙般強硬的領導者。「分解

動作」這個詞的確常讓人想到他人硬逼你做的事。

所以，究竟我們為何要犧牲自由奔跑的時光，而去做一些基本技術訓練動作呢？這不是互相矛盾嗎？如果我們只是為了跑步而跑步，為何要為了效益而抽離自由奔跑的樂趣呢？

如果效益是下列三者，你是否願意投入技術的訓練呢？

- 降低跑步的運動傷害
- 跑得更輕鬆
- 跑得更快

好吧！這些聽起來都很好，但該如何做呢？

首先，讓我們先接受一件事實：所有值

得做的事情都值得做得更好。像游泳、高爾夫球與網球這些普遍被認為是技巧性的運動，都得透過一系列的基本技術訓練才能學會，學習的流程是先熟悉個別的動作，最後就能熟悉整個運動。所謂的技術，正是藝術和運動兩者的交集處，就像芭蕾，或是純屬藝術領域的樂器演奏。

為了讓大家能共同參與某項活動（例如跳舞或演奏），一定有些基本元素必須學習。技術訓練動作就是從每一項基本元素演化來的。這些基本技術也許很無趣、也許會扼殺創意，但是當你的基本功打得夠扎實之後，你就能更加自由地揮灑創意與表現自己。

難道我們真的得為了跑步做這些麻煩動作？不能只是跑步就好嗎？Pose Method的基本技術訓練重點何在？如果我們要練技術，有沒有只要練某些動作就夠了？

我們在前面幾章已經重新定義「跑步」這項運動，它並非我們原本所認知的由雙腿提供向前跑的推進力，推進力是從重力來的，雙腿的任務只是在避免你摔倒。

當我們接受這種新觀點之後，必須學習技巧才能跑得更好的邏輯似乎就變得很合理，而且為了學會正確的技巧，我們需要

特別去練基本技術動作。

沒錯，就是技巧。跑步跟網球、高爾夫球、芭蕾或彈鋼琴一樣需要特別的技巧，我知道這點跟一般人的認知剛好相反。拿前兩項運動來類比你也許還可以接受，但芭蕾，別鬧了，它屬於藝術，不是運動，怎可拿來跟跑步相比。

但這也正是你必須打開心房重新檢視跑步以及花時間與精力練習的地方。再次提醒，技術是一種知覺訓練，能增加我們生命的深度，讓我們對跑步有更深的體會。

芭蕾舞是人類用肢體動作來表達情緒的一種藝術形式，它需要相當精準的肢體語言。舞者不可能在舞台上以蹣跚的方式移動，還期望跟觀眾有深層的情感交流吧？

同樣地，我們也不可能用蹣跚的腳步打破個人的 5 公里最佳成績。雖然我們不是為了創造藝術而跑步，但你肯定看過某些極有天分的跑者，跑起來就像個藝術品。每個人都能跑，但只有極少數的跑者可以達到行雲流水般的藝術境界，差別就在技巧，而且這些技巧是可以學習的。這就是我們必須練技術分解動作的關鍵所在。

技術分解動作的設計是為了簡化與拆解學習過程，當動作被拆成較小的單元，我

們就能看到、感受到、知覺到與實際做到完美跑姿中的某個元素。技術訓練的目的是開發知覺，對平凡人來說，這些知覺除了透過反覆的基本技術訓練之外，其他方式是無法體會的，這跟肌力、耐力、速度、敏捷或關節活動度無關。關鍵在知覺。

跑步時我們需要專注在哪種知覺上呢？答案很簡單，就是體重以及支撐體重的位置與轉移體重的動作。姿勢跑法中的三個元素：關鍵跑姿→落下→拉起都屬於體重知覺訓練的一部分。站姿時雙腳一直都在支撐體重，但唯有當我們處在跑步的關鍵姿勢、壓力都落在前足蹠球部時，體重才能發揮它的功效。練就正確跑姿的體感至關重要，因為人體唯有處在關鍵跑姿時才能開始向前落下。

技術訓練主要都在開發支撐體重與轉移體重的知覺，意思是在做這些動作時要能清楚地感覺到體重的位置，以及專注在轉移體重時的感受。以小馬踮步（Pony Drills）這個動作來說，在練習時要時時注意體重在哪裡，以及失重時的轉換過程。當小馬踮步練到一定的程度後，該技巧就像是練舞時的基本舞步一樣。

當你看完下一章長長的技術動作清單後一定會問：需要做多少個才夠、多久做一次，還有要怎麼確認自己的動作是否正確？我的建議是最少挑一組你覺得簡單的動作來喚醒關鍵跑姿、落下與拉起的知覺，而且最好每次練跑前後都要做這些動作。熱身時練技術動作的好處，是可以在痛苦霸占意識之前先啟動知覺；在辛苦的間歇或長跑之後練技術動作，則有助你回到訓練前的良好跑姿，因為當訓練愈辛苦，後半段的動作通常會開始走樣，所以練完後再重新回到正確跑姿的知覺訓練，將有助於跑步技術的提升。

建議在每一個技術動作之間加入短跑，這有助於你把技術知覺植入你的跑步動作中。間歇訓練是一種把課表拆成較小的分量，讓你可以一口口吃下去。它也是開發知覺的訓練方式，間休時刻意挑一些技術動作來練，如此可以在下一趟開跑前再次強化正確跑姿的知覺。

應該做多少技術動作才夠呢？那要依你目前知覺發展的情況而定。熱身時應該把目標放在特別弱的知覺上，在練技術動作的過程中只要跑感一出來，就該立即上路進行訓練。

你必須記得：不管你練得多勤，技術的

知覺都無法被永久保存。它就像你的體能一樣是有時效性的，你可以透過訓練強化它與維持它，如同你透過訓練提升心肺能力與肌力一樣，你也必須持續把技術分解動作排進你的訓練課表中，優秀的技術知覺才能保持下去或提升。

道理很簡單，你不可能只練跑六個星期就期待下半輩子的體能很好。同樣地，你也不可能只做六週的技術訓練動作就期待一輩子都能保有正確的跑姿。如果練技術這件事真的讓你很抗拒，有個方法可以增加挑戰性，先挑幾個難度較高的特定元素的知覺訓練動作，專心練熟之後，至少就能維持其他元素的知覺了。

更好的方法是在進行技術訓練時就試著改變技術動作本身的知覺，而且不要把它當成必須完成的工作，這麼一來才不會覺得那麼枯燥。假若你能把知覺訓練的過程當成自我檢視的發現之旅，這些動作就會像打開知識與智慧密室的鑰匙，你將體會到跑步這項運動最純粹質樸的部分。跑步的奧義就藏在這些技術的分解動作之中。當你站在起跑線前這將使你占盡優勢，不是嗎？

第 24 章

跑者的技術訓練動作

一次只關注一個世界。

—— 亨利・大衛・梭羅（Henry David Thoreau，美國哲學家）

說到基本技術這類無聊、單調乏味或挑戰難度較高的分解訓練動作時，大部分的人都想逃開，但請不要害怕。本章大部分的技術動作都很簡單，你只要幾分鐘就能做完一組訓練。這跟高中校隊練習無止盡的仰臥起坐、伏地挺身和波比跳這種循環操不一樣（循環操沒有錯，它很適合加入體能訓練課程中），技術訓練的目的並不是在操體能。

相反地，姿勢跑法的技術訓練動作是在精心建構你對體重的知覺，這種知覺是你磨練技巧時所需的重要資源。事實上，有些動作看起來微不足道，感覺起來就像什麼都沒做一樣，會讓人想跳過，但請不要這麼做。如果你能從頭開始逐步打造完整的知覺基礎，會比較容易理解姿勢跑法的各項複雜細節。

更棒的是，只要你能一步一步打破傳統的規則，了解跑步技術的奧義，之後在練游泳與自行車踩踏技術時會更容易，同樣的道理也可以運用在所有你喜歡的運動項目上。

為何要強化我們對體重的知覺？

關鍵跑姿與體重的知覺之間有很密切的關係。當你來到關鍵跑姿時，支撐腳上剛好承擔最多體重，身體也正準備向前落下。你所感覺到的體重是一股壓力，這股壓力應該在前腳掌的蹠球部，而非腳指，更非腳跟。

為了促進學習姿勢跑法的過程，我規畫了一種課程架構，目的是在循序漸近地提升跑者的動作技術和知覺。

技術分解動作訓練課程介紹：課程架構

無論是針對一個人或一群人的「教育」、「學習」和「教導」工作，都是以一種特別的方式來進行，傳統稱之為「上課」。課程的長度和形式可以不同，例如純演講、口頭報告或動作教學等，但不管形式為何，一定可以從中學到教訓的方式是：嘗試錯誤法。

研究顯示最佳的課程長度介於 45 分鐘到 2 小時之間，原因有二：其一，如果課程不到 45 分鐘，大腦將沒有足夠的時間學習；其二，如果課程超過 2 小時都沒有休息，超過負荷的大腦將很難再繼續記住課程內容。因此，我們直接利用這份研究來規畫技術訓練的時間。

現在，你對於技術訓練應該要練多久有概念了。你一定很開心知道接下來的課程都是以上述的原則設計，透過這一系列的簡單課程，你將能夠持續地調整自己技巧和動作上的知覺。這些訓練動作就像是調整和維持技術知覺的必備工具，而你的工作是專心地使用這些工具，不能分心。

學習當然不應該被限制於一個固定的上課時間，但如果你能選擇一段固定的時間來練習這些技術動作，對於強化與穩固你的技術知覺將大有助益。生存在這個不斷演變的世界裡，我們必須不斷地學習與強化自我的知覺，從本質上來說，這是在加深認識我們正在做的事情以及該怎麼做。仔細回想一下，過去我們曾經學習的任何事情或第一次發現的事物，雖然已經認識了或學會了，但當動作變成了習慣就無法再提升技術，你必須有意識地去改變知覺。因此，想要變得更強，就必須準備好去體會、去接受、去消化新資訊，才能適應外在世界。

如果有一場比賽沒有時間和距離上的限制，就沒有所謂的贏家或輸家，因為沒有人知道何時才算比賽結束。學習技巧的道理也是一樣，你不可能只是跳進泳池裡、跳上腳踏車或是繫好鞋帶就能練成高超的技術。想進步，我們必須先知道自己想進步的確切能力是什麼，以及為什麼要進

步。不幸的是，傳統的跑步訓練都著重在「訓練量」而非「訓練品質」，但在現實世界裡想要達到目標的方法卻剛好跟傳統相反。

你當然還是要訓練，但用差勁的技巧訓練就像剛拿到駕照就準備參加納斯卡（NASCAR）大賽一樣，這樣的訓練方式永遠無法激發出你真正的潛能。認識 Pose Method 之後，你等於有了一套技術訓練的標準工具，但僅知道方法或技術並無法使你變得更強，還需要練習，而且一開始調整新技巧時會比你想像得更困難。往好處想，原本你對於跑步技術訓練根本沒有一個明確的方向，但現在目標已經很清楚了，接下來只要認真練習就能一步步往目標前進。

不管是哪一類型的運動項目，都可運用圖 24.1 中課程結構來訓練，它是一個通用的模型，時間間隔在 45 分鐘到 2 小時之間，主要結構包括三個部分：

1. 熱身：為今天的主課表做準備，持續大約 10~15 分鐘。設定好主要的目標與方向，預做練習，使身心都準備好面對正式的訓練。

2. 主課表：主要的訓練動作，持續大約 30~60 分鐘。這些動作是根據姿勢跑法的標準特別挑選的，有時為了矯正跑姿，每個人的訓練項目可能都不一樣。

3. 緩和：使身心獲得舒緩，持續大約 5~10 分鐘。每一次的訓練都要加上緩和這個環節，目的是檢討今天訓練的成果，以及為下一次的課程設定新的目標。

- 為今天的訓練做結論　　• 設定目標
- 為下次訓練課程設定　　• 打開身體的活動度
  新的目標

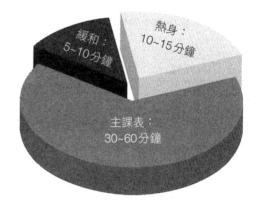

- 進行訓練
- 以最佳的時程來訓練
- 與標準比較
- 確認目前跑姿上的缺點
- 進行矯正訓練

圖 24.1 ⊃ 課程安排的時間架構。

Pose Method 的目標

在開始訓練前你必須先了解 Pose Method 的訓練哲學在於：不論訓練多久，都必須專注在動作本身。動作的正確性是 Pose Method 最根本的目標，這跟傳統的訓練方法有很大的差別，例如 Pose Method 不管哪一塊肌肉用力，我們只關心你所下的指令與動作是否正確。以「拉起」這個動作來說，我們絕不會刻意強調要「啟動」後大腿肌，後大腿用力只是拉起動作的結果。

總之，我們不會在教學過程中強調要主動徵召肌肉，也不會教你用特定的肌群來用力，或給予傳統教學慣用的「推蹬」、「抬膝」或「擺臂」等指令。

如果不是肌肉，在訓練跑步技術時我們該開發的是什麼呢？技術的知覺。姿勢跑法所教的所有的動作都是在開發知覺（第

四章的主題）與基於該知覺之上的特定動作效率。執行該特定動作所造成的結果就是：移動。移動的方式可以是跑步、騎自行車、游泳或三項一起。

不論是哪一項運動，技術訓練的主要目標就是利用重力，要利用重力就必須學習用最有效率的方式來運用最大比例的體重（第三章的主題）。當然，在不同的運動項目中運用體重的方式不一樣，但基本道理是相通的。

因此，所謂有效率的技術是在向前跑時能同時運用更多體重、節省更多肌力的動作。而完成最有效率跑步動作的方式，是每一步都精確執行「關鍵跑姿→落下→拉起」這三個元素（第十九章的主題），所以我們的主要目標是：用心開發這三個元素的知覺。

這整個學習與教導的過程都是跟隨著下面這些元素的知覺開發而來（每一個元素

跑步技術和知覺的元素
1. 體重：支撐點的壓力，跑者的體重主要是壓在前足的蹠球部。
2. 關鍵跑姿：我們向前落下的起點。
3. 落下：身體重心前傾，重心遠離平衡點的幅度（落下角度）愈大，加速度愈快。
4. 拉起：腳掌離開地面後把腳拉到臀部（身體重心）下方。

都伴隨著特定的知覺）。

不論你跑多快或多遠，上述這個結構都不會改變。這跟你是菁英跑者、休閒跑者、衝刺選手或長距離選手無關，因為重力都是一樣的。地球上的重力狀態是恆常不變的，只要我們活在這個世界，我們的所有動作和技術都必須受到外部自然力量的控制。

第四章所提到的「知覺」對許多人來說很陌生。這是因為大部分的人都把高度發展的知覺當成天分，而不認為它是可以訓練的能力。有些才華洋溢的運動員的確天生就具有敏銳的知覺，像是麥可·菲爾普斯（Michael Phelps）、阿姆斯壯或喬丹；但也有些人的知覺是靠後天練習與多年經驗所發展出來的。然而總的來說，在運動的訓練架構中一直沒把知覺的發展放進去，選手只是在泳池來回刷趟數、在集團裡練車、累積跑量，但這些訓練都沒有把心思與注意力放在動作的技巧上。我們的動作技術基本上完全取決於運動員感知動作細部微小變化的能力，這種能力造就了高超的技巧，所以開發知覺是我設計這些課程最主要的訓練目標。雖然這些動作對跑步肌力具有一定的效益，但肌力與體能

都只是知覺訓練（技術訓練）的元件，而非基礎。

我們是透過知覺來學習新的技巧。以前這件事很難看出來，好像突然之間變成像第二天性般自然。你過去曾經想過你是如何學會這些動作？它們從何而來？你可能沒特別想過。我們的行為能力取決於知覺發展的水平。雖然我們會特別挑出不同的分解動作來開發特定的技巧與知覺，但別忘了我們所要學的跑步是一個完整的動作，先拆成不同的元素來練習只是為了學習上的方便。它們都是跑步動作的必經元素，這些元素之間互相依存。

上述簡介是想讓你知道我們設計的課程將使你發現跑步、騎車與游泳的新知覺，課程中的動作只是開發知覺的工具，當我們經歷了這些全新且陌生的知覺領域後，肌肉、體重與動作之間會產生新的連結。

就算你認真研究理論且有想變強的欲望，但無法保證你因此就能變成一個更好的運動員，還必須強化身心對體重的知覺才行。這對大多數人而言是全新的概念，的確要花一點時間習慣，但別擔心，練了本章的動作之後就會更加了解，這不會花太久的時間。你的進步將證明這件事。

開始訓練吧！我們將從最重要的「體重知覺訓練」開始。

第一課：學習姿勢跑法的主要元素（初階）

學習目標：

- 開發身體對體重的知覺
- 關鍵跑姿
- 從關鍵跑姿向前落下
- 在臀部下方拉起腳掌

「體重知覺」的入門訓練

關鍵跑姿跟體重的知覺有很密切的關係。當跑者的身體處在關鍵跑姿時，支撐腳上的體重達到最大值，然後開始向前落下。察覺到體重的感覺是什麼呢？最明顯的感覺應該在你前腳掌的蹠球部（大腳趾後方的趾骨），壓力在它上面，而非腳趾頭或腳跟。

在感覺到腳掌的壓力後，你還必須接著繼續探索其他感受，像是肌肉的緊繃程度、肌腱的拉長幅度與骨頭所支撐的壓力。這些常被稱為「本體感覺」（proprioception）的感受，是你真正理解

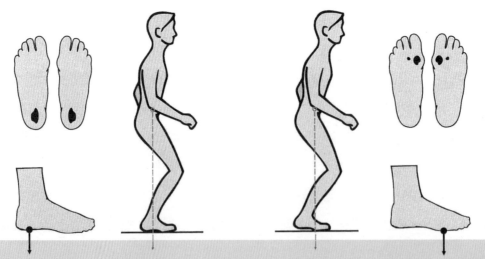

圖 24.2 ⊃ 雙腳站立，頭部保持正直，眼睛直視前方，膝蓋微彎。先讓身體略微向後仰，使體重壓在腳跟上，接著再把體重轉移到前腳掌上（更精確地說是大腳趾後方的蹠球部）。這兩者間的些微差別將決定你的跑步表現。

與實踐技術動作的關鍵所在。

你現在就可以試試看。站起來，感受一下壓力在腳掌上的哪一個部位（圖24.2），如果壓力在腳跟，那就代表你的體重在腳跟上；如果壓力在前腳掌的蹠球部，那就代表體重的支撐點在蹠球部。

當你感受到壓力時，翻轉一下腳掌，改把體重放在腳掌外側（圖24.3），感受體重壓在腳掌不同位置時的差異。當體重一直維持在腳掌外側時，你能夠很自然地向前落下嗎？

經過幾次測試後你會發現，唯有當體重壓在前腳掌蹠球部時，你才能很放鬆且自然地向前落下。

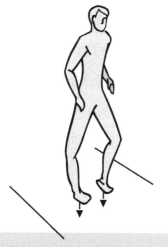

圖24.3 ⊃ 雙腳皆以腳掌外側支撐行走，這將有助你了解不正確的著地方式。

為了使你能更容易感受到體重的轉移，試著抬起腳趾，你會注意到體重轉移到腳跟（圖24.4），接著抬起腳跟，體重就會轉移到前足的蹠球部上（圖24.5）。

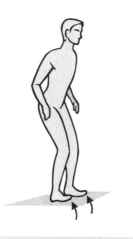

圖24.4 ⊃ 抬起腳趾，體重轉移到腳跟。

圖24.5 ⊃ 抬起腳跟，體重轉移到前足的蹠球部。

這兩個小動作可以讓你知道如此微小的改變就能轉移體重的支撐點，這種體重知覺的訓練，能使你確保每次腳掌著地時都以前足蹠球部支撐體重。

延伸的訓練方式是請一位夥伴用手抓住你的肩膀前後搖擺，而你要仔細感受腳掌上體重落點的改變（圖24.6）。

接著請訓練夥伴抓著你的肩膀繞圈轉動（圖24.7）。

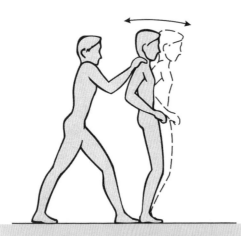

圖 24.6 ⊃ 在夥伴的幫助下感受體重落點的改變。

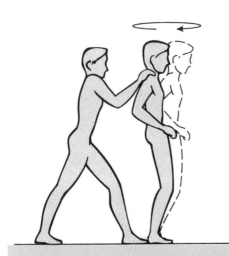

圖 24.7 ⊃ 在夥伴的幫助下讓身體繞圈轉動。

在上述的訓練中,你必須專心感受腳掌上壓力的變化。而且每做完一種訓練都要用舒服的配速跑 15~20 公尺,而且在跑的過程中必須確保體重都落在前足的蹠球

部上。在這個階段什麼都不用多想,只要確保體重壓在腳掌蹠球部上面即可(圖 24.8)。

圖 24.8 ⊃ 練習關鍵跑姿時,體重要落在前足的蹠球部上。

「關鍵姿勢」的知覺入門練習

第一種姿勢我稱為「彈性站姿」(圖 24.9):雙腳站立,膝蓋微彎,手臂放鬆略微彎曲,體重落在前足蹠球部上。

以這個姿勢上下彈跳,但腳掌不要離地,看看是否感覺很舒服。如果你的力量或平衡感不足,光這個簡單的動作就會讓你感覺不自在。你可以透過上下彈跳的動作來辨別最舒服的膝蓋彎曲角度。很重要的一點是盡量使腳跟保持在低點,不要刻意踮腳,在彈跳時腳跟會反覆地輕輕碰觸

地面。如果可以的話，請你的訓練夥伴幫你拍一張照片，當場檢視自己的動作，看看是否跟自己的感覺相符。

圖 24.9 ➲ 膝蓋微彎，上下彈跳，這有助你感受支撐點在前腳掌時的移動方式。

在剛練習關鍵跑姿時可以借助牆面或請訓練夥伴協助以保持平衡（圖 24.10）。關鍵跑姿的訓練重點是單腳支撐時的平衡感。練習時膝蓋要保持彎曲，軀幹保持直立，腳跟盡量壓低。騰空腳盡量靠近支撐腿，但雙腿不要接觸，從側面看下肢呈現數字「4」的形狀。

當你以關鍵跑姿站立時感覺既舒服又自在，就可以只靠自己保持平衡，不再需要依靠牆面或夥伴等外力協助了（圖 24.11）。練習時的目標是：盡量用最少的力氣來保持平衡。如果股四頭肌覺得太緊

繃就代表膝蓋太彎。不論你在何種情況下跑步，只要大腿太緊就代表膝蓋過度彎曲了。

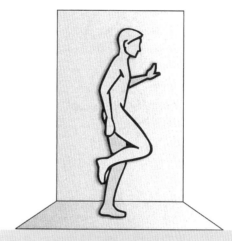

圖 24.10 ➲ 剛練習關鍵跑姿時可以借助牆面來保持平衡。

還要密切留意支撐膝蓋附近的肌肉是否過度緊繃，如果有緊繃感，就代表維持平衡時大腿肌肉太過用力了。感到緊繃的部位通常代表附近的肌肉用力不均。腳踝附近的緊繃感也一樣。

處在關鍵跑姿時，臀部必須剛好在前足蹠球部的正上方。你必須專心，這不用花太多力氣就能控制。身體的其他關節都剛好處在壓力適中的狀態。全部的注意力都要放在：保持平衡，使臀部始終保持在腳掌的正上方。在練姿勢跑法的過程中不論

圖 24.11 ⟳ 每次重新回到關鍵跑姿時都試著用更少的力氣維持平衡。

課程進展到哪裡,這都是一項不變的原則,所以要再強調一次:臀部必須保持在前足蹠球部的正上方。

每練完一個動作之後,以你感覺輕鬆的配速跑 15~20 公尺,想像每步都以最省力的方式一再重現關鍵跑姿。

「落下」的知覺入門練習

姿勢跑法中最難掌握的應該就是「落下」這個元素了。要把「移動是肌肉活動的結果」這種觀念從腦中移除是很難的。「落下」的概念剛好跟肌肉用力相反,它不用肌肉,只要讓身體自由落下。所以下面所設計的這些動作都在建立信心,使你能無畏落下。

記住,在姿勢跑法中肌肉最主要的工作在於維持關鍵跑姿,落下時反而無須用力。你沒有辦法加速落下的過程,所能做的只是讓身體自由落下。

找一面牆,以雙腳彈性站姿站在牆前,一開始離牆近一點,讓身體朝牆落下後用手接住身體(圖 24.12)。隨後用手臂推牆,回到彈性站姿,重複練個幾次。

圖 24.12 ⟳ 體驗落下的感覺。剛開始練習時可以先靠牆近一點,等習慣後再慢慢遠離牆面。

下一步是找訓練夥伴幫忙。請訓練夥伴站在你的面前,手掌先放在你的肩膀前準備好,接著你向前倒,讓你的夥伴接住你,隨後把你推回到彈性站姿。當你有信心之後,可以逐漸增加落下的距離(圖

圖24.13 ⊃ 這個跟夥伴之間的信任測試，
有助你提高自由落下的知覺。

圖24.14 ⊃ 過去你可能一直搞錯加速的方法，練習以關鍵跑姿向前落下將有助你找到加速度的來源。

24.13）。

　　落下時要確定跑姿是否穩固。有效率的落下關鍵在「無為」，也就是什麼都不做，只要維持好穩固的站姿向前落下，讓你的夥伴接住你即可。當你「落在」夥伴的手上時，你的臀部要維持穩定，而不能再向前移動；也就是說，當夥伴用雙手阻止你上半身移動的瞬間，臀部也要同時停止移動。膝蓋和腳踝都不要主動做任何事。記住：什麼都不做，只要維持好姿勢。來回重複數次。維持不變的姿勢是這個訓練最重要的目標。

　　回到牆面且改成關鍵跑姿朝它落下。一開始先離牆近一點（圖24.14），以免落下角度過大；當你慢慢適應落下的感覺後，可以逐漸加大你與牆面之間的距離，但仍要在落下的過程中使跑姿維持穩固。

　　接著改成跟訓練夥伴合作，他能幫你快速回到起始姿勢（圖24.15）。同樣地，落下時要保持關鍵跑姿的穩定性。當你「落在」夥伴的手上時，不能晃動，除了自由落下的動作，全身都要保持在原本的相對位置上：軀幹保持直立，騰空腳的腳掌在臀部下方，膝蓋微彎、腳踝放鬆。

　　每練完一個動作之後請以自覺輕鬆的配速跑15~20公尺，每步都要專心地以穩固的關鍵跑姿向前落下，力氣花愈少愈好。

　　我們接著要練習跑步的最後一個元

圖 24.15 ⊃ 在夥伴的幫助下你可以更加深化落下的知覺。

素——拉起,才能完成一步的循環動作。

「拉起」的知覺入門練習

從地面把腳掌「拉起」是跑步時唯一的主動動作。拉起不會自然發生,你必須在臀部正下方刻意主動把腳掌往上拉。不用想要拉多高,上拉的高度是跟著速度變化的,而速度是從落下角度來的。你要控制的是落下而非上拉的高度。也不用想要使用哪塊肌肉來拉,你只要想著盡快回到關鍵跑姿,使拉起的動作發生在臀部正下方即可。

從心理上來講,跑步時應有的拉起知覺是上下的垂直動作,所以是在臀部下方

「上拉」而非「拉回」,更不能抬膝或抬大腿。任何抬高膝蓋與大腿的動作都會造成腿部繞著臀部旋轉的不良後果。[1]當你騰空後,除了在臀部「下方」拉起腳掌之外,什麼都不用多想。但如果腳掌在臀部「後方」拉起,就變成偏差動作,需要特別矯正。

以雙腳彈性站姿為起始點,在臀部下方快速拉起單腳腳掌(圖 24.16),腳掌的動作只有垂直向上,沒有其他多餘的動作。

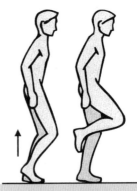

圖 24.16 ⊃ 以雙腳彈性站姿為起始點,在臀部下方快速拉起單腳腳掌,熟悉後可改變上拉的高度。

先以單腳支撐的關鍵跑姿站好,單手扶牆,騰空腳反覆點地上拉(圖 24.17)。上拉時是主動從地面拉起腳掌,點地時是被動讓腳掌自由落回地面。在這個練習中

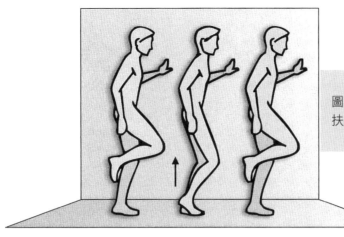

圖 24.17 ⊃ 以關鍵跑姿的姿勢單手扶牆站好,騰空腳點地反覆上拉。

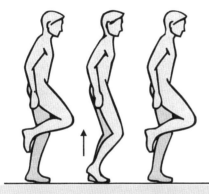

圖 24.18 ⊃ 現在試著不用牆面支撐,純靠自己的力量保持平衡。只花力量拉起腳掌,拉起後讓腳掌隨著重力自然落下,這可以節省主動放下腳掌的力氣。記住:拉起腳掌然後釋放它。

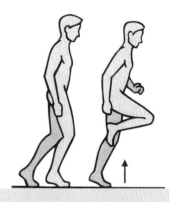

圖 24.19 ⊃ 先採取弓箭步的目的,是確保你上拉時的重心在前腳上。

（圖 24.18）。

弓箭步原地拉起練習（圖 24.19）。這跟一般健身俱樂部所做的弓箭步不太一樣。後腳只做為平衡之用,主要動作在前腳,從地面拉起腳掌之後讓它自由落回地面。重複上拉數次之後再換腳。除了從地面拉起腳掌之外,其他什麼動作都不要做。

只有單腳腳掌上下的動作,身體的其他部位都要保持穩定。

同樣以單腳支撐的關鍵跑姿站好,練習以騰空腿的腳掌點地,拉起腳掌後讓它自由落下,不要刻意放慢速度或加速點地

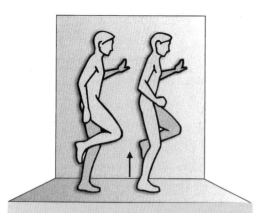

圖 24.20 ➲ 這是一個整合關鍵跑姿與上拉的動作，一開始可以靠牆或請夥伴協助保持平衡；不管進展到哪個階段，訓練過程中只專心在支撐腳上拉的動作。

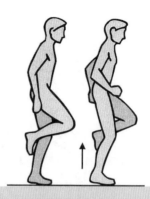

圖 24.21 ➲ 在轉換支撐時移除外在輔助，只靠自己保持平衡。專心在上拉，讓騰空腳自由下落。

不論是靠牆面或請夥伴協助都行。先以單腳支撐的關鍵跑姿為起始動作，接著換腳支撐（圖 24.20）。換腳的動作是由支撐腳上拉所啟動，騰空腳是自然落回地面。這不是原地跑，一次練一隻腳，完全停止穩定之後再做下一次。專心於著地後體重的壓力所在位置，應該在前足的蹠球部上。

重複上一個動作，但移除外在輔助只靠自己保持平衡（圖 24.21）。目標是盡量用最少的力氣落在新的支撐點上，而且從頭到尾都要保持平衡。如果你在轉換支撐腳時身體會晃動，膝蓋可以試著再彎一點，直到可以平衡後再回到正常的姿勢。

同樣地，每練完一個動作之後請以自覺輕鬆的配速跑 15~20 公尺，跑步時只專心在拉起腳掌的動作上，先不用擔心其他事情。

熟悉了前面六個上拉的動作之後，可以開始加入前進的元素。

第二課：學習姿勢跑法的主要元素（進階）

學習目標：

- 持續深化身體對體重的知覺
- 關鍵跑姿
- 從關鍵跑姿向前落下

● 在臀部下方拉起腳掌

接下來沒有直接針對體重知覺所設計的訓練動作，但你還是必須在下面的訓練動作中，繼續把注意力放在體重的所在位置（前足蹠球部），因為運用體重是我們在跑步時最根本的原則。為了深化體重的知覺，如需要可以回頭複習第一課的動作。

圖 24.22 ⊃ 以關鍵跑姿站在一小塊木頭或磚塊上，這有助你專注把體重放在前足蹠球部。

「關鍵跑姿」的入門訓練

下面要練的技巧是站在一塊只比地面略高的木磚上（大約 2"×4" 英寸的小木塊）。所有的重點跟之前（圖 24.8 與 24.11）一樣，膝蓋微彎，體重放在前足蹠球部，膝／踝的緊繃感愈小愈好。重量壓在前足時，不論是站在平地上或小木塊上應該不會有差別，但因為心理上知道腳跟沒有支撐點，所以會更難保持平衡（圖 24.22）。

面對牆以關鍵跑姿單腳站立，略微前傾後以單手撐牆（圖 24.23）。這個靜止的姿勢是跑者發展向前落下知覺的必要步驟。前傾撐牆時要維持良好的關鍵跑姿，此時支撐腿的膝蓋保持微彎。試著把騰空腳拉到不同的高度，看哪個高度覺得最舒服。別忘記了，每練完一個動作之後都要

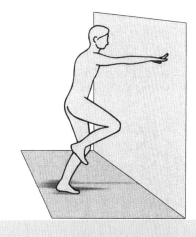

圖 24.23 ⊃ 面對牆以關鍵跑姿單腳站立，略微前傾後以單手撐牆。專心在你的關鍵跑姿上，先不管騰空腳的高度，只要確認騰空腳的腳掌處在臀部的正下方即可。

跑上一小段。

練到這邊，我們接下來要總結一下知覺訓練的成果。回到彈性站姿，但這次把眼睛閉上（圖 24.24）。這將能檢測出目前你是否已經具備足夠的體重知覺，以及還差多遠。

圖 24.24 ➲ 閉上眼以彈性站姿保持平衡。
當你對體重的意識加強後,知覺的敏感度
也會爬上新高點。

「落下知覺」的入門訓練

交叉步側向跑(圖 24.25)。開始時膝蓋微彎,手掌靠近身體,手肘指向移動的方向以保持穩定。後腿先向前跨過前腿之後再向後繞過前腿,交替進行。練習這個動作的重點是:後腿主動,前腿只是支撐。剛開始練習時落下角度小一點,速度自然會慢一些,等動作熟悉後再加大落下角度與移動速度。

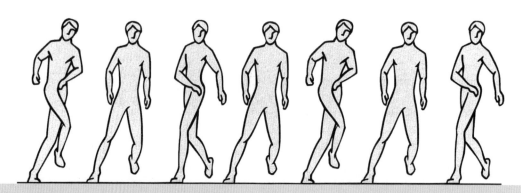

圖 24.25 ➲ 交叉步側向跑時的主動腿是後腳。這項練習有助你學習控制身體的落下角度,可以嘗試不同的角度,了解各自會有什麼樣的速度變化。

圖 24.26 ➲ 做側向交叉步時把手臂打開更容易保持平衡,落下角度也可以更大。

再提醒一次，每練完一小段側向交叉步後要小跑一段。

下一個動作跟前一個很像，只是把手臂向側邊打開（圖24.26）。

「拉起知覺」的入門訓練

先以關鍵跑姿站好，騰空腳維持在同樣的高度不要落下，接著以非常小的幅度拉起支撐腳，同時向前移動（圖24.27）。身體前傾的幅度愈小愈好，只要夠讓身體失衡即可。

圖24.27 ⊃ 這項練習需要極大的專注度。你必須在失衡時快速上拉，同時使騰空腳保持在同樣的高度。

小馬踏步（圖24.28）這個動作看起來很簡單，但在這麼小幅度的動作中，需要你很專心才能分辨「上拉」與「落下」的

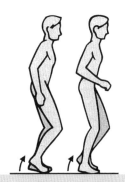

圖24.28 ⊃ 小馬踏步即是一種轉換支撐的訓練，只是動作幅度非常小。每次支撐時，你都必須感覺到體重的壓力落在前足蹠球部上。

差別。先以「關鍵跑姿」站好，非體重支撐腳腳尖輕輕點地，保持這個動作，然後抬起「支撐腳」的腳踝同時順勢讓體重轉換到另一腳上。腳跟離地的高度大約在2～3公分左右。當體重轉移到另一腳時，要盡量放鬆，肌肉用力愈少愈好。

雙手支撐在雙槓上練習拉起腳掌使身體呈關鍵跑姿，隨後放下再拉起另一隻腳，反覆進行（圖24.29）。

跟前一個在雙槓上的動作一樣，改成身體前傾用雙手撐在牆上進行上拉與轉換支撐的動作（圖24.30）。

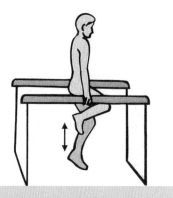

圖 24.29 ➲ 撐在雙槓上有助於專注腳掌的上拉和落回原位。

圖 24.30 ➲ 身體前傾到你能負荷的最大角度。每次腳掌落下後都要回到同一個位置,而且盡量用最少的力氣保持平衡。

第三課:整合所有姿勢跑法的元素(初階)

學習目標:把所有姿勢跑法的元素(體重、關鍵跑姿、落下與拉起的知覺)整合成連續動作來練習,開發整體的跑步知覺,使身體學會有效率地運用體重。

整合所有元素的入門動作

先以關鍵跑姿面牆站(圖 24.31),離牆的距離可以稍微遠一點。向前落下之後快速從地面把腳拉起,在用手撐住牆面與接住身體的同時完成一次轉換支撐的動作,所以結束動作是換另一隻腳支撐的關鍵跑姿。

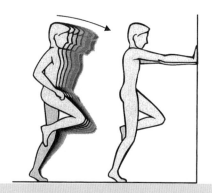

圖 24.31 ➲ 這項練習將能整合關鍵跑姿、落下和拉起。先從關鍵跑姿開始向前落下,落下的同時快速改成以另一隻腳支撐的關鍵跑姿。利用牆面當成阻止你繼續向前移動的支撐點。

先以關鍵跑姿站好,訓練夥伴用手掌撐在你的雙肩上使你向前傾斜,接著放手讓你落下,放手的瞬間你必須迅速換腳,改成用另一條腿支撐的關鍵跑姿(圖 24.32)。這個訓練的目的在同時開發你落

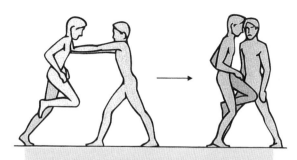

圖24.32 ◯ 在這項練習中上半身不用打直，
夥伴撐著你的起始姿勢，你直接保持放鬆
自然的前傾即可。當你感覺到失去平衡的
瞬間，必須立刻把腳從臀部下方拉起。

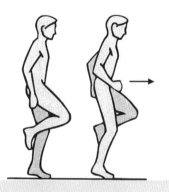

圖 24.33 轉換支撐前進訓練。

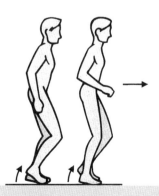

圖 24.34 ◯ 小馬踮步前進訓練，不能讓腳
跑到身體重心前方。

下與拉起的知覺，當你一感到失去平衡，
就要立刻把支撐腳的腳掌從地面拉起。

轉換支撐前進訓練（圖 24.33）。在這
項練習中以關鍵跑姿微向前傾，失衡後快
速換腳改成以另一隻腳支撐的關鍵跑姿。
注意騰空腳是否在支撐腿的膝蓋旁，你的
兩條腿此時應該很像數字「4」的形狀。
維持在關鍵跑姿時體重也必須一直停留在
前足蹠球部上，整個練習的過程中都必須
保持同樣的知覺。

小馬踮步前進訓練（圖 24.34）。在這
項練習中腳掌的高度愈低愈好，雙腳盡量
靠近，不要分開。兩隻腳應該一直保持在
身體重心的正下方。當你掌握住換腳時腳
掌不分開的要領後，身體可以微向前傾，
此時身體會移動，但腳掌的動作和位置要
跟原地時一模一樣。

單腳點地上拉前進（圖 24.35）。這個
動作比較難練。前進時空中腿仍需直上直
下，點地後筆直上拉，如同前面練過的動
作（圖 24.18 與圖 24.19），體重要一直
落在支撐腳的正上方。只要專心拉起一隻
腳，拉起後讓它隨著重力自由落下，不要
動用任何肌肉力量。在心裡默數 1、2、3、
4 有助於保持上拉的節奏，而且要把節奏

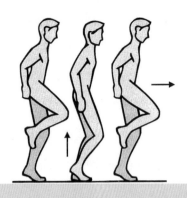

圖 24.35 ⊃ 單腳點地上拉，不能讓腳跑到身體重心前方。

的拍子放在上拉而非落下。

當腳掌下落接近地板時，隨即啟動上拉，使著地的衝擊降到最小，就好像用腳尖輕輕點地一樣。觸地前對自己說「上拉」有助於練好這個動作。

腳掌下落時透過上拉來減速，使腳掌觸地時的速度趨近於零，著地時較為小聲與輕柔，因而減輕支撐期的衝擊力道。

這加深了一個很關鍵的概念：應該用「拉起」取代下意識的「著地」動作。使腳掌騰空與觸地之間有本質上的衝突。

在姿勢跑法中，當你把支撐腿的腳掌從地面拉起之後，你的注意力要立刻回到另一隻腳上的體重。當一感覺到失去體重，就要立刻拉起腳掌。在你腦中最優先的動作總是拉起，而非觸地。不然你就會在跑步的關鍵三元素中加入一個多餘的動作，變成：關鍵跑姿→落下→著地→拉起。這是跑者最常犯的錯誤之一。不要忘了，跑步的動作只由「關鍵跑姿→落下→拉起」這三個元素組成，其他都是多餘的動作。

當你下降中的腳掌碰觸到地面的時候，另一個腳掌就應該要立刻回到臀部下方，這樣才能使你即時向前落下。如果腳掌著地後，另一個腳掌還在臀部後方，身體就必須要等到它回到臀部下方才能向前落下，這樣支撐腳就必須承擔多餘的壓力。這就是為什麼腳掌騰空後必須把注意力放在「拉起」而非「著地」。

在操作點地上拉時，你必須一次只專注在一隻腳的動作，把支撐腳拉離地面後接著把注意力轉移到騰空腳，如果你仍專心想著拉起，腳掌在著地前就會減速下落。[2]

當你在練這些動作時，你將體會到知覺、身體力量與柔軟度的變化。你的肌肉對重力有本能的反射動作，所以它們知道如何對重力和體重做出反應。你不需要教肌肉如何用力，你需要的是去開發體重的知覺。

若點地上拉的動作做不好，不要太沮喪，也不要草草帶過。一開始你會覺得有

點不協調，或發現自己的騰空腿會一直用力踩地，無法輕巧點地。這代表你的肌肉用了多餘的力氣。

此時先休息一下，先在腦中想一遍動作的要領，然後再試一次：回到關鍵跑姿，用支撐腳上下彈跳幾次（這會使支撐腳放鬆），再慢慢用騰空腳點地上拉，接著再逐漸提高點地上拉的速度。如何？很容易吧？

弓步單腳上拉（圖24.36）。就像小馬踮步一樣把腳掌往上拉；而且腳掌在著地前你就必須有意識地下令「拉起」的動作。著地其實是拉起動作的延伸。

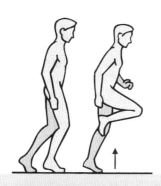

圖24.36 ⊃ 弓步單腳上拉。把重心向前轉移，體重放在前腳上。

原地弓步雙腳上拉（圖24.37）。先以單腳在前的弓步站好，先拉起前腳，再拉起後腳。所有腳掌的動作都是在臀部下方

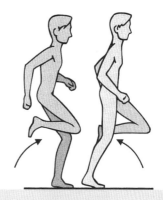

圖24.37 ⊃ 原地弓步雙腳上拉。這個動作可以使你在關鍵跑姿→落下→拉起的完整循環中，一次只專心在一條腿的動作上。

進行。

弓步雙腳上拉＋換腳前進（圖24.38），跟前一個動作很像，先拉起前腳，再拉起後腳，重複幾次之後身體前傾，在身體向前移動的同時換腳往前。

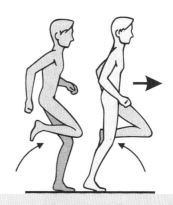

圖24.38 ⊃ 弓步雙腳上拉＋換腳前進。跟前一個動作很像，但在前傾時身體會同時換腳與向前移動。這項練習可以進一步提升關鍵跑姿、落下與拉起的技術知覺。

第四課：整合所有姿勢跑法的元素（進階）

學習目標：整合開發出來的知覺，運用到連續的動作中。

接下來的訓練動作將更進一步擴大技術知覺，而且讓你在不同的處境下開始向前跑。在開始跑時要仔細關注自我的感受，這將有助你在下一階段的知覺開發。

小馬踮步＋向前跑，是練習在轉換支撐與上拉動作中加入小幅度的向前落下，使身體慢慢地向前移動（圖 24.39）。雙腳一樣要在臀部下方，當重量離開時該腳掌仍要用腳尖點地，但此時體重已完全轉換到另一隻腳上了。你應該把小馬踮步的知

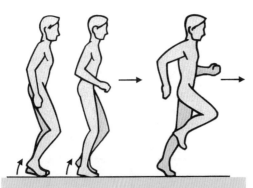

圖 24.39 ⊃ 先進行小馬踮步，直到你體會到快速上拉所帶來的輕快感就開始向前跑。

覺整合到向前跑之中。

先進行轉換支撐前進的練習，熟悉之後緊接著向前跑（圖 24.40）。記住：前進的動作是由前傾的身體所帶動。

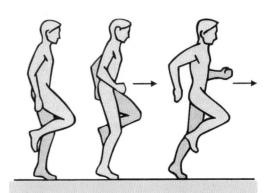

圖 24.40 ⊃ 先進行轉換支撐前進的練習，熟悉之後緊接著向前跑。

從關鍵跑姿開始練習向前落下，練習個幾次，熟悉之後直接從落下動作開始向前跑（圖 24.41）。在向前跑的過程中如果維持角度，你將持續加速；想要停止加速，就必須把身體擺正。從這項練習你將體會到加速和落下角度之間的關係。

把中指放在肚臍上向前跑（圖 24.42）。這是一個很簡單的知覺練習，只要能在跑步的過程中感覺到中指的壓力，就代表你正在向前落下。這是一個很微妙的過程，不是用手指主動去壓肚臍，而是身體向前

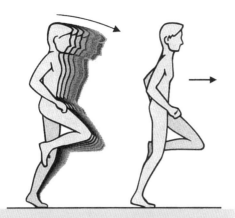

圖 24.41 ⊃ 先以關鍵跑姿向前落下，記住落下的角度，接著重複練習幾次之後，以同樣的角度向前跑，此時你會一直加速，但請盡量維持。

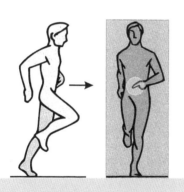

圖 24.42 ⊃ 向前跑時把手指放在肚臍上，檢查自己是否有向前落下。

落下時手指自然感受到的壓力，如果沒有壓力代表沒有向前落下。另一個簡單的反向測試是倒退跑，此時手指上的壓力會自然消失。

把原本放在肚臍上的手改放在同側的

臀部上，前傾落下然後開始跑起來（圖24.43）。臀部上的手可以幫你檢查軀幹和臀部的位置（確認臀部有沒有留在後面造成彎腰跑），因為手臂與肩膀連接、肩膀又連接軀幹，所以手臂可以當作軀幹與臀部的位置檢測儀。當你的手掌放在臀部上時，臀部與軀幹一改變位置，手也會跟著感覺到。

圖 24.43 ⊃ 向前跑時把手放在臀部上，檢查自己的身體是否整個向前落下，而非彎著腰跑。

先從弓步單腳上拉前進開始，動作熟悉之後正常向前跑（圖 24.44）。以弓步姿勢練習上拉必須非常刻意，這正是為了提升你在跑步時上拉的知覺所設計的。

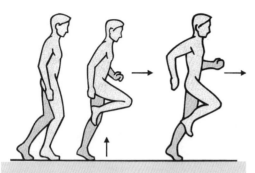

圖 24.44 ⊃ 弓步單腳上拉前進＋向前跑。上拉是這項練習的重點，在練習的過程中你會認清自己上拉的動作是否夠好。

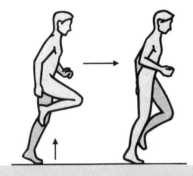

圖 24.45 ⊃ 弓步單腳向前跑，後腳刻意留在身後，所以會跟著落下動作向前彈跳。在這個練習中只要專注在前腳的上拉動作。

弓步單腳向前跑（圖 24.45）。當你著重在前腳上拉時，另一條腿留在身體後面，輕鬆地隨著拉起的動作向前彈跳。這項練習也是提升落下知覺的極佳方式。

向前跑時，雙手交握向前平伸與肩同高（圖 24.46）。向前伸臂的動作可以檢查出是否有過度跨步和拉起太慢的問題。過

度跨步會使手臂左右搖擺；推蹬或拉起太慢則會使手臂上下擺動。這是因為上／下半身是一體的，若下半身的動作過大，一般都是靠擺臂和旋轉軀幹來平衡，但若刻意使兩手交握向前伸直則會限制擺臂的平衡機制，使你只能透過旋轉軀幹與前伸的手臂來平衡。平常我們看不到自己軀幹是否有旋轉，但在這項練習中你可以從手臂的動作，看出軀幹和腳步的異常動作。從反面來說，當前伸臂沒有任何晃動，表示軀幹和腳步在跑步過程中非常穩定。

圖 24.46 ⊃ 向前跑時雙手交握向前伸直。這項練習可以用來自我檢測與矯正跑姿。

接著改成雙手在身後交握（圖 24.47）。這個動作也能很快檢測出你是否有過度跨步或彎腰跑的問題。

你的學習過程並非線性地從第一課練到第四課。針對比較不熟悉的動作，你要花

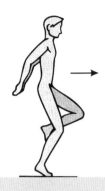

圖 24.47 ⊃ 向前跑時雙手在身後交握。

更多時間反覆練習，直到動作精準到位為止。所以當你進行到第四課時，不代表你不用回到第一課去複習，以加深你新開發出來的知覺。

回頭複習對你的技術調整與知覺深化幫助很大。

現在，我們要開始學習進階的技術訓練動作了，跟之前的邏輯一樣：「知覺」是一切技巧訓練的發展重點。

譯注：

1. 作者提到的「向前落下」是一種利用重力造成向前轉動的結果，軀幹與臀部繞著支撐腳轉動的角速度愈快，前進的水平切線速度也愈快；如果腿部向前轉動，因為動量守恆，軀幹向前轉動的角速度就會跟著變慢。

2. 這是一個下意識所造成的現象，只要想著點地的動作，不用刻意執行。

第 25 章

跑步的進階技術訓練動作

為無為，事無事。

——《老子》第六十三章

如果姿勢跑法是一門武術，那麼本章的招式就是專為黑帶選手設計的。如同大部分的跑者一樣，你或許也認為想要跑出更好的成績，就必須增加訓練量、更刻苦訓練或跑得更快才行。另一種選擇是成為以流暢省力技巧為目標的跑者。

接下來的動作將更進一步把你落下與拉起的知覺，提高到你過去想像不到的境界，你將透過這些練習打開高超跑步技術的大門，跨過這道門檻你會成為更優秀的跑者。

當然，你不用每天都練所有的動作，但我希望至少有幾次你能找訓練夥伴做完整組動作，或在每次練跑前選幾個對你幫助最大的技術動作當成固定的熱身。

為了讓你能比較有邏輯性地練這些進階動作，跟前一章入門動作一樣，我把它組合成不同的課表，你可以依自己的需求選擇要練哪一種課表。也就是說，這些課表的組合並不一定要依序進行，應該依你實際的需求選擇，才有辦法再進一步來發展你的技巧、知覺與協調性。

第一課：深化技術知覺（初階）

學習目標：深化「關鍵跑姿」的平衡感與知覺。

關鍵跑姿的進階練習

以關鍵跑姿站在軟式藥球上保持平衡（圖25.1）。這項練習很具挑戰性，但訓

練效果很好。因為站在藥球上比較高而且很難平衡，所以你會不自覺的想往下看。但不要低頭，一低頭身體就會失去正確的排列。抬頭保持正直，不要用視覺來平衡，只用本體感覺來保持平衡。也因為球體很難平衡，站在上面時會徵召更多的肌肉和結締組織來維持平衡的姿勢，所以這項練習不只是練平衡，也是在練肌力。

圖 25.2 ⊃ 以關鍵跑姿單腳站在 IndoFlo™ 平衡球上面保持平衡。不穩定的平面會需要更多的下肢控制力。

圖 25.1 ⊃ 以關鍵跑姿單腳站在軟式藥球上保持平衡。刻意增加不穩定性，可以訓練身體在關鍵跑姿時的協調與穩定能力。

改以關鍵跑姿站在 IndoFlo™ 平衡球上面（圖 25.2）。儘管高度不如藥球，但這種可充氣的訓練器材是專門為訓練平衡感而設計的。一開始先不要充太多氣，直到你可以跟站在藥球上面一樣之後，再慢慢把氣打飽。

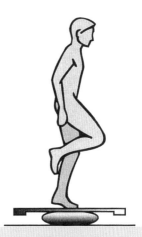

圖 25.3 ⊃ 以關鍵跑姿單腳站在平衡板上面。站在一個堅實的平衡板上時，能夠避免動用踝關節來輔助平衡。

在 IndoFlo™ 平衡球上面加一塊木板，以關鍵跑姿單腳站在上面保持平衡（圖 25.3）。一旦你在平衡板上面可以站得很穩了，再加入之前的入門動作，像小馬踮

步、彈跳和轉換支撐的動作。

如果你想要最高難度的平衡動作，可以把平衡板下的 IndoFlo™ 平衡球換成滾筒（圖 25.4）。這個動作很難，但經過練習還是可以辦到。（沒錯，一開始會跌倒，所以最好有夥伴協助或在牆邊練習。）

圖 25.5 ⊃ 落下的知覺訓練：請訓練夥伴把手掌放在你的背上（不要用力推），一起跑一小段。夥伴的手掌將為你帶來一段時間的落下知覺。

圖 25.4 ⊃ 以關鍵跑姿單腳站在底下是滾筒的平衡板上面。這項練習極具挑戰性。

圖 25.6 ⊃ 落下的知覺訓練：用胸口追夥伴的手掌。

「落下」的進階訓練動作

請你的訓練夥伴把手掌輕輕放在你的背上跟你一起跑（圖 25.5）。但請他不要用力推，只要把手放在背上就好。夥伴手掌觸摸你的感覺，會使你持續保持在前傾落下的姿勢上，兩人一起跑一小段距離後，請夥伴把手放開，用同樣的姿勢再多跑 10

公尺。

現在請你的訓練夥伴改把手掌放在你的胸口上，讓身體向前落下。向前跑的過程中，你的胸口必須一直與夥伴的手掌保持接觸（圖 25.6）。

先採取彈性站姿，請你的訓練夥伴推你的後背，用力抵抗他推你的力量，體重要穩固地支撐在前足蹠球部上（圖25.7）。這項訓練的目的在於深化前足蹠球部對於體重的知覺。

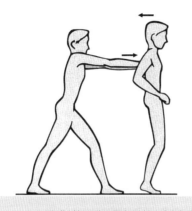

圖25.7 ◯ 深化落下知覺訓練：刻意抵抗向前落下。當訓練夥伴向前推你時，全身一起抗拒，此時前足的蹠球部必須像釘子一樣釘在地板上。

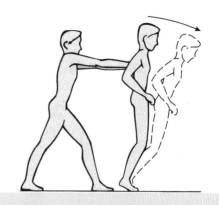

圖25.8 ◯ 深化落下知覺：跟前一個練習相反，當夥伴推你時，順勢向前落下。

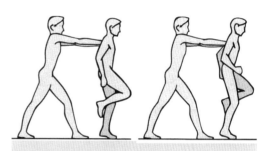

圖25.9 ◯ 深化落下知覺：跟25.7的練習一樣，只是在刻意抵抗向前落下時，改成單腳支撐的關鍵跑姿。

先採取彈性站姿，請你的訓練夥伴推你的後背，但不要抵抗他推你的力量，當他推你時，你就順勢離開支撐（圖25.8）。在這項練習中你必須「不要」抗拒落下，讓落下動作自然發生，把注意力放在前足蹠球部上，用心體會落下時該部位失去壓力的感覺。落下時，失去壓力的感覺非常重要，這代表你不再抗拒重力，而完全讓體重帶著你向前落下。

重複練習刻意抗拒落下的動作，但改成單腳支撐的關鍵跑姿。先練右腳再練左腳（圖25.9）。

重複練習自然向前落下的技巧，但改成單腳支撐的關鍵跑姿，一樣不要去抗拒夥伴的推力，順著推力自然向前落下，把注意力放在前足失去壓力的感覺（圖25.10）。

圖 25.10 ⊃ 深化落下知覺：跟 25.8 的練習一樣，改成單腳支撐的關鍵跑姿，當夥伴推你時，順勢向前落下。

圖 25.12 ⊃ 後大腿收縮力量訓練：使用自由重量，訓練上拉的力量。

「拉起」的進階訓練動作

下面的進階動作不只是在深化拉起的知覺，也是在鍛鍊肌肉力量與協調能力。這也是屬於跑者的專項肌力訓練。

躺在如圖 25.11 中的器械上，用力彎曲膝關節。

以關鍵跑姿站在木箱上，騰空腳的腳踝綁上一個你可以負荷的重量，接著腳掌直上直下（圖 25.12）。在移動過程中腳掌要一直保持在臀部正下方，而且全部重量要一直保持在支撐腳前足的蹠球部上。（這個動作不要用前大腿用力上抬，也就是盡量不抬膝，專注在腳掌的上拉動作。）

腳踝上負重，雙手撐在雙槓上練習單腳上拉，腳掌的運動軌跡是直上直下（圖 25.13）。

圖 25.11 ⊃ 後大腿收縮力量訓練：使用健身器材，訓練上拉的力量。

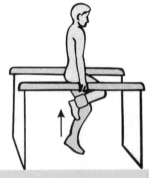

圖 25.13 ⊃ 撐在雙槓上練習上拉，腳踝上負重。

腳踝上綁彈力繩，雙手撐在雙槓上練習單腳上拉，腳掌的運動軌跡是直上直下（圖25.14）。

圖25.14 ➲ 撐在雙槓上練習上拉時，腳踝上綁上彈力繩。

整合動作

請訓練夥伴把手放在你的肩膀上，接著同步一起跑（圖25.15）。

圖25.15 ➲ 當訓練夥伴把手放在你的肩上一起跑時，你會更清楚地意識到自己跑步時垂直振幅的幅度。

第二課：深化技術知覺（中階）

學習目標：細部調校關鍵跑姿、落下和拉起的知覺。

先採取關鍵跑姿，再請訓練夥伴刻意挑戰你在關鍵跑姿時的平衡感（圖25.16）。請他輕推你的身體、前後或側向搖晃你的肩膀，你必須在外力的刺激下盡量維持平衡。

圖25.16 ➲ 請訓練夥伴刻意挑戰你在關鍵跑姿時的平衡感。

以關鍵跑姿向前或側向彈跳（圖25.17）。這項練習可以強化你在平衡時前足蹠球部對於體重的知覺。

閉眼維持關鍵跑姿（圖25.18）。這在訓練本體感覺上面非常有效。當你能夠舒服地保持平衡就練習換腳支撐，過程中眼睛閉著不要睜開。

圖 25.17 ⊃ 關鍵跑姿彈跳：這是強化版的體重知覺訓練。

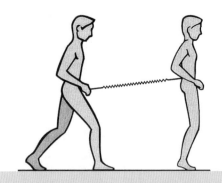

圖 25.19 ⊃ 抵抗落下：在訓練夥伴與彈力繩的外力下，維持彈性站姿的穩定性。

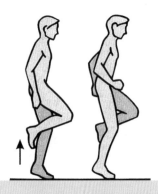

圖 25.18 ⊃ 閉上眼睛練習轉換支撐。

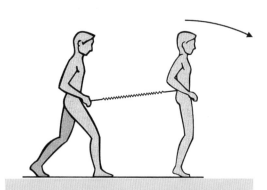

圖 25.20 ⊃ 自然落下：在訓練夥伴與彈力繩的阻力下向前落下。

「落下」的進階訓練

先採取彈性站姿，把彈力繩綁在腰上。請訓練夥伴從不同的方向拉你，而你必須維持原本的姿勢（圖 25.19）。

跟前一項練習的預備動作一樣，但現在不要去抵抗夥伴的拉力，而是在彈力繩的阻力下自然向前落下（圖 25.20）。

和你的訓練夥伴一起跑，同時請他在後面輕輕推你的背，但你在跑的時候要對抗他推你的力量，此時你會更加注意到前足蹠球部上的壓力（圖 25.21）。但要注意：請夥伴推你的力氣不能太大，對抗的力氣也要輕，只要能感覺到阻力即可。

接下來的訓練跟前一個相反，當夥伴推你時不要抵抗他，而是想著前傾與逃離他的推力（圖 25.22），這項訓練會使你了

圖 25.21 ⊃ 請訓練夥伴在在你身後輕輕推
你，在一起跑的過程中要對抗他的推力。

圖 25.22 ⊃ 請訓練夥伴在你身後輕輕推
你，在一起跑的過程中你要想像逃離他的
推力。

解加速和前傾之間的關係。提醒你的訓練
夥伴：他推你的壓力從頭到尾要一樣。

「拉起」的進階訓練

　　腳踝綁上彈力繩，採取臥姿進行屈膝訓
練（圖 25.23）。因為彈力繩的阻力會隨
著伸展的幅度而改變，故可以進一步提升

圖 25.23 ⊃ 腳踝上綁彈力繩，以臥姿進行
拉起訓練。

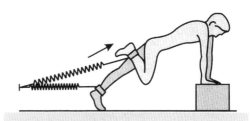

圖 25.24 ⊃ 腳踝上綁彈力繩，以伏地挺身
姿勢進行拉起訓練。

你上拉的力量和知覺。

　　腳踝上綁彈力繩，另一端繫在低處，以
伏地挺身姿勢把腳掌反覆朝臀部拉起（圖
25.24）。

　　腳踝上綁彈力繩，另一端繫在高處，以
躺姿進行拉起訓練。腳掌移動的軌跡要沿
著另一條腿，不能受到上方拉力的影響
（圖 25.25）。

　　雙手支撐地面，臉部朝上，臀部騰空，
腳踝綁上彈力繩後，反覆把腳掌拉到臀部
下方。因為彈力繩的阻力會隨著伸展的幅
度而改變，所以可以練到不同速度下拉起
的力量（圖 25.26）。

圖 25.25 ⊃ 腳踝上綁彈力繩，另一端繫在高處，以躺姿進行拉起訓練。

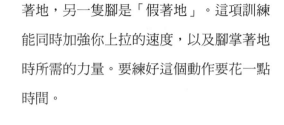

圖 25.26 ⊃ 雙手支撐地面，臉部朝上，臀部騰空，腳踝綁上彈力繩後，反覆把腳掌拉到臀部下方。

整合訓練

單腳跑（圖 25.27）。你可以把這個練習當作正常跑步，只不過全程都只用單腳

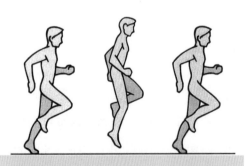

圖 25.27 ⊃ 單腳跑，雙腳都有上拉的動作，只是全程用單腳著地，另一隻腳「假著地」。

著地，另一隻腳是「假著地」。這項訓練能同時加強你上拉的速度，以及腳掌著地時所需的力量。要練好這個動作要花一點時間。

第三課：深化技術知覺（進階）

學習目標：細部調校落下與拉起的知覺。

「落下」的進階動作

把彈力繩綁在腰上，請訓練夥伴從後方拉住你，持續向前跑，把體重放在腰部的彈力繩上（圖 25.28）。這個練習會強化你利用向前落下的技巧來加速。

把彈力繩綁在腰上，請訓練夥伴從前方拉你，在向前跑的過程中要輕微地抵抗向前的拉力（圖 25.29）。

接續前一個練習，現在不要去抵抗前方的拉力，改成順從拉力自然向前跑（圖 25.30）。

跑下（2 ～ 3°）緩坡（圖 25.31）。因為坡度，落下會自然發生，所以在下坡跑的過程中什麼都不用做，只要快速換腳。

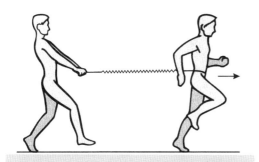

圖 25.28 ⊃ 向前跑時請夥伴從後方用彈力繩拉住你的腰。

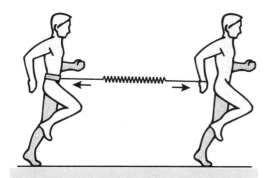

圖 25.29 ⊃ 刻意抵抗向前落下。改請訓練夥伴從前方拉你，向前跑時要主動抵抗前方的拉力。

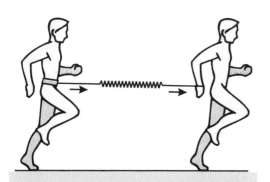

圖 25.30 ⊃ 訓練夥伴從前方拉你，自然地順從前方的拉力向前跑。

圖 25.31 ⊃ 跑下緩坡，把注意力放在步頻和盡量減低落地的衝擊上。

「拉起」的進階動作

把彈力繩綁在腳踝上，另一端綁在腳踝正後方，原地練習轉換支撐，專心在上拉的動作（圖 25.32）。

改把彈力繩的另一端綁在腳踝的正前方，原地練習轉換支撐（圖 25.33）。

把彈力繩綁在單腳上，採取弓步姿勢，在彈力繩拉力向後的情況下原地上拉前腳，上拉的不是膝蓋而是腳掌，直接把腳掌朝臀部向上拉起（圖 25.34）。

接續前一個動作，但改把彈力繩的拉力移到腳掌前方（圖 25.35）。

雙腳皆綁上彈力繩，另一端綁在腳踝後方，在身體前傾撐牆的姿勢下練習轉換支撐（圖 25.36）。

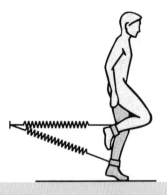

圖 25.32 ⊃ 在彈力繩的後方拉力下，原地練習轉換支撐。

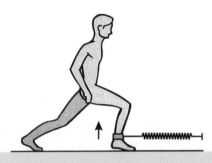

圖 25.35 ⊃ 採取弓步姿勢，把彈力繩的拉力移到腳踝前端，專心拉起前腳掌（非膝蓋和大腿）。

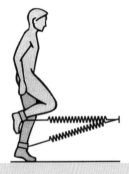

圖 25.33 ⊃ 改把彈力繩拉力移到前方，原地練習轉換支撐。

圖 25.36 ⊃ 身體前傾模擬落下姿勢，在這樣的姿勢與外在拉力下練習轉換支撐。

圖 25.34 ⊃ 採取弓步姿勢，把彈力繩綁在前腳上，另一端綁在腳踝後端，專心拉起前腳掌（非膝蓋和大腿）。

在彈力繩的外力下練習點地單腳上拉（圖 25.37）。彈力繩的外力可以模擬快跑時腳被留在身體後方「拉起太慢」的情況，所以在這項練習中你要確認腳掌的運動軌跡始終保持直上直下。

整合訓練：閉眼跑（圖 25.38）。這項練習可以幫你把之前開發出來的技術知覺進行整合，像是著地時體重很快轉移到前

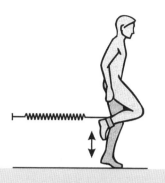

圖 25.37 ⊃ 在彈力繩的外力下練習點地單腳上拉。

圖 25.38 ⊃ 在前方訓練夥伴的協助下閉眼跑。

足蹠球部，腳掌一觸地就進入落下階段與即時快速上拉。

第四課：深化拉起知覺（初階）

學習目標：以最省力的方式快速、精準

與即時從地面拉起腳掌。

「拉起」的進階訓練動作

在訓練夥伴的手動阻力下，以關鍵跑姿進行單腳上拉（圖 25.39）。請夥伴把阻力施壓在腳跟上，而且請他控制力道，使你可以維持在標準的關鍵跑姿下完成上拉動作。

圖 25.39 ⊃ 在訓練夥伴的手動阻力下，以關鍵跑姿進行單腳上拉。

圖 25.40 ⊃ 請訓練夥伴在你的腳跟上施壓，你必須盡量維持關鍵跑姿。

先採取關鍵跑姿，請你的訓練夥伴刻意在你的腳跟向下施壓，你必須用力抵抗，直到腳尖觸地回到彈性站姿為止，重複幾次之後再換腳（圖 25.40）。這項訓練有助於強化你後大腿的「肌肉記憶」。

圖 25.41 的練習類似圖 25.39 的上拉練習，只是改成用雙手撐地、臉部朝上的姿勢進行。請夥伴依你的知覺和技巧控制力道。記得練完後要跑一小段讓身體學會運用新開發的知覺。

圖 25.41 ⊃ 在訓練夥伴的手動阻力下，以雙手撐地臉部朝上的姿勢進行單腳拉的訓練。

圖 25.42 的練習類似圖 25.40 的上拉練習，當你的夥伴向你的腳掌施力時，你必須使腳掌盡量靠近臀部。

前腳抬高彈跳訓練（圖 25.43）。後腳快速向上彈跳，臀部盡量不要上躍，專心上拉腳掌，盡量縮短觸地時間。

後腳抬高彈跳訓練（圖 25.44）。前腳快速向上彈跳，臀部盡量不要上躍，專心

上拉腳掌，盡量縮短觸地時間。

圖 25.42 ⊃ 請訓練夥伴在你的腳跟上施壓，你的腳掌必須盡量維持在臀部下方。

圖 25.43 ⊃ 前腳放在木箱上，練習後腳快速反覆上拉。

圖 25.44 ⊃ 後腳放在木箱上，練習前腳快速反覆上拉。

整合訓練

單腳上拉跳躍向前，隨後向前跑（圖25.45）。先以雙腳彈性站姿準備好，在單腳上拉的同時雙腳離地在空中形成關鍵跑姿，著地時再回到彈性站姿，反覆上拉同一隻腳，而且著地時間愈短愈好。練完後小跑一段讓身體學會運用新開發的知覺。

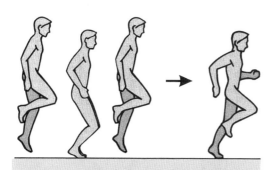

圖 25.45 ⊃ 單腳上拉跳躍向前，隨後向前跑。

雙腳交替上拉跳躍向前，隨後向前跑（圖25.46）。先以雙腳彈性站姿準備好，在單腳上拉的同時雙腳離地在空中形成關鍵跑姿，著地時再回到彈性站姿，接著上拉另一隻腳，反覆交替。著地時間一樣愈短愈好。練完後小跑一段讓身體學會運用新開發的知覺。

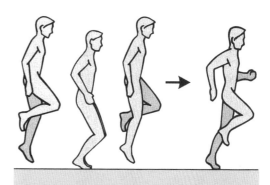

圖 25.46 ⊃ 雙腳交替上拉跳躍向前，隨後向前跑。

第五課：深化拉起知覺（進階）

學習目標：在新開發出的知覺上面提升肌肉與肌腱的彈性。

「拉起」的進階訓練動作

原地單腳上拉跳躍（圖25.47）。起始動作是雙腿向上彈跳，雙腳騰空的同時單腳朝臀部上拉，在空中會呈關鍵跑姿，接著雙腳同時著地，反覆上拉同一隻腳，而且著地時間要愈短愈好。

單腳上拉跳躍前進（圖25.48）。跟前一項練習相同，雙腳彈跳後單腳上拉，只是要在雙腳著地時身體自然落下。

原地雙腳交替上拉跳躍（圖25.49）。這個動作跟原地單腳上拉跳躍一樣，只是

圖 25.47 ⊃ 原地單腳上拉跳躍，落地時呈雙腳彈性站姿。

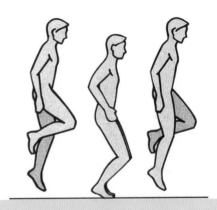

圖 25.49 ⊃ 原地雙腳交替上拉跳躍。

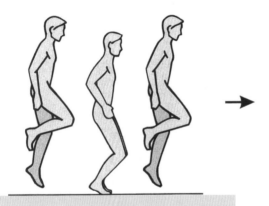

圖 25.48 ⊃ 單腳上拉跳躍前進，落地時呈雙腳彈性站姿，一次只練習上拉一隻腳。

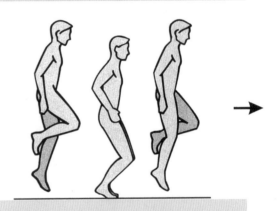

圖 25.50 ⊃ 雙腳交替上拉跳躍前進。

在每次落地後要換腳上拉。注意換腳上拉之後，一樣要以彈性站姿雙腳同時落地。練出舒服的節奏感後，有助你提升肌肉的彈性。

雙腳交替上拉跳躍前進（圖 25.50）。跟前一項練習相同，只是改成向前跳躍，藉以模擬跑步時向前落下的知覺。

原地以關鍵跑姿單腳彈跳同時上拉腳掌（圖 25.51）。盡量縮短著地時間，當身體向上彈起時要同時拉起腳掌，但上拉的高度不要太高。

如同前一項練習，但在支撐腳的腳踝上綁彈力繩（圖 25.52）。這會增加你在落地時維持平衡的難度。

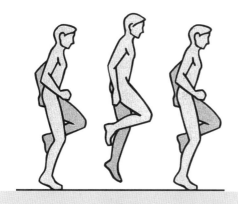

圖 25.51 ➲ 原地以關鍵跑姿彈跳同時上拉腳掌。

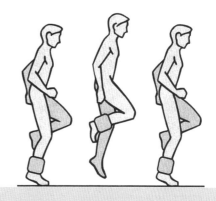

圖 25.53 ➲ 在腳踝負重的情況下，原地以關鍵跑姿彈跳同時上拉腳掌。

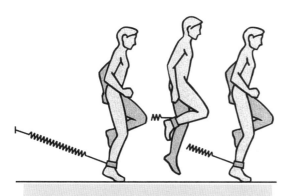

圖 25.52 ➲ 在彈力繩的向後拉力下，原地以關鍵跑姿彈跳同時上拉腳掌。

如同前一項練習，但在支撐腳的腳踝上改用負重（圖 25.53）。練習時只想著腳掌朝臀部上拉。這項訓練將同時強化上拉的知覺與後大腿的力量。

整合動作

雙腳腳踝都綁上彈力繩，由訓練夥伴在後方拉著你向前跑（圖 25.54）。這項訓練可以強化你轉換支撐的知覺，因為如果腳掌著地的時間太長，後方的拉力就會變得非常明顯。

雙腳腳踝都綁上彈力繩，由自己高舉過頭拉著向前跑（圖 25.55）。彈力繩的拉力迫使你快速上拉。

雙腳腳踝都綁上彈力繩，由訓練夥伴在後方拉著你一起向前跑，在跑的過程中你要確保腳掌都在臀部的正下方（圖 25.56）。這項訓練可以強化你轉換支撐的知覺，因為如果你支撐時間太長，後方的拉力就會變得非常明顯。

雙腳腳踝都綁上彈力繩，由夥伴在前方拉著一起向前跑（圖 25.57）。在這項練習中腳會被迫向前跨步，所以你必須更專

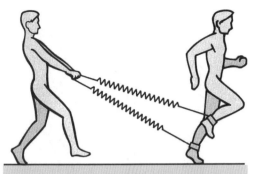

圖 25.54 ⊃ 雙腳腳踝都綁上彈力繩，由夥伴在後方拉著一起向前跑，進行轉換支撐訓練。

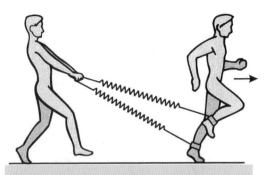

圖 25.56 ⊃ 雙腳腳踝都綁上彈力繩，由夥伴在後方拉著一起向前跑，進行轉換支撐訓練。

圖 25.55 ⊃ 雙腳腳踝都綁上彈力繩，由自己高舉過頭拉著向前跑。這會迫使你快速上拉。

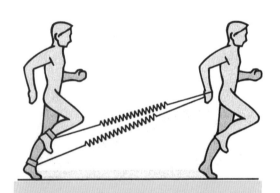

圖 25.57 ⊃ 雙腳腳踝都綁上彈力繩，由夥伴在前方拉著一起向前跑。

心讓腳掌落在臀部下方。

把「EZ 跑步腰帶」（EZ Run Belt®）分別綁在雙腳腳踝和腰部上練跑（圖25.58）。這項練習會讓你體會到優秀跑步動作中快速上拉的知覺，回饋是即時的，觸地時間也會立刻變短。

把彈力繩分別綁在你的左腳和訓練夥伴

的右腳腳踝上，然後肩並肩一起跑（圖25.59）。這項訓練很像小時候玩的兩人三腳遊戲，步伐必須一致，可以增進你的協調能力。

圖 25.58 ⊃ 使用「EZ 跑步腰帶」（EZ Run Belt®）練跑。

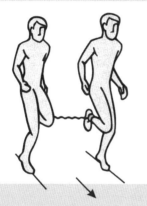

圖 25.59 ⊃ 把彈力繩分別綁在你和訓練夥伴的腳踝上，然後肩並肩一起跑。

第六課：整合訓練動作

學習目標：結合前面發展出的關鍵跑姿、落下與拉起的知覺，再把它們實際運用在跑步中。

整合關鍵跑姿→落下→拉起三個元素的訓練動作

下面的動作是為了把不同的元素整合在一起。

整合動作的進階版

把彈力繩綁在雙腳腳踝上，先採取彈性站姿，接著進行原地彈跳，身體不用向上躍，只要快速反覆地把腳掌拉向臀部即可（圖 25.60）。

彈力繩綁在單腳腳踝上，請你的夥伴把彈力繩的拉力改成向上，以弓步的姿勢原地向上彈跳（圖 25.61）。

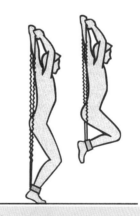

圖 25.60 ⊃ 把彈力繩綁在雙腳腳踝上進行原地彈跳（腳掌快速反覆拉向臀部，而非向上跳躍）。

圖 25.61 ⊃ 把彈力繩綁在單腳腳踝上，以弓步姿勢進行原地彈跳（腳掌快速反覆拉向臀部，而非向上跳躍）。

先把彈力繩綁在腰上，請訓練夥伴拉著你跑一小段之後，再解開彈力繩自由向前跑（圖 25.62）。這有助你體會跑步加速度與前傾幅度之間的關係。解開束縛後，關鍵跑姿、落下與拉起這三個元素將更密切地整合在一起。

上坡跑，看起來不難，但真的嗎？如果你跑過（或看過）全程的波士頓馬拉松，你可能對「心碎坡」（heart-break hill）不陌生。為何大多數的跑者一進入上坡路段就覺得像場惡戰（Uphill Battle 的雙關語）？因為大多數的人一開始就太用力而失去跑步的節奏，所以在這項練習中你必須保持跟平路一樣的配速。你需要調整的只有步頻和步伐的大小，坡度愈陡，步頻愈快、步伐也愈短（圖 25.63）。

圖 25.63 ⊃ 跑上坡。運用新開發出來的知覺跑上坡，上坡跑的步頻應該比平路高。

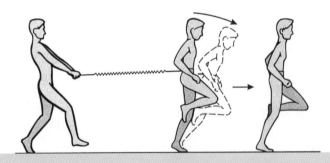

圖 25.62 ⊃ 先請夥伴在你跑步時向後拉，讓你的腰部有一點向後的拉力，熟悉之後再把彈力繩解開，自由向前跑。

下坡

圖 25.64 ⊃ 跑下坡。注意不要過度跨步。

圖 25.65 ⊃ 先加速一小段之後直接跑上臺階。記得：不要想著用腿來蹬上臺階，而是整個身體一起向上跑。用身體重心引導，你將體會到跑上臺階有多麼輕鬆。

　　練過上坡路段之後，現在要改成跑下坡。加速跑下坡時特別容易過度跨步（腳掌落地點超過臀部）。所以要更注意下面幾點：維持步頻、限制動作的範圍、縮小向前落下的幅度，只要能做到這些，就能以最省力的方式利用重力跑下坡（圖25.64）。

　　最後一項訓練把之前所有的技術知覺整合在一起。像電影裡的洛基一樣，先加速一小段之後直接跑上臺階。感覺愈省力愈好。你要把新發展出來的技術與體重知覺運用在任何路面上（包括臺階）。記得身體重心要先向前，腿再隨後跟上（圖25.65）。

第 26 章

跑步中常見的錯誤和矯正方式

沒犯過錯的人也不會去嘗試新東西。

——愛因斯坦（Albert Einstein，二十世紀最重要科學家）

當你在學習新東西時一定會犯錯。犯錯是不可避免的，我們反而要在學習新技巧的過程中，運用錯誤的經驗來進步。在改練新技術的過程中，舊習慣會不斷爬回你的跑姿裡，別擔心，知覺的開發是需要時間的，一開始你知道的有限，動作無法立即做到位是很正常的。

犯錯沒關係，但錯要錯的有價值。首先，你必須知道自己錯在哪裡，才能強化新的技術知覺，新的技術植入後，舊的習慣就會自動被取代。反之，如果小問題沒被發現，長久下來就會導致大問題，使你的跑步效率下降，若還是沒改善，最終就會變成疼痛或受傷。

矯正的第一步是辨識錯誤，而錯誤的定義是：偏離預定的標準。換句話說，如果

沒有「標準」存在的話，我們將無法分辨對錯。現在，我們把姿勢跑法當作「標準」，所以錯誤就是偏離了關鍵跑姿的動作。

為了修正錯誤，辨識之後接著要找到它的源頭。看到問題的時候，我們太常只處理表面，而沒有去探究底層的原因。比方說練習過後腿部感到疼痛，跑者一般的處理方式是跳過幾次練習，然後期待身體下次會自己適應。但更好的方式是問：「疼痛的原因何在？」找出問題，從根本治起。有些錯誤可能永遠不會導致受傷，但會使表現受到限制。

有了姿勢跑法的三元素（關鍵跑姿→落下→拉起），我們就有辨識與矯正問題的標準，也能把錯誤標示出來。在這樣的邏

輯底下，產生些許的疼痛並非全然是壞事，因為疼痛正是在告訴你某些地方做錯了；如果某些錯誤不會導致疼痛，那你也很難發現問題，要辨識與修正這種潛在問題，需要更高深的知覺才能辦到。

在訓練的過程中，你可能會經歷小腿抽筋、腳踝刺痛、臀部痠麻。我們先撇除像絆倒受傷這類意外，如果你已經知道目前的疼痛來自於技術上的瑕疵，但你不確定錯在哪，又該怎麼辦？

因為肇因眾多，所以你必須像個偵探，運用邏輯思考來尋找錯誤。你的疼痛有可能是好幾個錯誤混雜在一起的結果，此時最重要的，是找出最根本的問題，並且徹底解決。

大部分的錯誤都是發生在支撐期（腳掌與地面接觸的時期），也只有在支撐期我們才能運用或者對抗重力，就看拆解下來哪一部分的比例較多。

在尋找錯誤根源時，如果重力是主要的外部因素，你的心就是主要的內部因素。我們的思考、知覺以及看待跑步的觀點會深深地影響我們和重力之間的關係、專注力與心情。當我們繼續向前邁進時不要忘記這一點。

本章列出的所有錯誤，都跟我們對重力的理解有關。你可以把姿勢跑法當作一種利用重力的訓練法，整套系統都是為此設計的，任何動作只要會降低我們利用免費重力時的效率，都是錯誤的。我們將運用這項基本法則來檢查跑步技術的各個面相。

關鍵跑姿的錯誤

關鍵跑姿的錯誤幾乎離不開下面兩件事：支撐體重的位置有誤，或是身體的某些部位在支撐期偏離重心太多。我們可以用下面兩張圖來簡單說明：

1. 落地點在身體重心前方，體重不在前足蹠球部上（圖 26.1）。
2. 支撐期身體的某部位偏離重心太遠時，導致神經肌肉的協調能力下降，以及肌肉過度緊繃（圖 26.2）。

如何修正？

1. 修正體重的所在位置：為了開發你對體重的知覺，使你的體重能精確地落在前腳掌蹠球部，我設計了兩種矯正動作，

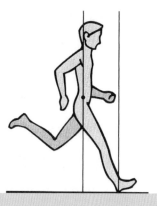

圖 26.1 ⊃ 腳跟先著地，落地點在身體重心前方。

圖 26.2 ⊃ 當腳掌著地時擺盪腿留在身體後方，造成剎車效應。

訓練效果都很好。一種練習方式是在前腳掌下方擺一小塊磚頭，打赤腳站在上面維持關鍵跑姿並保持平衡（圖26.3），另一種則是改站在藥球上（圖26.4）。練習時要時時確認體重只在前腳掌，而非腳跟。這項練習可以加深你

對體重所在位置的敏銳度。

2. 修正支撐期身體某部位偏離重心太遠的問題：視覺上的意象最能有效改善這個問題。先刻意用踮腳與腿尾巴的站姿（圖26.5）保持平衡，把感覺記住，同

圖 26.3 ⊃ 以前腳掌站在磚頭上維持關鍵跑姿，等適應後再逐步增加磚頭的高度。

圖 26.4 ⊃ 站在藥球上維持關鍵跑姿。

時請你的朋友拍一張照片，接著換成標準的關鍵跑姿（圖 26.6），再拍一張照片。仔細比對這兩張照片，進行調整。移動你的肩膀、臀部、膝蓋、手臂和頭，仔細體會這兩種姿勢之間的差別。如果你沒辦法拍照片，就站在鏡子前面練習。更好的方式是請懂姿勢跑法的訓練夥伴在一旁指導你。

圖 26.6 ⊃ 先以關鍵跑姿站好，當你身體稍微前傾時，把注意力放在腳跟的位置上。你會發現前傾時不用刻意墊腳，而腳跟是因為體重轉移到前腳掌而順勢離地的。

圖 26.5 ⊃ 不正確的關鍵跑姿。

記得嗎？姿勢跑法的標準是每一步落地時都要能快速重新回到關鍵跑姿。各種關鍵跑姿的靜態站姿正是為了深化你對這種既緊密（compact）又穩定的姿勢知覺。我們必須盡快重複這種最緊密的姿勢，它也是最具彈性與落下勢能的姿勢。所謂的「緊密」正是關鍵跑姿的特徵，此時身體的所有部位都離重心的鉛直線很近。因此關鍵跑姿有兩個元素：體重在前足蹠球部，以及身體所有部位都盡可能地靠近身體的中線。

許多跑者誤解這項練習的意義，以為只要臀部（重心）在支撐腳的正上方即可。如果你的上半身（例如肩膀）偏離中心線，你的臀部區域會覺得不適。當你處在正確的關鍵跑姿時，你應該很放鬆不需要特別用力。當你的肩膀前傾、臀部還留在支撐腳上方時，你會很難放鬆，所以使肩膀刻意前傾是一個很好的檢視方式。

不要忘記關鍵跑姿是你向前落下的姿勢。如果你能夠以幾乎不用力的方式向前

落下，就代表你落下前的姿勢正確。你必須誠實面對自己：如果你在向前落下時腳踝感到緊繃，大都是太刻意踮腳或挺胸的結果。

如果沒有人可以幫你檢查跑姿，矯正起來會比較困難，你必須具有更敏銳的內部知覺才能自我修正。自我修正的第一個內部警訊是肌肉的緊繃感，那代表你的關鍵跑姿不正確。如果有任何緊繃感，就該回到單腳站的關鍵跑姿，試著找出最放鬆且平衡的姿勢。

落下的錯誤

「落下」是跑步移動的本質。這必須一再被強調：落下是一種運用重力向前產生動量的動作，它幾乎毫不費力。

你無法透過肌肉力量增加落下的速度。你想的話可以試試看。你會發現我們只能「允許」重力扮演好它自己的角色。

有人可能會這樣想：「但我可以讓腿部加速落下啊」或是「當桌上的東西落下時我可以趕上且抓住它。」但這類思考忽略了很要重的一點，上述兩個例子只是把軀幹當作支撐點來移動身體的某一部分，但若要移動整個身體的重心（例如跑步），你需要外部的支撐。

肌肉是內部的力量，而內力無法移動重心，我們完全只能仰賴重力來移動。要記得：跑步是一種身體重心繞著前足蹠球部轉動的過程，而造成轉動的動力來源是重力。在落下時，肌肉只要出力維持身體的姿勢即可。

關於落下，所有錯誤的源頭都來自同一個誤解：肌肉用力可以加速。跑步加速來自落下，而落下的動力完全來自重力，所以我們無法透過肌肉來加速。必須先想通這一點。例如有些跑者想透過彎腰（肩膀前傾）來加快落下（圖 26.7），但是當肩膀前傾時重心會留在後面，落下速度其實反而會變慢。再說明一次：落下，必須由整個身體一起完成。所以當你只有肩膀向前傾時，身體為了平衡這個姿勢，後腿勢必會被留在身體後方。腿尾巴就是這樣產生的，接著就會如同滾雪球般產生另一個錯誤：拉回太慢，因為彎腰跑代表你的拉起動作都在「臀部後方」完成，而非「臀部下方」。這又會導致跨步與各種運動傷害。

圖 26.7 ⊃ 彎腰跑。有一些姿勢跑法的教練把它稱為「K 地姿勢」。所謂的落下角度是支撐腳與臀部的連線，彎腰跑時臀部反而會留在身體後方。

另一種錯誤也很常見，有些跑者不懂得讓身體自由落下，這些跑者的上半身（主要是肩膀和胸腔）非常僵硬，這種阻止身體向前落下的動作就等同在剎車。通常當跑者無法掌控當下的配速時就會導致上述的結果，而上半身的問題又跟拉起能力不足密切相關，因為腿尾巴可以阻止你落下、花更多時間減速以及使肌肉更緊繃。這時常是下意識害怕加速、不敢體驗艱苦的表現。所以我們必須練習克服落下與加速的恐懼感。

另一種常見的錯誤是在落下時的推蹬動作。這一類的錯誤是跑者在落下的加速階段想透過伸直膝蓋（或腳踝）來推動身體

前進（圖 26.8），跑者應該完全讓重力來牽引身體轉動。推蹬的動作會防礙身體向前轉動的過程。從生物力學的觀點來解釋，跑步是一種透過支撐與「轉動」來進行「水平移動」的運動，轉動與向前加速是同時發生的。這也是姿勢跑法在力學上的主要立基點。所以當我們停止轉動，身體也會停止向前加速。只有保持轉動，才能持續地向前移動；同樣地，想要向前移動就必須讓身體轉動才行，很簡單的道理，不是嗎？

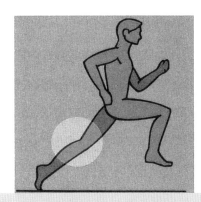

圖 26.8 ⊃ 推蹬動作：當體重還在支撐腳上時刻意主動伸直膝蓋（或腳踝），這是一個不必要的動作。

接著讓我們來討論這個極為重要的問題：該如何矯正落下的錯誤？

這類問題的確特別麻煩，因為落下對跑

者而言是一個「無為」的動作。前面兩章的落下知覺訓練動作，都「不是」練更有力的落下或提升更大的落下角度，而是透過練習「盡量減少落下時用到多餘力量」，訓練上的目標是：不主動參與，完全讓重力接手落下的過程。這是一種刪除法訓練（無為），以去除有為的心思與動作為目標，身心在落下時應該都是自由的。

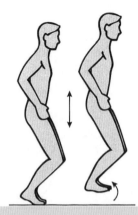

圖 26.9 ⊃ 雙腳彈跳。專心使膝蓋保持在微彎的狀態，雙腳彈起後彎曲角度也要一樣。

接著讓我們來一個一個檢視常見的落下問題：

1. 彎腰跑：這個問題比較容易透過視覺畫面（照片或影片）來修正，只要以臀部為中心畫一鉛直線，檢查軀幹與此直線的相對位置，就能確認偏差的幅度。刻意誇大彎腰的幅度有助你矯正錯誤，當你從滑稽的彎腰角度回到脊柱挺直的姿勢時，就能區別兩者間的差異。

另一種開發正確身體姿勢的方式是雙腳彈跳（圖 26.9）與採取關鍵跑姿的單腳彈跳（圖 26.10），這兩項練習都可以避免彎腰的動作。

接著進階動作是在腳踝上綁彈力繩，雙手高舉繩子的另一端進行雙腳彈跳，在彈跳時你的雙手要同時向上拉（圖

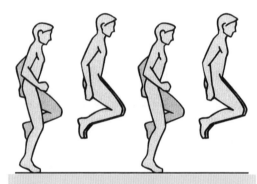

圖 26.10 ⊃ 從關鍵跑姿開始練習單腳彈跳。要確定彈起後身體仍然保持正直的姿勢。

26.11）。另一種難度更高的訓練是把彈力繩的另一端綁在身體前方（圖 26.12），這在訓練身體保持正直的能力。另一種限制你向前彎腰的訓練方式，是把彈力繩高舉過頭向前跑（圖 26.13）。如果你手邊沒有彈力繩，可以試著練習跑下坡，這也有

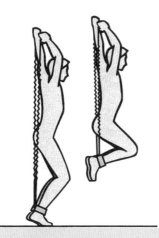

圖 26.11 ⊃ 雙腳綁上彈力繩，另一端高舉
過頭進行連續的雙腳彈跳。在彈跳時你的
雙手要同時向上拉。

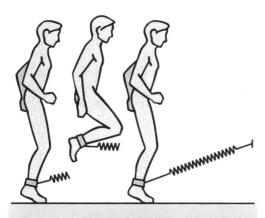

圖 26.12 ⊃ 雙腳綁上彈力繩，另一端綁在
身體前方。這會使你著地時特別不穩定，
所以強迫你維持正確的身體姿勢，使雙腳
落在重心正下方。

助你改善身體前彎的不良跑姿。

2. 上半身過度僵硬，沒有讓身體自由向前
   落下。此錯誤幾乎都跟拉起的技術有

圖 26.13 ⊃ 把彈力繩高舉過頭向前跑。

關。當你沒有能力及時轉換支撐時，就
會對當下的配速感到害怕。從地面及時
拉起腳掌的能力不足時，上半身就不敢
前傾，如此一來，腳掌的著地時間自然
就會增加。為了擺脫這個缺點，你必須
增進拉起腳掌的技巧。

加速跑與向前落下和拉起腳掌兩者的技
巧密切相關，當你的落下角度變得太大
（速度也太快時），你會無法使你的騰空
腳在著地後及時回到臀部下方，所以一著
地就會使向前落下的節奏被中斷（最完美
的狀況是一落下立即進入關鍵跑姿與落下
階段）。

你無法利用肌肉來加快落下的速度。你
必須先把肌肉用力能加速前進的觀念從心

裡拋開。這是一個不用多餘的身體動作或肌力就能完成的動作，你要做的只是：讓身體自由向前落下。所以錯誤主要來自內心，你心理上必須先接受落下不是你能控制的。

最常聽到的問題是：落下是如何提升速度的。答案是利用重力使身體透過自由落體的現象來加速。起跑前的第一次落下使我們獲得速度，為了維持速度和動量，接下來的每一步都要持續落下，一而再，再而三的換腳支撐，然後向前落下。

拉起的錯誤

拉起是所有跑步的物理動作之所以能接續發生的關鍵。

拉起是為了轉換支撐。從地面拉起腳掌是為了創造下一次的落下，有了落下才能彌補損失的速度，進而維持等速前進。

拉起的「標準」是：無論配速為何，腳掌要在落地後拉到臀部的正下方。腳掌離地的高度不是很重要，關鍵是支撐期的騰空腳必須一直留在臀部正下方。

慢跑時，腳掌上拉的高度比較低（但仍在臀部下方）；當速度變快時，腳掌上拉變高了，更接近臀部。但腳掌離地的高度只是速度提升後身體為了避免跌倒的結果，不用刻意用力增加高度。

拉起的主要錯誤，是腳掌落地後騰空腿還在臀部後方，沒有及時拉到臀部正下方（圖 26.1、26.2）。這是因為錯過拉起的時機，或是完全不記得要拉起腳掌。

在分析了數百位姿勢跑法的學員後，我們發現許多跑者都覺得他們在跑步過程中有拉起腳掌，但一看影片就破功了，絕大多數在騰空後都沒有做拉起腳掌的動作，所以落地後騰空腳都不在臀部下方，甚至離得很遠。大都是因為沒有特別訓練後大腿的緣故。在某些速度下可以透過延緩落下來改善拉太慢的問題，但當速度加快時問題就會變得更嚴重。

要矯正拉起的問題，只要從一個很簡單的想法下手，那就是：想著在臀部正下方拉起腳掌。你必須透過前幾章的技術動作把拉起的知覺練到很高的水準。

如果你注意觀察頂尖跑者腳掌騰空時的移動軌跡，會發現很接近橢圓形（圖26.14）。但這個軌跡不是跑者們刻意做出來的，它只是從地面拉起腳掌的結果，不

要被我們看到的表象所誤導。為了達到完美的拉起動作，你必須在心裡面先具備正確的知覺意象：騰空後直接從地面拉起腳掌。所有拉起的練習都是在開發同一個知覺，因為唯有當騰空腳在臀部正下方時身體才能向前落下加速。

圖 26.14 ⊃ 騰空腳離地後在空中形成的軌跡接近橢圓形。上方的直線用來表示上半身的位置與前傾的幅度。用這張圖來理解一個很重要的概念：菁英跑者的動作幅度看起來很大（尤其是短距離跑者），但大幅度的動作並非速度的「起因」，而只是技術與速度的「成分」之一。換句話說，他們並不是刻意在空中跨大步（兩腳分得很開），騰空後兩腳分開是速度和技術所造成的結果。跑者實際上只要直上直下拉起腳掌即可。[1]

　　第二常見的問題是用抬膝與抬大腿的方式使腳掌離地（圖 26.15）。請注意，過去我們從未提到拉起大腿或膝蓋，注意力只放在腳掌上。這也是為何我們使用彈力

繩訓練時都綁在腳踝（圖 26.16）而非膝蓋。在練習下面的動作時若能加上彈力繩，你必須更刻意與用力從地面拉起腳掌，這對強化拉起的力量與知覺很有效。

圖26.15 ⊃ 主動用前大腿抬膝是不正確的拉起動作，這個動作也跟常見的「高抬膝」訓練有關。

　　訓練拉起知覺與力量的方式很多，可以在腳踝上負重（圖 26.17）、綁彈力繩（圖 26.18）、在健身器材上練（圖 26.19）或請訓練夥伴協助（圖 26.20）。這些訓練可以同時開發拉起腳掌的知覺與後大腿的肌力。許多業餘跑者不會運用後大腿，因此對於拉起腳掌的知覺非常差。

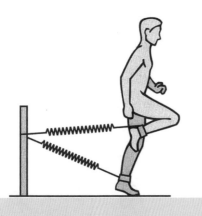

圖 26.16 ⊃ 腳踝綁上彈力繩的訓練方式。

圖 26.18 ⊃ 腳踝綁上彈力繩的拉起訓練。落地後的支撐腳在前腳上，後腳必須一直克服向後的拉力。

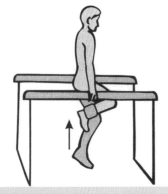

圖 26.17 ⊃ 在腳踝上負重進行拉起的肌力訓練。

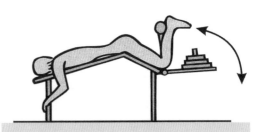

圖 26.19 ⊃ 在健身器材上練拉起腳掌。

著地時的錯誤

著地也會有錯誤？我們必然會著地，所以會發生什麼問題呢？對跑者來說，殺傷力最大的問題即是用腳跟著地（圖 26.21），而這個問題或多或少都跟「足

圖 26.20 ⊃ 在夥伴的阻力下練拉起，施加在腳踝處的阻力應該是可動態調整的。

194　Pose Method 游、騎、跑三項運動技術

背屈」（dorsiflexion）有關，也就是足尖上翹、足背屈向小腿。其他的錯誤還有著地時重量壓在腳掌外側，一般稱為「足內翻」（supination，圖 26.22），或是重量壓在腳掌的內側，一般稱為「足外翻」（overpronation，圖 26.23）。

圖 26.21 ⊃ 著地時腳掌跑到重心前方。

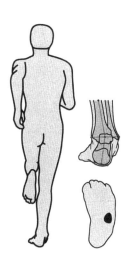

圖 26.22 ⊃ 以腳掌外側支撐身體的體重——足內翻。

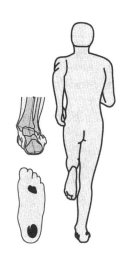

圖 26.23 ⊃ 體重壓在腳掌內側——足外翻。

重新回想一下姿勢跑法的著地標準是什麼？標準是：著地時腳掌要在身體的正下方，而且全身的重量要盡快轉移到前腳掌的蹠球部。

再扮演一次尋錯偵探，因為矯正錯誤的第一步是先確認錯誤所在，以及搞清楚錯誤發生的原因。一般來說，很多人學了姿勢跑法之後會一直想著腳掌要落在臀部正下方，但這是不對的。

一直想著腳掌的著地位置反而會造成錯誤，這種錯誤根植於跑者想要快點安全回到地面的渴望。這可能來自跑者在意識層或潛意識層對安全著陸的需求，這種需求很難抗拒，表現在跑者身上便成了「主動落地」，意思是：用力讓腳掌加速落下，而非讓它自由落下。主動落地的動作即使

在短時間內沒有造成疼痛，但如果繼續這樣跑，疼痛終究會出現。因為它大幅增加了落地時全身所承受的衝擊力道，只透過腳步聲也聽得出這個問題。姿勢跑法的落地應該非常輕，聲音也很小。所以如果聽到腳掌啪、啪、啪的聲音，代表你在該放鬆時還不自覺地用力往下踩。

著地的問題常是因為落下和轉換支撐技巧不足所造成的。這兩種技巧的缺失會使跑者的著地位置無法落在接近臀部的正下方，這會拖延到下一次身體向前落下的時間。這種阻礙落下的舉動，事實上等同於用力在減速。

為何會想多花力氣來減速呢？我們都想加速對吧！但對大多數人來說，儘管放慢還要多花力氣，但放慢速度似乎比較舒適。但這種舒服的感覺其實代價很高，它會浪費很多不必要的能量，而且會使身體增加過多的衝擊。就像開車一樣：如果你把一台 F1 賽車交給開車技巧很差的人，可能很快就會發生慘烈的意外，因為這台超強馬力的賽車，超出他技巧的舒適圈太多了。

跑者也是一樣，如果體能練得很強，但技巧能力不足，就會像剛考到駕照的人開

F1 賽車一樣危險。如果你看到某人技術不好，跑起來很沒效率，但他卻告訴你目前跑起來感覺很舒服，顯然這位跑者不想（或害怕）提升技術水平，只想待在自己的舒適圈。但反過來說，如果想突破個人最佳成績，就必須勇於突破自己覺得舒服的動作，不斷提升自己的技巧。有句諺語說「天助勇者」就是這個意思。

所以最終的問題是：找出自己的問題之後要如何進行矯正？

首先必須了解跑步動作是為了「落下」所以才要「拉起」，反過來就不對了。拉起的本質在於「轉換支撐」，當你把腳拉到臀部下方之後，才能再次向前落下加速。而這一切都跟身體的姿勢有關。

所以我們必須不斷反覆學習拉起和落下的技巧。一連串的拉起與落下訓練都是為了讓你能夠產生體重落在前足蹠球部的特定感覺。也就是說，Pose Method 所有的訓練動作對技術都是有幫助的。你可以先從雙腳原地彈跳開始，接著進到原地跳繩，這些彈跳動作可以幫助你發展前足蹠球部著地的知覺。

接著在腳踝上綁彈力繩，另一端由訓練夥伴拉著一起向前跑（圖 26.24）。在拉

力繩的限制下，腳掌無法跑到身體前方著地，所以正確的著地知覺就能被有效發展。使用彈力繩是練習上拉很好的方式。當你用彈力繩可以做出很好的上拉動作時，在正常跑步動作中也就能做出接近完美的上拉。在每次彈力繩的練習之間，一定要加入 30~40 公尺的慢跑，目的是把開發出來的拉起技術知覺，立即轉換到正常的跑步動作中。

圖 26.25 ⊃ 請訓練夥伴把雙手放在你的肩膀上一起跑，這可以避免垂直振幅，以及強迫你的身體一直保持著優秀跑姿。

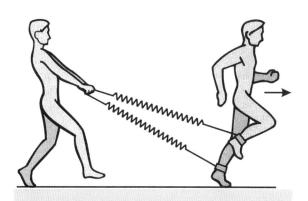

圖 26.24 ⊃ 由訓練夥伴拉著綁在你腳踝上的彈力繩，一起向前跑。

另一個拉起訓練，是請訓練夥伴把雙手放在你的肩膀上一起跑（圖 26.25）。這樣跑起來好像很彆扭，但這可以避免腳掌向前跨步或拉起太慢（腿尾巴）。因為只要腳拉太慢，就會踢到後方的訓練夥伴。

上述動作的目的都是使你的身體一直保持著關鍵跑姿，不會走樣。這就是姿勢跑法的架構：單純只是一步接著一步，從起跑點到終點，不斷地重複關鍵跑姿、落下與拉起。

有些人是因為疼痛或受傷才開始接觸姿勢跑法與找到自己的錯誤，有些人則是靠敏銳的知覺發現自己跑步沒效率的原因，但不論是用哪種方式找到問題，你都必須了解所有錯誤的跑姿都是因為偏離標準造成的（偏離姿勢跑法的標準）。不論偏差是小是大，都要立即矯正，不然它會導致更嚴重的錯誤。動作裡的每個元素都互相串連，所以錯誤會有向外延伸的傾向。

每一種技術上的錯誤都牽涉到一些心理層面，有的是對理論產生誤解，有的是知

覺上的錯誤。花時間了解 Pose Method 的理論邏輯是第一步，接著逐步開發技術的知覺，有了知識與知覺的基礎之後，再朝更高難度的技術與力量努力，這條跑步技術之道將引你邁向跑得更遠、更快與不會受傷的人生。

譯注：

1. 因為腳掌落地後支撐腳的速度瞬間變成零，而臀部和身體的其他部位仍在前進，所以支撐腳在離地前會被留在身體後方，這就是跑者在騰空期兩腳會分開的原因。

第 27 章

訓練過程中技術所扮演的角色

我們由反覆的行為所構成；傑出，不在於行為，而在於習慣。

——亞里斯多德

到了該在你腦中播放另一種運動畫面的時候了。閉上你的眼睛，想像一位跳水員準備從三公尺高的跳台上一躍而下。這位特別的跳水員很嚴肅，充滿犧牲奉獻的決心，但他的跳水技巧很差。他要做的動作是「抱膝團身向前翻騰兩周半」，難度係數 2.2，就係數來看，其實是一個很基本的跳水動作。

但因為他缺乏良好的技巧，團身的時候膝蓋抱得不夠緊，限制了科氏力，使得他旋轉過慢，轉完兩周半打開身體準備入水時已經來不及了，接著「啪」一聲，臉部先落水。那可是很痛的！如果他一再的上跳台重複差勁的技巧與忍受臉部落水的痛苦，你應該會感到十分訝異吧。你或許會佩服他堅忍不拔的強大意志，但結果卻像一場災難。

他繼續忍痛練習，過了一陣子之後，你開始對他的頑強感到欽佩，但你也會覺得他很傻，怎麼不去學習正確的跳水技巧而自己亂練。你也會這麼想：如果能學習怎麼跳水，就能避免疼痛，也會跳得更好。但很不幸的，這位你想像中的跳水選手有不同的想法，他認為只要有恆心與毅力，不斷地重複跳，一定可以變成一位優秀的跳水運動員。

當然，你也很清楚，不斷重複錯誤顯然無法使這位跳水員變得更厲害，只會使他的臉變得更紅，而且永遠不會跳得更好。

聽起來很熟悉嗎？有數百萬的跑者只是辛勤地累積跑量，戴著心率錶進行訓練與參加路跑或鐵人比賽，但卻從不在意自己

的技術，如果你也是這樣，那不就跟這位不幸的跳水員很像嗎？

這也是為什麼有超過百分之八十的跑者每年至少會受傷一次，那絕不是因為跑步有害健康，而是大部分的跑者不懂得正確的跑步技巧，在不斷重複相同的錯誤下，疼痛與傷害也一再發生。

過去一直被遺忘的跑步技術

眾多跟跑步有關的訓練文獻與著作，幾乎都在談訓練計畫、間歇訓練、肌力訓練、心率訓練法等，只有一件事很少有人討論，那就是跑步技術。[1]所以後果是：跑者們選定一份訓練計畫，努力把它吃完，直到受傷被迫休息；恢復後再重新回到訓練，然後不斷受傷、休息、再回過頭來訓練。同樣的事情一再重複發生。這不是很傻嗎？

下面是 Pose Method 的結論：訓練的效果只在身體能維持最佳跑步技術的這段時間裡。你一定常看到類似的例子，世界上的馬拉松冠軍選手，一路都維持著同樣的跑姿，他／她們在跑步時的動作幅度通常很小。電視轉播員總是試著從畫面中找尋誰能從逐漸減速的領先集團中脫穎而出，他們的預測原則是：誰的跑姿還沒開始走樣，誰就能領先到最後。

「跑姿」比跑步訓練中的其他元素都來得重要，所以追求完美的跑姿是最重要的事。只要能接受這個道理，重新建立你對訓練的觀點以及把技術訓練提到優先順位，就變得比較容易了。這並不是指其他訓練不重要，肌力訓練、間歇訓練、跑量、心率甚至營養和休息，都是讓你在長距離或高速下仍能維持優秀技術的要素。

這一切都要回到體育的核心：跑步就像跳水、溜冰、撐桿跳或其他運動一樣，都是一種需要技巧的運動。

在訓練的過程中沒有什麼比「一直維持」最佳跑姿更重要的事了。事實上，本章的標題〈訓練過程中技術所扮演的角色〉應該把「訓練」和「技術」兩個詞倒過來，改成：〈在技術開發的過程中訓練所扮演的角色〉，因為這才是正確的優先順序。

一旦你把所有的訓練都當成支撐優秀技術的手段，你整個訓練概念都會改變。不論是世界級的菁英或是分組常勝軍，大多

數的跑者與鐵人都是自主訓練：自己當自己的教練。

不論是獨練或參加團練，即使現場有教練協助，大多數的時間都花在體能訓練上。拜網際網路之賜，就算教練在其他國家，運動員也能接受指導；距離近一點的教練也許每週能見面指導一次。這種以線上訓練為主的指導模式，主要是利用數據分析（請運動員上傳訓練數據，教練在遠端透過數據分析來提供訓練指導），但嚴重欠缺技術方面的指導。

即使教練和選手都懂得正確的跑步技術，但這種訓練方式最終還是專注在數據與圖表上，因為他們的關係就是建立在這些數據上面。

想像一下，如果跳水選手和教練只是透過網路進行訓練會產生怎樣的對話。「今天練得如何？」教練在線上問，選手回說：「不錯！教練，我今天練了 3 組翻騰兩周半的動作，每組之間休息 30 秒。我的臉有點腫，但其他都還好。」教練說：「好，明天休息，星期五我們增加到 5 組，把休息時間減 20 秒。」

你一定覺得很荒唐，對吧！但這就像一份跑步訓練計畫，不把「技術」當成核心

價值一樣不合理。這正是跑步訓練的普遍現況，從入門跑者到菁英選手大都只看重課表的量，而不注重動作的品質。

把技術當作所有訓練課表的中心

要了解如何才能翻轉目前的現況以及把技術當作所有訓練課表的中心，最有效的做法是深入了解「技術」所扮演的角色。不應該把技術視為訓練的附屬品，有練就好；而是把「技術」想像成一道「閘門」，門要開得夠大，所有的訓練成果（例如心肺能力）才能通過它展現出來。

如果你想要練速度，你的努力也必須透過這道技術之門才能展現出來；如果你想練耐力，也必須通過同一道門。訓練量、強度、最大攝氧量等，不論是哪一種數據，都必須通過這道「技術之門」才能向外展現。

道理其實很簡單：沒有道理強迫自己用差勁的技術來練習，也沒有理由繼續留存這種迂腐想法。所有值得做的事情都值得做得更好。如果你正要出門練跑，不論你打算跑多快或多長，練跑時應該盡可能地

維持完美的跑姿。

訓練的關鍵在於：技術，它是所有能量轉變的中樞。所有的動作都是把能量傳遞到你想移動的方向，移動得愈完美，愈能有效率地運用能量。

從這樣的觀點來看，你應該了解技術在整個訓練過程中有多重要了。你能跑出多快的速度與維持多長的距離，取決於技術動作的品質（穩定與知覺）。

如果你想要使自己的動作徹底獲得改善，不管今天跑的是哪一種課表，都必須在正確的技術動作下練習。為了跑得更長（或更快），你必須很專注，使你的優秀技術能夠維持更長的時間。某些生理因素的確會限制你的表現，但最終你將透過技術開發，使你的體能獲得最極致的展現。

姿勢跑法架構中各個訓練元素之間的階層關係

圖 27.1 所呈現的是姿勢跑法教學架構中，「技術」與其他訓練元素之間的階層關係。技巧在最上面（跟你的運動表現直接相關），最底層是攝氧量（有氧能力）。

這並不代表有氧能力不重要，這張圖的意思是：想要有最頂層的成績表現，就必須將圖中由下到上的每一個元素都訓練到位，不管下方的體能或肌力多強，最終的表現全依跑者的技巧優劣而定，在這樣的邏輯下，有氧能力是為了使身體能夠長期執行正確的技術而存在。

技術是訓練過程的調節閥門，我們的跑步能力最終可以發揮多少全由技術決定。在訓練系統的階層中，技術的位階最高。

每一個你訓練出來的元素，最終都要通過技術才能表現出來。在姿勢跑法中，技術是指：從關鍵跑姿向前落下，落下後把腳掌從地面拉起，接著回到關鍵跑姿，不斷地重複這三角循環。

不論你的體能有多好，如果你無法在特定的時空框架中把腳掌從地面拉起，身體的潛能將無法被有效發揮。所以就算你的有氧能力夠好，也無法被有效地轉移到跑步運動的速度與距離上，等於是在糟蹋自己的體能。

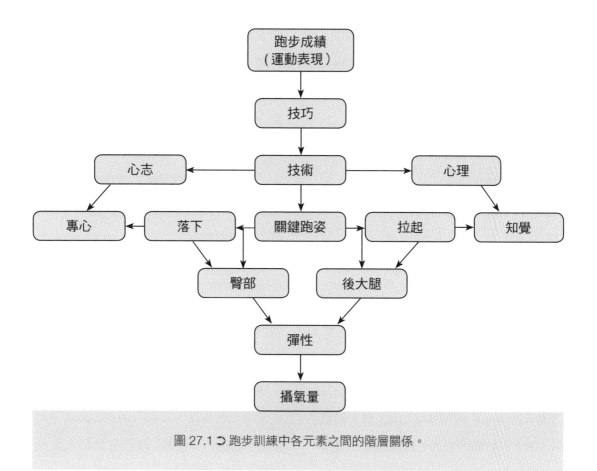

圖 27.1 ○ 跑步訓練中各元素之間的階層關係。

用（重）力與用（氧）氣[2]

我們是動物，每一種動物都要消耗兩種要件：重力和氧氣。技術，是一種移動的技巧，它就像是溝渠，把重力和氧氣的能量轉換到我們想前往的方向。身為跑者，不是只透過肌力與體能（身體內部的能力）來移動，還需要來自重力和氧氣的外部能量，才能向前跑動。

過去我們都認為跑者是靠自己的力量在前進，從沒想過外力才是移動的關鍵。這就像托勒密（Ptolemy）的地心說一樣，在哥白尼證實地球繞著太陽轉之前，古人深信地球是宇宙的中心。因為這是表象，我們看到星辰日月繞著我們旋轉，就以為我們是中心，但現在知道事實並非如此。

跑者並非移動的創造中心。在移動時沒有所謂的「中心」這回事，這是一個錯的觀點，應當從能量不停轉換的觀點來看待移動。為了成為有效的能量轉換站，你必須學會引導外部的能量，如果外部能量不進來，你就無法轉換它。

以跑步為例：如果你沒有向前落下，你就無法用（重）力與用（氧）氣。不落下，身體就會一直留在原地。移動的順序是，先運用重力，接著才用氧氣。你無法只用氧氣而不用重力。重力，像是最上位的統治者，所有的元素都隸屬在它之下。

而所謂的「技術」可以概括成：我們有效運用重力與氧氣的能力，用（重）力與用（氧）氣的效率愈高，技術愈好。而這取決於兩件事：其一，我們是如何感知重力與氧氣的使用過程；其二，我們是如何感知到體重與支撐（這兩者是重力作用在人體身上的表現形式）。

訓練的主要目標

所以「技術訓練」的首要目標，是在發展感受體重的知覺，以及在特定里程與配速的訓練時間裡，一直維持優秀技術的好習慣。我們必須認清維持好的技術是訓練的最主要目標。關於練跑，沒有比發展技術知覺更重要的事了。

可惜的是，如本章開頭提到的，現在都只著重在生理上的訓練（這裡指的生理包括肌力與有氧／無氧等體能訓練）。大多數人都沒有認清：所有的生理系統都是為了服從與運用重力而存在的，沒有重力我們根本無法訓練生理系統的能力。這個概念構築了整個姿勢跑法的訓練體系。至於生理系統的工作量和效能，取決於你技術的優劣程度。

生理系統和技術之間的關係可以用下列例子來說明：假設 A 跑者有世界上最優秀的生理系統，但跑步技術很差，他頂尖的生理系統會因為受限於動作效率而無法完全發揮。因為生理的能力最終還是必須透過技術動作這道門才能展現出來，若優秀技術的門鎖住了，體能與肌力再強也沒用。而且生理系統再強終究有其極限。

我們過去看過太多菁英跑者，因為執著於生理系統的訓練而限制了選手生涯的成績，他／她們從沒想過自己未開發的潛能，正是因為缺少技術知覺的開發訓練。

現在我們來看看另一個例子：跑者 B 的最大攝氧量不高，但跑步技術很好，也一直在深化技術的知覺，所以她能高效利用每一分有氧能力，使她在有限的體能下不斷地進步。

心志在訓練中所扮演的角色

要利用技術來使用重力和氧氣還需要一項關鍵元素：人的心志。它也隸屬於跑步「系統」的一部分，因為我們的所有動作、使用每件事物，都是由心所指引。一個強大、專注的心志將有助我們在轉換能量的過程變得更有效率。

技術不只是身體的動作；跑者的移動都是由大腦執行某些特定「心志模型」的結果，所以「動作」是最終的產物。這個在重力、氧氣與心志共同作用下所形成的主動動作是——拉起腳掌，接著就開始向前跑。

思考到這裡，我們回到核心問題，重新定位你的跑步訓練，開始把技術擺在金字塔的頂端。跑步技術所要練的不過是：提高落下角度與從地面拉起腳掌的速度，簡單說就是增加落下角度與步頻。這兩種技術知覺的開發，是你發揮潛能的首要基本功。

過去你所想到的訓練可能大部分都跟生理因素有關，像呼吸、心率或費力程度等，但這些元素都只是在反應技術動作的優劣程度。當你的技術愈好時，在相同的配速下自然呼吸愈輕鬆，心率也會愈低。

假設你在某種距離和配速下，心率不高，呼吸也很輕鬆，而且你也清楚知道自己落下知覺不足、拉起的速度也不夠快，所以主要目標不應再訓練體能，而是強化落下知覺與加快拉起速度。不用擔心生理系統，當你把技術提升到高水準的同時，體能自然也鍛鍊到了。但如果你的技術很差，以強大的體能進行規律的訓練只會使你更容易受傷，而且因為你無法有效善用自己的體能，所以也絕對無法達到本來該有的水準。

將技術納入平常的訓練課表中

在實踐的路上，以下建議有助於你提升技術，請納入平常的訓練課表中。

不要再去想週跑量該跑多少，而是關心每週的訓練品質如何。這裡的「品質」並不是指強度或速度，而是指你在吃課表時是否有專心在每一步的技術動作上。

在間歇訓練時，不要去擔心每一趟的時間，而是全程專注在自己的跑姿上。尤其許多跑者會在每趟最後的 50 ～ 100 公尺開始掙扎，以求跑到特定的時間。但這時候反而不能用力擺臂或刻意大跨步，要更專注在維持跑姿上，這樣會使你跑更快。

長跑日也要改成分段跑。除了間歇訓練之外，我知道「練跑時不能停下來休息」已經變成世界各地跑者的習慣。但生理學上並沒有任何證據顯示停下來會減低訓練效果，而且站在技術的觀點來看，如果動作走樣了還繼續跑，技術反而會退步。在不休息的長跑中，人很容易進入恍惚狀態，變成只想趕快把里程數跑完而失去該有的注意力。所以只要覺得自己的注意力渙散了，就立刻停下來，走一會兒，做幾個姿勢跑法的訓練動作，當你可以重新集中精神在技術上再開始跑。

在高強度的的課表中，你會很痛苦，心率和呼吸頻率都會飆高警告你要放慢速度，當你要抵抗放慢身體的要求時，想繼續維持速度的意識跟想放慢減輕身體壓力的意識，會開始發生激烈衝突。在最辛苦的時刻，跑者的四肢常會無意間伸出正確跑姿的框架外，膝蓋不再保持微彎，雙腿也會不自覺地伸直膝蓋；此時你的身體會抬得更高、跨得更大步，這一切會使你跑得更辛苦，而且沒有辦法加速（或維持本來的配速）。所以，此時你該做的是重新集中注意力在動作上，在相同配速下回到正確的跑姿。

一星期至少練跑一次（兩次更好），把 GPS 跑錶留在家裡，百分百專注在技術動作上，而且只有技術，什麼都不要管。不去擔心跑了多遠或多快，在此次課表中只專心開發整體的知覺，聆聽腳步聲，確定沒有主動用力踩踏地面。腿部始終保持彎曲，一直感受前足蹠球部與地面接觸的知覺。

在建立優秀跑姿的技術知覺時，有一種很有效率的練習方式：先以你能夠維持的正確跑姿的中等配速跑一小段（自我的知覺感受像是在原地跑一樣），接著開始加速，直到你無法維持跑姿為止（感覺到腳留在後方需要拉回就代表跑姿走樣了）。用心回想與反省「是什麼原因造成跑姿走

樣的呢？」找到可能的原因後簡短休息，接著再試一次。不斷測試自己維持跑姿的極限。藉由這種方式擴展維持正確跑姿的最高速限，將使你在相對較慢的配速下以正確的跑姿跑得更長。

此外，每隔幾日的訓練之後，都要仔細檢視自己的身體，看哪塊肌肉會痠、哪塊骨頭與結締組織會痛。痠與痛代表技術仍有缺點，如果置之不理繼續操練，最終一定會受傷，想練也練不下去了。

了解自己的潛力

依循這樣的邏輯，你一樣可以照著目前的計畫繼續訓練，只是把技術動作排在課表的最優先順位。你能夠跑出的距離和配速，受限於落下、拉起的速度與最底層的生理系統。你的心志是把這一切整合在一起的關鍵元素，就像膠水一樣。

所以剛開始練技術時，「我該跑多遠呢？」答案很簡單：只要你能一直維持拉起的速度，使騰空腳腳掌在另一隻腳落地時立即回到臀部「下方」，你就可以一直跑下去，想跑多遠都可以。但反過來說，

如果你感覺到腳掌跑到臀部「後方」去了，就應該立刻停下來。

一開始改動作時，許多人會問「我可以跑多快呢？」答案一樣：只要你拉起得夠快，使騰空腳腳掌在另一隻腳落地的瞬間及時回到臀部下方，你就可以繼續維持目前的速度，如果不行就該放慢，因為配速愈快會愈容易形成腿尾巴。此外，透過生理上的訊息，你也可以分辨身體是否有足夠的能量來支持你落下和拉起。

顯然，跑者還是需要具備一些特別開發的肌力，才能有效地向前落下與拉起腳掌。如同圖 27.1 所列的階層，在這些層層相關的元素當中，力量訓練也很重要。跟落下相關的是臀部的肌力；跟拉起相關的則是後大腿的肌力。此外，轉換支撐的能力則跟肌肉肌腱（與筋膜等其他結締組織）的彈力與臀部和後大腿的肌力有關。所以跑步的訓練課表中必須同時包含這些跑步肌力的專項訓練動作，最終的表現才能持續精進。

現在你應該很清楚 Pose Method 訓練進路跟傳統的模式很不一樣，所有的課表都要奠基在技術上。發展高度的技巧變成訓練過程中最主要的元素。訓練技巧的目的

是：使你能更有效率地運用重力與消耗氧氣，跑步經濟性提升的同時，疼痛與傷害也會跟著下降。跑得更遠與更快只是隨之而來的結果。你也必須從這個觀點來看待跑步訓練，才能完全發揮自己的潛能，達到自己的巔峰。

譯注：

1. 本書於二〇〇八年出版，當時還沒有任何一本談論跑步技術的專書。
2. 中國的太極拳中有一句很有名的心法：「心與意合，意與氣合，氣與力合。」跟作者此處所要傳達的訓練哲理相當吻合。

Part 5

騎行技術

第 28 章

騎行技術初步介紹

地圖並非實際的疆域。

——阿爾弗雷德·科斯基（Alfred Korzybski，波蘭語言學家）

在地球上任何一個國家的停車場、一般道路、泥土路、修剪整齊的草地上都可以看到這樣的場景：父母帶著孩子騎在兩個輪子、一個坐墊和一根車手把的物體上練習。這個物體是自行車，人類最普遍的移動工具之一。

就我的觀察，父母親像個急於求成的老師，教學的口令總是大同小異：「用力踩、用力蹬、不要停。」小朋友在這樣的壓力下學騎車總是很惶恐。教的人很了解一直踩才能維持平衡，而學的人卻很怕車子移動太快會跌倒。

當孩子開竅的時，大家都開懷笑了。驕傲的父母容光煥發，更加確信「孩子本來就有騎車的潛能」。孩子也流露出洋溢的笑容，接下來十年，可能少有其他經歷，

圖 28.1 ⊃ 羅曼諾夫博士站在自行車博物館裡的一輛老車旁邊。

比得上自行車運動所帶來的自由、刺激與純粹的喜悅之感；而且會騎自行車之後，靠自身力量就能到達的區域開始擴大，眼界更廣，世界相對變得愈來愈小。

在第一次成功上路的美好回憶之後，會有許多強制性的規定要遵守，像靠右邊騎

（英國、澳洲和南非要靠左）、騎在路肩上、遵守交通號誌、注意車子、天黑前騎回家。這樣孩子就算知道怎麼騎車了。

大多數的人就此停止學習，因為一旦會騎後便忘不了，所以不會有人想要指導別人騎車的技巧。

當這些小朋友長大成為自行車手或鐵人選手時，也很少想到要去重新學習踩踏技巧，只知道要學如何換檔和訓練。或是只想找一台名牌車款，使車子變得更輕、零組件更高級、換最新的休息把與風阻最小的輪組，也會像職業選手一樣，把車錶裝上去，逐步累積訓練里程數。

新手們總是很關心訓練的里程數，每週的訓練量從 100、200 到 300 英里，甚至更多，但卻從沒想到要提升騎車的技術。大部分的車手都認為踩踏技術是沒有進步空間的。畢竟，兩隻腳都被限制在同一個固定的圈圈裡，每個人的動作都一樣，不是嗎？想要騎得更快，要不是換重檔，不然就是踩快一點，還有其他方法嗎？

的確有些人想要試著透過提升技術來進步，但在進入這個領域之後，即使是腦袋清晰的思想家也會被眾多的理論與訓練法搞混。例如「畫圓」的踩踏技術是最常聽到的，此技術強調力量要平均分擔在 306° 的每一個點上。你可以試試看，做起來的感覺好像從鞋子底部刮下泥土。在同一套理論下的訓練法是「單腳踩踏」，這是為了讓你感覺到上拉的動作，以及練習靠上拉的力量驅動後輪，或者透過練習使你「相信」能靠拉動踏板來加速。

另一種建議方式，是在集團時迴轉速要達到 90 轉／分，但在計時賽或鐵人賽中要用更重的齒盤，維持在 75~80 轉／分。練多一點、踩重一點、騎快一點，不久後你就有機會站上分齡組的頒獎台，很多人都聽過這樣的建議，對吧？

但最終你可能因為屁股痛、鐵腿、家庭失和或是一直練都沒進步而想停練一陣子。但這些問題會使你重新回到所有運動項目都該思考的核心問題：是否存在唯一的、可定義的最佳騎行方式。簡單回答：存在！

最佳的騎行方式不僅存在，而且只要你願意花時間投入踩踏技術的訓練，你所能獲得的效益，將比你用沒有訓練過的騎行技巧壓上數百公里的馬路大多了。

第29章

簡單系統裡的複雜性

靠邏輯只能發現不靠邏輯即已發現的真理。

—— G・K・卻斯特頓（G・K・Chesterton，英國作家）

在耐力運動中，自行車是效率最高的移動方式。當我們只看游、騎、跑這三項運動，騎自行車的效率之高就變得很明顯：在消耗同樣的體力下，騎車的移動效率是跑步的三倍，游泳的十倍之多。

若我們擴大看人類所有的移動方式，自行車當然比不過汽車、火車或飛機的移動速度，但到了移動人口數量龐大的都會區，在減少非再生能源的功勞上，沒有其他交通工具比得過自行車，自行車是最環保的移動方式。

自行車是人類工程史上的一項奇蹟（圖29.1）。騎士和自行車合成一體在路上飛馳的畫面如此優雅。所以自行車的移動並非騎士單獨對車做了什麼，而是騎士與車兩者一起合作的結果。在某種意義上，騎士和自行車的結合就像是人類史上的第一個「賽博格」（cyborg，人機結合體，目的是藉由人工科技來增加或強化生物體的能力）。不管自行車多麼高級，若車上沒有騎士，再好的車也騎不出速度。

圖 29.1 ⊃ 一般的公路車。

如果人沒有騎腳踏車，除了全力衝刺的跑者之外，一般人大概只能維持時速

12 ～ 16 公里的前進速度（目前世界上的菁英跑者可以維持時速 20 ～ 22 公里跑完全馬）。所以，當我們討論騎行技巧時，要談的是人跟自行車如何以最有效率的方式「一起前進」。

我們不只要考慮力學上的效率，還必須從解剖學與空氣阻力上取得平衡。除了看得到的人車結構，騎行技術的研究清單中位階最高的是騎士心理，它一直都是最重要的。

哇！騎自行車表面上看來非常單純，但內含的藝術（或科學）卻極其複雜。或許這正解釋了其中的矛盾，踩踏的動作很簡單，但不論從力學還是心理學的觀點來研究，關於踩踏技巧本身的動作問題，仍然懸而未解。

如果你開始研究騎行技術的文獻，會發現大部分的資料都圍繞在轉動一圈的踩踏力學分析上，較少從騎士與自行車的互動關係來說明如何踩踏才能提升整體的騎行表現。[1]

所以，我們討論自行車踩踏技術的起點是：把人／車當成一體的系統，再從與外在環境之間的互動關係來研究。討論過程中，我們要專注在重力、平衡與運用體重

的最佳方式上，這正是發展踩踏技術的主要切點。

你現在心裡一定在想：重力、平衡與體重跟騎得更快有什麼關係？

有的，關係可大了！

試著這樣看。因為重力向下的牽引力量使我們有了體重。這股地心引力使物體留在原地，除非有某些動作使體重被重新分配。換言之，除非失去平衡，不然所有的物體在支撐點穩固的情況下都會留在原位。

想像一下這個特別姿勢（圖 29.2）：你的雙腳都上卡，一隻腳在三點、另一隻腳在九鐘方向，站在踏板上保持平衡不動，這在自行車界叫做「定杆」（track stand），如果你的平衡感不夠好，可能很快就會摔倒。是的，定杆這個動作大多數人都做得不太好。

但你不想摔倒，而是想跟車子一起向前進。所以你會怎麼做？大部分的人會回答：把三點鐘方向的踏板用力往下踩，踏板被用力往下壓之後，大盤與鏈條會轉動，進而帶動後方的飛輪，後輪轉動使整台車和你一起向前進。

但問題是：你並無法單純靠下踩的動作

圖 29.2 ⊃ 騎行的關鍵姿勢（關鍵騎姿）。

你知道了，這是一個很簡單的動作，轉移體重的支撐點，你在自行車上不只要學會控制前進的方向，還要從根本上改變你對自行車踩踏的觀念：弄清楚自行車真正前進的動力來自何處。你先前對騎車的認知可能是艱苦的下踩與上拉，透過人力來驅動踏板、鏈條等傳動系統來讓車子向前。現在，你可以從人車一起在時空中穿梭的觀點來解讀：騎車只不過是身體在支撐點（左右兩個踏板）上快速取得平衡與創造失衡的重複動作。

來驅動三點鐘方向的踏板。為何不行呢？別忘記，此時定杆的你正保持完美的平衡，而平衡的意義是體重平均分擔在兩個踏板上。所以此時不論你自認有多強壯，在穩定且平衡的狀態下，踏板無法被你往下踩。

為了前進，你必須創造失衡，把九點鐘方向踏板上的體重盡量轉移到三點鐘方向。要做到這點，必須使後方的踏板產生失重（圖 29.3），才能有更多的體重轉移到前方的踏板上，這才是使鏈條轉動與車子前進的原因。前進不是因為主動下踩踏板；[2] 事實上，你根本無法向下踩。現在

後方踏板失重

圖 29.3 ⊃ 當你換腳支撐體重時，後腳會自動發生失重現象。不用刻意用力把腳往上拉，只要把體重轉移到另一邊即可，你只是在兩個踏板上轉換體重的支撐點，僅此而已。

從生物力學來看，之前的觀念是把力量平均分擔在 360° 的踏板與曲柄上。在此觀點下，腿部負責所有的工作，透過下踩與上拉來驅動車子前進。現在我們要提供一個新的力學觀點：腿部只是轉移體重的中繼傳遞站，我們透過雙腿把體重轉移到踏板上，車子因此前進；而體重來自重力，重力是我們前進的真正動力源頭。

就像人類所有的移動方式一樣，全都可以被簡化成一道非常簡單的公式：身體從支撐點上的平衡姿勢（靜止狀態）失去平衡，進而移動，接著身體轉移到新的支撐點形成另一次的平衡與失衡。

跑步時，支撐點顯然是在腳掌著地時形成的；騎車時，支撐點則是在體重轉移到踏板上時形成的。

騎行技術應當從這種心理與生物力學的觀點來看，如果你把它當成踩踏技術的基礎來訓練，將會以更有效率的方式騎得更快更遠。

關鍵是要用人車一體的角度來看待騎車這件事，這跟跑步不同。所以騎行是：快速反覆地把體重從該踏板轉移到另一個踏板上，藉此不斷地在車上取得平衡與失衡的動作。

我們先把兩個重要的元素擺在一旁：其一是自行車的設計與結構，其二是身體在自行車上的位置是否最具空氣動力效應。除了這兩個元素之外，騎車的效率就只跟你的踩踏技巧有關，即是你的雙腳在那一圈又一圈的 360° 之中運轉的藝術了。

不用太意外，踩踏技巧中最重要的就是精準的「功率」輸出。不論是透過正規的爬坡訓練、重量訓練或是以不合法的方式服用禁藥，車手們對於提高功率非常執著。但為了充分發揮功率的效用，我們首先要了解何謂功率。

功率，是一個物理上的術語，它所代表的意義是：在單位時間內所作的功。公式很簡單：

$P = W/t = Fv$

P：功率

W：功

t：時間

F：力

v：速度

在旋轉系統中，以自行車的踏板來說，功率是由「力矩」和「角速度」的乘積所決定：

$P = Fd \cdot \omega$

F：力

d：力臂

ω：角速度

上述公式中角速度的定義是單位時間裡踏板旋轉經過的角度（即是「迴轉速」）；而「力矩」則是「力」（F）與力臂（d）的乘積：

M（F）=Fd

迴轉速（在車錶中常簡稱為 rpm），即是單位時間裡踏板旋轉的圈數：

T=n/t

T：迴轉速

n：轉動的圈數

t：時間

因此，當力矩愈大或迴轉速愈快，輸出的功率也愈大。所以，提升踩踏技巧跟更高的功率輸出、更大的力矩與更快的踩踏迴轉速有關。

最後，在你提出心中的問題之前我先做回應：最佳化的騎乘姿勢必須同時有助於踩踏效率與低風阻騎姿，這兩者必須串聯起來思考。換句話說，最佳的騎姿除了風阻要低之外，也要能使你有效地運用重力把體重轉移到踏板上。因為體重就是力的根源。

我們又該如何定義最佳的騎乘姿勢呢？下面兩章，我們將分別從力矩和迴轉速這兩個概念來討論，接著再看這兩個概念如何聯結在一起。我們會一步一步引導你了解最佳的騎乘姿勢是怎麼來的。

譯注：

1. 本書於二〇〇八年出版，在此之前幾乎沒有關於騎行技術的專書。

2. 就像兩個體重一樣的小朋友站在翹翹板兩端保持平衡一樣，此時右邊的小朋友並無法透過踩踏來下降，唯有叫左邊的小朋友跳起來創造失重之後，他自身的體重才能把翹翹板往下壓。

第 30 章

自行車的踩踏力矩

關於科學，最重要的不是獲取新知，而是去發現新的思考角度。

——威廉・布拉格爵士（Sir William Bragg，英國物理學家）

好，我們先來打破一條迷思。只要你著手翻閱現行的自行車踩踏技術文獻，一定會找到「把踏板往上拉以及畫圓」的建議，這是指在 360° 的踏板上持續輸出功率。你會想：「那樣踩當然比較有效率，如果我能在整圈踏板上都用力，就能變成更好的車手。」

你可能已經試過，也下工夫練習單腳畫

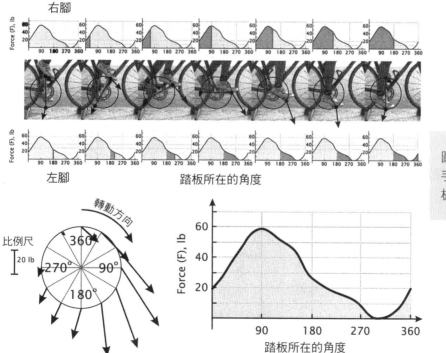

圖 30.1 ⊃ 某位車手在騎行過程中踏板上的力矩數據。

圓踩踏，專心想在六點鐘方向的下死點把踏板快速往上拉；你可能也一再試著說服自己：我已掌握踩踏的技巧了，因為我能夠在整圈的踏板上用力，的確成為更優的車手了。

但願你真的能透過這樣的認知與訓練變得更強。你必須知道透過畫圓踩踏來平均輸出功率只是幻覺。大部分的車手認為自己是以畫圓的方式在踩踏，但仔細看他們踩踏力矩變化的圖表之後會發現（圖30.1），在踏板上升的過程中完全沒有輸出任何功率（180~360°之間都是正向力矩，沒有負向力矩，負值代表力矩方向朝上）。多數車手堅稱他們的確有向上用力，因為他們感覺到了。為什麼他們的感覺跟研究數據不符呢？可能他們「感覺」到的只是阻力，並非真正有效輸出的功率。

當你深入思考，就很容易了解圖表中所呈現的是一個合理現象，我們不可能在用力往下的同時向上拉，為何呢？因為我們的好朋友：重力。

假設你是體重68公斤的車手，當你右邊的踏板來到一點鐘方向時，你很有效率地把大部分的體重轉移過去。記得重力加

速度是多少吧？每秒9.8公尺，就是這股自然的加速度把你在一點鐘方向的腳掌和踏板往下拉向地球。當你的動作與體重持續向下加速時（圖30.2），又有哪一種力量可以同時在七點鐘方向（左踏板）透過上拉產生功率呢？你可能會認為寶貴的後大腿就是這個超級英雄，把踏板拉得比下踩還快。

圖30.2 ⊃ 當踏板分別位於一點與七點鐘方向時。

抱歉，這件事根本不會發生。

我們在此談的是基本物理；我們討論的是力矩。

大部分的人都知道在一圈的踩踏行程中，最大力矩區段發生在30~120°，也就

是一點到四點鐘方向。這是很直觀的結果，這也能幫助我們了解為何無法透過上拉來加速。在 360° 的行程中，只有在這 90° 的框框裡，我們才能用最有效的方式輸出功率，也才可以真正透過踏板踩出獎牌；或者說獎牌只在這個區段的踏板上（圖 30.3）。

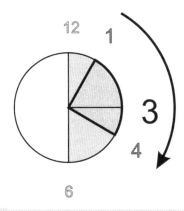

圖 30.3 ⊃ 以其中一邊的踏板來看，最大的力矩發生在一點到四點鐘這段 90° 的行程中。

為什麼呢？回到物理來解釋，當踏板來到 90° 時（三點鐘方向），踩踏的槓杆有了最長的有效力臂，在相同的力量下力臂愈長代表功率愈大。因此，三點鐘方向是這個踩踏行程中力矩最大的位置，我們用下面的公式來解釋：

M（F）=Fd

F 是體重（mg），體重由重力（g）而來。

d 是力臂。力必須與力臂垂直才能形成力矩，所以相同的體重（F）壓在 12 點鐘方向的踏板上時，有效力臂（d）為零，力矩（M）也會等於零。

所以一點到四點是最佳的用力時機，而且三點鐘是關鍵，因為在這個位置能創造最大的力矩。但上述的知識如何讓我們找到最佳的騎乘姿勢呢？

首先，我們必須找出一個方法使所有的力量都能有效地轉換成力矩。而這個能有效轉換成力矩的甜蜜點，就在一到四點鐘方向。接著就帶出了前面提到「用力時機」的概念。我們心裡只需要了解最大的力氣要花在一到四點鐘方向，但要實際運用這個知識可又是另外一回事了，特別是在高轉速和疲勞時更難做到。當車手的腦袋裡還必須思考戰術和應付地形變化時，精準地用力就變得更難了。

把坐墊往前移得比傳統的設定更多一些，有助於你在踏板上抓準用力的時機，因為這樣能使車手的重量更容易落在踏板的正上方。從蘭斯・阿姆斯壯（Lance Armstrong）的騎乘姿勢可以簡單確認這個概念。這位七次環法賽冠軍得主的坐

墊，顯然比大部分的車手更往前移一些，此種設定使他在各種地形都能維持較高的轉速，你可以從他的公路車和計時車車架上的設定看出這項特點。在《高科技騎行》（*High-Tech Cycling*）這本書中就提到：「有趣的是，阿姆斯壯的坐墊位置比普遍採用的位置更靠前面。」[1]

圖 30.4 ⊃ 阿姆斯壯的騎行姿勢。

正如同上述所言，這個坐墊位置向前移的姿勢，可以減低踩踏時臀部和胸口之間的負面交互作用。最明顯的證據是比賽中車手用力加速時的姿勢，你會發現這些車手不管在攻擊或爬上陡坡時，都會下意識的把身體往前移，這樣做的目的正是把更多的體重轉移到踏板上。

這有點諷刺，因為在比賽關鍵時刻，車手反而會採取原本拒絕的相對「放鬆」的騎姿。但從頭到尾都以這個完美姿勢來騎乘，而非只在加速時才調整，不是比較合理嗎？

所以，為了能夠精準地掌握最大功率輸出的用力位置，我們會把坐墊位置調整到雙腿能在踏板來到三點鐘方向時完美地「作功」。所以坐墊的高度應該讓腿部在三點鐘方向有一個較佳的施力角度，太彎或太直，都會使雙腿無法有效地將體重轉移到三點鐘方向的踏板上，這會剝奪腿部在關鍵點上傳送力量的能力。此外，當腿部在三點鐘方向上太直時，腳就必須刻意「伸」到六點鐘方向，那會使迴轉速明顯下降。

調整好坐墊高度和前後位置，接下來要選擇的是龍頭的長度和手把的高度。調整的目標是在手臂和肩膀沒有太多壓力下，騎乘時的風阻降到最低，同時身體在坐墊和踏板上還能有良好的平衡。這個部分將在第三十八章再仔細討論。

我們已經把車子調整到較為舒適的狀態了，現在回到一開始討論的問題：到底該怎麼驅動踏板？換個方式問：我們在踏板

上所用力量的來自何處？

從側面觀察車手騎乘時，我們看到的是車手先屈腿再用肌肉的力量蹬伸，把踏板往地面的方向推，這很容易形成用力蹬踏才能加速的結論。

但表象有時會騙人。有沒有可能把車子往前推的力量，並非來自向下推蹬踏板的動作？

我們為答案提供一點暗示，這暗示來自思想家亞里斯多德，[2] 他曾在物理上提出一項基本的移動原則：「當身體的某部分正在移動，另一部分則必定處於靜止狀態；而那個移動的部分必先將『支撐』它本身之後才能開始移動。」

要把這項原則運用在踩踏上，必須先了解身體要有「支撐」存在，才能把「力量」運用在踏板上。因為在自行車上我們只能透過踏板「施力」，從上述的邏輯推演下來，驅動踏板的就是我們的體重，當踏板來到一點到四點鐘方向時，能夠把愈多比例的體重轉移到踏板的正上方，驅動踏板的動力就愈大。換句話說，驅動自行車前進所需要的力量來自於我們的體重。

好了，現在我們已經有了基本的概念了。繼亞里斯多德之後，我們接著來談牛頓和其備受喜愛的第三運動定律。根據此項定律，當我們向下推蹬踏板時，踏板也會同時對你的腳掌施予大小相同的力（圖30.5）。

踏板上的反作用力

Pedal Reaction

體重 Body Weight

圖 30.5 ⊃ 把牛頓第三運動定律運用在踩踏動作中。

在這個明顯的僵局中，由什麼決定最終的贏家呢？「支撐」，當然還有「體重」。當踏板上的阻力小於車手主動轉移到踏板上的體重時，踏板將向下移動，同時驅動後輪，推動車手前進。

為了使體重與支撐的概念更容易了解，下面以真實世界的情況為例：想像你在陌生的路線上剛換到大盤，轉彎後突然碰到陡坡，此時踏板上的阻力大於你分配到踏

板上的體重，會發生什麼事呢？大盤和陡坡共同形成的阻力使你很難往下踩，所以你會離開坐墊，站起來騎。

乍看之下，站起來離開坐墊似乎是你自行決定要更用力踩踏板。其實不是。事實上是阻力太大，使你不得不離開坐墊，接著這個臀部離開坐墊的新姿勢，才能把更多的體重轉移到踏板上；此時儘管配速大幅下降，但你仍可繼續騎上陡坡。

接著你很可能會立刻變速，降低數個檔位才能回到坐姿。現在，挑戰變成回到較高的迴轉速以及加速爬上坡。

腿部的功能只是把體重轉移到踏板上。腿部只是體重的「傳輸器」，而非創造力量的「推進器」。當你突然轉彎碰到陡坡時，之所以無法踩下踏板並非你的雙腿太虛弱，只是因為此時你和車子無法滿足物理定律：你採取坐姿時所分配到踏板上的體重無法克服踏板上的阻力。

為了滿足物理定律繼續前進，你有兩個選擇：若非把更多的體重分配到踏板上（例如離開坐墊），不然就是降低踏板上的阻力（例如換成小盤）。

再者，當你正掙扎著爬上坡時，很清楚最有效率的主動踩踏點在一點到四點鐘的位置，這是你能創造最大踩踏力矩與施力的主要區間。

這又帶我們回到如何施力的問題。當你穩穩地坐在坐墊上時，你只能交替地把體重轉移到左右踏板上。當臀部在坐墊上下

圖 30.6 ⊃ 兩種不正確的騎乘姿勢：身體坐得太後面造成太過拱背 (a)；身體太過向前傾 (b)。

跳動時，並不代表你很認真，而是你的踩踏很沒有效率，只是把體重反覆往上抬，浪費太多能量。身體太過前移或後移都會使效率更差（圖30.6）。

想要成為一位有效率的車手，你必須學會抓準體重在兩側間轉移的時機（圖30.7）。不論你是公路車手、鐵人選手或只是長途的旅行者，大部分的騎乘時間都是坐姿，所以車手的最佳踩踏效率，必須是在坐墊上以幾乎察覺不到的動作，快速地轉移兩側的體重。

這兩種情況下，自行車會左右擺盪，如此才能有效率地把更多比例的體重轉移到踏板上。左右擺盪車身與腳掌上下交替的動作，都是為了在踏板上輸出更大的功率。

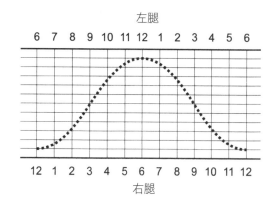

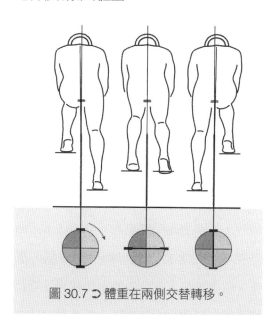

圖30.7 ⊃ 體重在兩側交替轉移。

圖30.8 ⊃ 車手離開坐墊時快速轉移體重的姿勢。

但在某些特別的情況下，體重在兩側轉移的動作會變得非常明顯，像是站起來衝刺（圖30.8）或加速爬上陡坡的時候。在

這種離開坐墊的騎乘動作，也可以讓我們清楚地觀察到，車手必須在踏板通過四

點鐘時快速地轉移體重，如果沒有及時在通過四點鐘時轉移體重，腳掌將繼續朝地面加速，使動作失去協調性與效率。

想要好好欣賞這種離開坐墊上坡攻擊的完美技巧嗎？去找環法賽的 DVD 來看，快轉到阿姆斯壯致勝攻擊的那一刻。我們要看的不是他令人印象深刻的功率，而是絕對精準地體重轉移技巧。世界上還沒有任何一位環法勝利者可以像他一樣，在離開坐墊後依然能維持如此高的迴轉速。

比較不明顯的，是前一章提到車手刻意把體重往前移到踏板正上方的情況。你可以注意觀看公路賽中主集團準備集體追擊時，有些車手快掉出集團時會做的事。他們此時大多不會站起來，但會把身體的重心往前移。

在盡全力踩動踏板的時候，車手會下意識地把重心向前移，頭盡量靠近車手把，好像要把身體摺起來一樣。自行車手們過去把「坐在鉚釘上騎」（on the rivet）當作全力加速的代名詞，因為過去是用鉚釘來固定坐墊上的皮革，而坐墊的最前緣處都會釘上一根，所以當車手坐在最前緣的鉚釘上時，我們會知道他正在拚命用力騎，但他最終一定會「坐起來」回到能夠持續維持等速的姿勢。

上面的各種情況都能使我們更加注意區分「力量大小」和「費力程度」之間的差別。施加在踏板上的力量（F）來自重力加速度（a）作用在身體（m），兩者加乘所產生的體重把踏板往下壓，所以這股下壓踏板的力量可以簡化成一道簡單的公式：$F=ma$。而「費力程度」是車手把體重導向踏板時，肌肉的用力程度。換句話說，力量是最終的結果，而你所花費的力氣可能有效率，也可能很沒有效率。

在踏板上你所能運用的最大力量，將受到體重的限制。當你體會過不管用多大的力氣踩踏，都無法再加速或輸出更大的功率時，就會知道為什麼精準地掌握用力的時機如此重要。當你在平地巡航踩踏時，效率的關鍵是在輕微地轉移體重時，依然能保持上半身的安穩。離開坐墊衝刺或爬坡時，並非胡亂擺盪車身（圖 30.9），而是在車上用非常有效率與受到控制的動作，精準地把大部分的體重轉移到每次踏板通過三點鐘方向的位置。如果你的踩踏效率已經很好了，也努力延長用力的時間，但速度還是出不來時，問題通常都出在踩踏前進時的騎乘姿勢不具流線形。

圖 30.9 ⊃ 站立抽車時,轉移體重的正面視角。

無論情況為何,你的力氣必須精準地運用而且產生實際的效益。我們舉另一個例證來說明,想像一位未受過訓練的重量級拳擊手,只會用手臂揮拳,他花很多力氣舞動拳頭,但就像蒼蠅拍打在對手身上一樣,不痛不癢。相反地,另一位訓練有素的中量級拳手所發出的快拳,可是用上了全身的體重,這種拳打在對手身上是會造成嚴重的傷害。

最後,當我們把中量級拳擊手與重量級的爆發力兩者結合起來,你可能會想到年輕的穆罕默德·阿里(Mohammed Ali)。一九六三年他在美國緬因州的路易斯頓,

第二度與索尼·李斯頓(Sonny Liston)交手爭奪拳王寶座時,阿里以一記肉眼看不出來的「幻影拳」擊倒了李斯頓,當時不少在現場的觀眾聲稱沒看到阿里揮拳,但那正是阿里可怕的能力,他能把全部的體重在一瞬間轉移到揮出的拳頭上,可憐的李斯頓在第一回合被這種拳打倒後就爬不起來。

阿里可能知道(也可能不清楚)是什麼因素造就他成為一位偉大的拳擊手,但他很懂得運用自己的才華。他在拳擊場上「移動時如同蝴蝶般飛舞,揮拳時就像蜜蜂般尖刺」。行雲流水、步履輕盈,阿里看似不費力氣就遠離對手的攻擊範圍。當時機來臨時,他全神貫注地將全身體重,以美妙且令人驚異的速度轉移到揮出的拳頭上。相較之下,對手的動作遲緩,經常以緊繃的肌肉拳頭猛力揮擊,但有效力量卻很少。

回到自行車的賽場上,你很容易就可以找到一些經驗不足的車手,費盡力氣想要跟上,但最終還是落出主集團。不管這些新手有多麼強壯,他們跟詩一般自然流暢的主集團比較起來,顯得沉重、笨拙與格格不入,他們用力錘打踏板,無法提高轉

速，最終只能落隊。

後面篇章還會更深入地挖掘騎行效率，討論更多關於變檔、迴轉速和用力時機。現在我們快速地複習一下前面談過的重點，這些都值得你反覆思索：

- 體重是腿部支撐與轉動踏板的主要力量來源。

- 施加在踏板上的最大力量，取決於車手的體重。

- 最大的轉動力矩發生在踏板通過三點鐘方向時（90°），因為此時體重的方向剛好完全垂直曲柄。

- 腿部的功能是把體重傳輸到踏板上。

- 踩踏的最大力量，發生在你的體重完全轉移到另一個踏板的時候。

- 當迴轉速增加或轉動力矩下降時，想要精準地在兩踏板之間轉移體重會變得更加困難。

- 「力量大小」與「費力程度」兩者之間是不同的；力量大小取決於你轉移多少比例的體重到踏板上，而費力程度是指肌肉的緊繃感。

- 肌肉的費力程度要能夠直接等同於分配到踏板上的體重，超過的話代表浪費力氣。

- 我們對「關鍵騎姿」的定義是：能同時輸出最大踩踏力矩與盡量減低風阻的姿勢。

- 車手應該視情況把體重分配到車手把、坐墊與踏板上。

參考資料：

(1) Lucia, Earnest, Hoyos, and Chicherro. Optimizing the Crank Cycle and Pedaling Cadence. High-Tech Cycling. Human Kinetics, 2003, pp. 93–118.
(2) Aristotle. Movement of Animals. The Complete Works of Aristotle, Vol. 1. Princeton University Press,1995, p. 1090.

第31章

踩踏的迴轉速

除非停止踩踏，否則不會摔下來。
── 克勞德・佩珀（Claude Pepper）

迴轉速在力學上的定義是：單位時間內轉動的次數。[1]

理論上來說，最有效率的踩踏技巧能用相同的力量輸出最大的功率，結果就是騎得更快或更遠。所以如果你能用更重的齒盤踩出更快的迴轉速，自然就能騎出更快的時間。厲害的車手可以在長距離的賽事中保持每分鐘 120~130 轉的迴轉速（rpm），場地賽車手的迴轉速甚至可高達 300 rpm，但教練通常都建議車手在一般平路的計時賽或爬坡賽最好維持在 90 rpm。

不管是運動科學界或教練圈對於踩踏的最佳迴轉速並沒有一個定論。事實上，很多人在爭論的最佳迴轉速並不存在，必須依據車手的體能與當時的騎乘狀況來決定

最適當的迴轉速。[2]儘管許多運動科學家的結論是低轉速的騎乘較具經濟性，但事實上最成功的車手仍偏好「不經濟」的高轉速。

要找到效率最高的迴轉速是很棘手的。這看似一個簡單的數字問題，但外在因素實在太多了，像風勢、坡度和所屬集團都會對轉速造成影響。有些研究者直接給定一個明確的轉速，他們認為以低轉速重踩的效率最高，像高石（Takaishi）等日本研究者指出，[3]在相同的功率輸出下（例如 200 瓦）以 50 rpm 的低轉速踩踏時，車手大腿的血流和耗氧速率都會變慢，這種情況明顯出現在肌肉最費力的時候，也就是踏板通過上死點到三點鐘之間。當肌肉開始放鬆之後，血流才會恢復正常。

換句話說，血流的確會在低轉速重踩時短暫停止，所以血液流速會下降。光從數字上來看，似乎低轉速重踩勝過高轉速，但身體回應這種踩踏方式的答案卻完全不同。

從血液流動的「效率」來看，轉速在 110 rpm 時效率反而比較高。

不像在重踩時血流會一直受阻，高轉速踩踏的肌肉收縮速度較快，使腿部的肌肉變成另一個幫浦，等於是幫助心臟輸送氧氣。[3]真的是這樣嗎？高轉速真的有助於提高氧氣的輸送效率嗎？

要確認答案，還是得回到實際案例，那勢必不能忽略阿姆斯壯。當他從瀕死的癌症病人一舉變身成歷史上最偉大的環法冠軍之後，一直遭受禁藥傳聞纏身。

我們先撇開禁藥不談，在所有關於阿姆斯壯的研究中都會提到他異於常人的高轉速。[4,5]即使在阿爾卑斯山脈（Alps）和庇里牛斯山脈（Pyrenees）等令大部分車手畏懼的賽段上，他的轉速都相當高。例如在二〇〇四年的環法賽，阿姆斯壯只以 38 分鐘就騎完阿普杜耶（L'Alpe d'Huez，總長 13.8 公里、平均坡度達 7.9%、總計有二十一道髮夾彎的關鍵賽段）。[2]他此

次騎乘的原始數據顯示：平均輸出功率 475~500 瓦、平均時速 22 公里／小時、平均轉速在 100 rpm 上下。如果你去找當年的環法 DVD 來看，也能自行計算他的轉速。

看到這些數據我們當然會認為阿姆斯壯是天賦異秉的神人，但這麼高的轉速其實並非天生的，而是阿姆斯壯與他的教練克里斯・卡邁克爾（Chris Carmichael）和車隊經理約翰・布魯尼爾（Johann Bruyneel）共同的決定。在得癌症前，阿姆斯壯就是一位爆發力十足的車手，但當時他爬坡的轉數很低，所以只能在短距離的登山賽中取得好成績。

當阿姆斯壯習慣高轉速的騎乘方式之後，他成為史上最強的登山車手（他的成就當然也跟那群史上最強的隊友支援有關）。所以大家很自然地把高轉速當作他成功的關鍵因素之一。

除了阿姆斯壯之外，還是有許多其他證據，像二〇〇四年的環法賽，阿姆斯壯在連續兩天的登山賽段中，主要的挑戰者之一是義大利名將巴索（Ivan Basso），他的迴轉速顯然也比其他車手高很多。反之，被阿姆斯壯稱為自行車界天才

車手之一的德國冠軍車手烏利赫（Jan Ullrich），因為堅決採用低轉速的重踩方式，所以每次當主集團在爬山賽段攻擊時，他總是被甩開。

我們仔細比較一下巴索和烏利赫這兩位車手。在一般爬坡賽段，習慣高轉速的巴索，總是能快速反應其他車手的攻擊，及時跟上攻擊者的速度；他也總能與少數幾位車手一起跟上阿姆斯壯的速度。雖然轉速較慢的烏利赫還是有一定的競爭力，但在關鍵的攻擊時刻，他總是無法跟上變化多端的比賽節奏，而被其他攻擊者甩開；但他還是一直埋頭苦幹，不肯改變踩踏策略。

我們再回頭看環法賽中最著名的阿普杜耶爬坡段，在該賽段中烏利赫排名第二，巴索屈居人後，損失較多的時間。那麼迴轉速在著重個人能力的爬坡賽段中是否不重要呢？是的，在計時賽中，車手的確不需要像公路賽一樣即時反應，但理由可能不只如此。一九九七年的環法賽冠軍烏利赫已是位經驗豐富的老手，而巴索當時只是個實力與經驗都還不足的菜鳥，但卻在阿普杜耶賽段中有絕佳的表現，而且還能和阿姆斯壯在比賽中單獨對決，除了他的

高轉速踩踏方式可以解釋之外，找不出其他因素。

從阿姆斯壯、巴索與烏利赫的表現證明了高轉速的價值，還有數篇研究指出職業車手不管在何種地形上的轉數大都超過90 rpm，即使換到 53/13 的大齒盤，轉數依然很高。[2,5] 儘管生理上經濟效益的爭論不斷，但這解釋了快速踩踏能使肌肉較不容易緊繃、減少疼痛及降低肌肉與結締組織受到傷害的風險。

為了使你在心理上能快速確認這件事，想像一下當你騎車爬上超過 10% 的陡坡時，膝蓋上所承受的力道。如果你把齒盤調到 53/13 而且企圖用力往下蹬伸，此時不只踏頻會極度緩慢，膝蓋上的壓力也會很大。然而，當你把齒盤換到 39/21 時，不只迴轉速立即變快，腿部的緊繃感與受傷的潛在風險也會立刻下降。既然這樣，是否踏板轉快一點比較好呢？

現在，想像自己掉頭後開始下坡，下坡時你會更了解轉速的另一個關鍵元素：當踏板上沒有體重可用時，轉速再快也沒用。當你和車子一起被重力拉下斜坡，會有「踩空」的感覺，此時不論你的踏頻有多快，都沒辦法在踏板上用力，因為此時

重力已經免費提供給你了。

踩空時的高轉速並非在用力（並非把體重來回轉移到兩邊的踏板上），只是用腳在追踏板。這是另一種讓你了解白費力氣的實際情況，浪費能量的原因是肌肉一直處在高速的緊繃狀態下，但卻完全沒有把體重轉移到踏板上。

在大部分的騎乘情況下，特別是在平路，體重和耗費力氣之間的關係常被遮掩起來，不易被發現。當你在自行車上想要加速或達到某個特定的迴轉速時，很難區分在兩個踏板間轉移體重與肌肉用力之間的差別，因為大部分的人在加速時都會想要「踩得更用力」。

「踩得更用力」的意思是靠腳用力往下踩，增加肌肉的緊繃感。然而，如果當肌肉變得更緊繃卻沒能把更多的體重轉移到踏板上，你多花的力氣都是無效的，它無法增加力矩，所以功率也不會增加。也就是說，更用力只是浪費能量，並沒有辦法使你騎得更快。

下一個問題是：「我該如何在加快轉速時，把更多的體重轉移到踏板上呢？」畢竟關鍵不是我用多少力，而是最終的表現。

法利亞（Faria）曾做過一個研究，[4]他觀察到經驗豐富車手的力量，比入門者更集中在踏板通過三點鐘方向時。法利亞指出高轉速顯然更具有力學上的優勢，使他們在耗用相同的力量下輸出更高的轉速與功率。

後面幾章我們將再深入探索功率輸出跟轉速、齒盤以及腿部肌力之間的關係。深入討論之前，我們先複習一下迴轉速和轉移體重之間的關係：

- 分配到 1~4 點鐘方向的體重，只要足夠使踏板轉動到目標轉速即可，要能夠學會運用最少的體重來轉動踏板。
- 要能夠交替地轉移足夠的體重以驅動踏板。
- 腿部要能夠在兩邊踏板上完美地轉移體重。
- 肌肉的緊繃程度只要足夠在踏板上支撐體重即可。
- 腿部需具備高度開發的神經肌肉協調性，才能完成快速轉移體重的工作。

參考資料：

(1) Donskoy, and Zatsiorsky. Biomechanics. Moscow, Phys. Cult. & Sport, 1979, p. 97.

(2) Lucia, Hoyos, and Chicherro. Preferred pedaling cadence in professional cycling. MedSciSports, Vol. 33, 2001, pp. 1361–1366.

(3) Takaishi, Sugiura, Katayama, Sato, Shima, Ymamoto, and Moritani. Changes in Blood Volume and Oxygen Level in Working Muscle During a Crank Cycle. MesSciSports, Vol. 34, 2002, pp. 520–528.

(4) Faria, I.E. Energy expenditure, aerodynamics and medical problems in cycling: An Update. SportsMed, Vol. 14, 1992, pp. 43-63.

(5) Lucia, Earnest, Hoyos, and Chicherro. Optimizing the Crank Cycle and Pedaling Cadence. High-Tech Cycling. Human Kinetics, 2003, pp. 93-118.

第 32 章

踩踏的心理基礎

> 意識到我們正在感知與思考的同時，便是意識到我們自己的存在。
>
> —— 亞里斯多德

世界上最厲害的車手也是最能忍受痛苦的人，這是自行車界流傳已久的真理。很怪，是吧？某項運動的成就高低竟然等於受苦受難的程度，在面對這種苦難之後就可以學到好技巧嗎？當你開始從衝浪、高爾夫球、網球和保齡球的角度來思考自行車這項運動時，痛苦以外的選擇似乎還不少。

在此並不是要說服你用衝浪的技巧來騎車——至少現在不是——而是想要告訴你心靈所潛藏的力量，在騎車或其他耐力運動所扮演的角色。雖然疼痛的訊號是由位於手臂和腿部的末梢神經所送出，但真正感覺到疼痛的是大腦。無論當下的感覺是痛還是不痛，訓練有素的大腦都可以決定讓手足繼續工作下去。

大腦在騎行技術中扮演更核心的角色，這個角色跟意志力一樣重要。要把力（也就是部分的體重）在對的時間點精準地傳遞到踏板上，需要專注且自我控制良好的大腦，如此才能用最少的力氣輸出最大的功率。這是你最需要了解與接受的概念，你必須在騎車時一直專注在這個概念上。

我會一直強調這點是因為許多自行車手腦中的概念剛好相反，他們認為最好能在踩踏時關閉大腦的運作，像機器一樣反覆地把踏板往下「錘」。這類想法的特點是：踩踏不用技巧，你只需要一直用力踩到踩不動為止。

為什麼那麼多自行車手會犯下這個根本性的錯誤呢？原因很容易理解。因為當我們看別人騎車時，從外觀上看來腳掌的動

作都是在畫圓，接著身體和車子一起向前移動；然而，當你實際在車上騎乘時很快就會了解某些踩踏元素外人是看不到的，只有車手本人才知道。

人類模仿外在動作的能力是透過「鏡像神經元」。這些神經元讓我們可以重複別人的動作，甚至在某種程度上能讓我們預先想像該動作的感覺，但只靠模仿學習會有限制。

首先，在如此複雜又看似簡單的踩踏動作裡，幾乎不可能只透過觀察就能推想出正確的踩踏感覺；第二點，既然只有極少數的車手能騎得很好，所以我們無法只透過觀察就確認誰可模仿、誰可忽略。

所以車手們傾向用自己所看到的事實來思考，但這反而會使他們在騎乘時搞混踩踏的力學結構。試著模仿別人的動作是一種很自然的反應，尤其那個「別人」是該項運動的頂尖高手時。

所以，當我們看到一流車手在踩踏時，我們會以為——甚至深信不疑——他們的力量在一圈360°的踩踏過程中是很平均的，所以我們也會跟著這樣做。在這樣的理論下，我們還會讀到其他相關的建議：在六點鐘方向要像刮掉腳底的泥巴一樣用車鞋把踏板往後拉；在九點鐘方向要用後大腿把踏板往上拉。這些資訊其實跟我們踩踏的實際用力方式不一樣，反而會使我們對用力的模式更加混亂。

其實道理非常簡單。雙腿和身體在自行車上面的動作是力學上可見的運作模式，它是我們生理上用力時的外在表現，它是大腦對身體下達做什麼與何時做的指令的外顯結果。騎行時心理的運作機制是由我們的感覺、知覺與身體情感所構成，內在經過一連串的分析、詮釋和反應之後，不斷地向外下達指令。

你渴望獲勝嗎？你覺得快抽筋了嗎？你有信心在下一個爬坡攻擊成功嗎？你擔心機械故障嗎？當你在騎行時，即使想要清除多餘的思緒，對雙腿和身體下達簡潔有力的指令，但還是會有一大堆想法不斷湧進腦中。

腿和身體的所作所為都是受到指示的，也就是說，它們只會依循你大腦的指令而行動。如同我們在第三十章〈自行車的踩踏力矩〉所討論的，踩踏的力學結構，從本質上來說，是外力被運用在踏板上的機制。下踩是被動的動作，不用想腿部要怎麼向下用力，它們會很開心地自動履行重

力所交付的工作。

從最底部的層級來說，我們傳達給身體的指令在於調節與指引外力的運用：從這裡失重、開始把體重轉移過去、放鬆、支撐體重接著再從這裡開始失重，如此循環往復。在騎行過程中，這些指令來得極快；每踩一圈大腦就必須下達四到五個指令，假設你的迴轉速是 100 rpm，代表你每分鐘光踩踏這個動作就要執行五百道指令，而且同時還要控制車子、剎車、跟集團一起移動，以及避開路上的汽車與坑洞等。現在你應該知道騎行時大腦是處在一個超載的狀態。

但願你不會還想著平常的生活、工作、小孩、要繳的稅和需要保養的車子。如果你同時要關照這麼多事情，難怪你的大腦會想自動關機，不再運作，只能腦筋一片空白地用力把踏板往下錘。但如果你想騎得更好，當然不行這樣。

所以為了發展踩踏時正確的心理結構，你必須如實了解踩踏時身體到底做了什麼。從觀察者的角度，剛開始騎動自行車時，騎乘者的確看起來像主動向下推蹬踏板，因此我們將看到的「向下推蹬踏板讓自行車前進」視為天經地義的事。

但這是實際上發生的事嗎？其實不是。

第一動是當踏板來到一點鐘方向時把體重轉移過去，唯有當你有意識地失重（把體重從另一邊踏板移開）這件事才會發生；雖然我們看到的是踏板被往下踩，但這只是表象，實際上的作為完全是另外一回事：把體重從非作功的踏板上移開。

為何要這麼做呢？試想：如果踏板上沒有體重，勢必踩空。也就是說如果踏板上沒有體重，你有辦法用力推蹬嗎？為了用力，我們必須在踏板上承受（部分）體重，這股我們所運用的力是從重力來的。腿部無法創造力量，它們只是在輸送力量。

所以，在大腦傳達給身體的一連串指令中，第一道就是失重踏板，把體重從踏板上移開。當失重一發生（失重即是失衡），車手的大腦和身體會立刻尋找下一個支撐點，這是一個被動的自然反應。因此，當你愈能盡量加快轉移體重的速度，你對另一個踏板的施壓動作自然會變快。愈快使踏板失重，體重就愈快轉移到另一個踏板上，車速就跟著變快了。

在持續反覆轉移體重的一連串過程中，關鍵在大腦，因為是由它決定何時失重和轉移體重。你原本認為踏板上的體重要一

直到下死點才進行轉移，但高效的踩踏動作並非如此運作。

把踏板直接往地下「搗」的用力方式會出現反作用力。如果你的體重一直到六點鐘時還留在踏板上，反作用力會使你在坐墊上彈震，結果就像騎馬一樣，上下顛簸。

體重滯留在踏板上太久的第二個問題是：因為體重來不及轉移過去，所以另一邊的踏板無法及時向下施力。體重留在踏板上太久，等於浪費許多轉移體重的寶貴時間。

為了使這樣的概念形象化，你可以把坐墊的中心想像成翹翹板的支點，當你的右腳向下移動時，大部分的體重在支點的右邊，由右踏板支撐著。為了施壓於左側，體重必須向左轉移。即使只把 51% 的體重移向左側，關鍵的平衡就會被破壞，形成失衡的現象。

當你的體重通過中心線的瞬間，支撐點已非兩個踏板，而是坐墊。很明顯的，以坐墊為主要支撐點的時間要愈短愈好，你必須盡快轉移體重，而快速轉移的指導工作正是大腦。

有了這樣的意象後，會比較容易理解要從哪裡開始卸除踏板上的負重。我們現在知道力量主要來自於踏板通過一點到四點鐘方向時，過了四點之後重量還會持續把腳和踏板往下帶到六點，所以根據這種力學邏輯，當踏板一通過四點就該立即啟動失重（進行轉移體重的動作）。

通過四點鐘之後，力矩會立刻變弱，所以你沒有理由再把體重支撐到踏板上。想要提高效率，大腦就必須在三到四點之間開始送出轉移體重的指令，使兩個踏板之間能夠流暢且快速的進行卸重、轉移體重與重新負重的過程。

當我們一想到把體重支撐在踏板上與從踏板上卸除的連續過程，很容易把它跟提拉踏板搞混。你不需要刻意主動把踏板用力往上拉。只要把兩個踏板當成槓桿的一部分，當體重轉移過來後踏板就會自然下降，另一邊也會自然上升，這是必然的結果，並沒有其他選擇的餘地。如果試圖刻意用腿後肌群來拉動踏板，純粹只是浪費能量和增加肌肉的緊繃感而已，當踏板上移時後大腿肌應該盡量放鬆，不需主動用力。

此外，因為不需要主動用力拉抬，你就可以把更多注意力與精力放在轉移體重上

面，這是驅動自行車的首要動力。

在這整個過程中，大腦跟身體的搭配必須非常密切。意思是你必須透過感覺與知覺的監控，隨時掌握體重與支撐點位置，以及肌肉的費力程度。

因此，感覺與知覺在踩踏過程的心理結構中扮演至關重要的角色，特別是肌肉的緊繃感、踏板與腳底板之間的壓力、下踩的費力程度等。如果體重已定位於踏板之上，腿部肌肉之所以緊繃，只是為了轉移分配到踏板上的體重而已，而且肌肉緊繃的力道會等於分配到踏板上的體重，如此一來，車手的肌肉就不會過於緊繃。

但如果車手沒有及時轉移體重，肌肉的緊繃時間就會延長，而且這種增加的緊繃感並無助於踏板轉動，只是讓車手感覺到更用力往下踩而已，其實踏板轉動的力矩並沒有增加。

在踩踏的心理結構中另一個重要的感覺是：腳掌壓在踏板上的感受。這股壓力感應該發生在一到四點鐘方向。身體剛好在坐墊與踏板上取得平衡的姿勢，是兩個踏板分別在三點與九點鐘方向時，我們都將這個姿勢當作標準來看。關鍵在於此時壓力的大小，要等於分配到踏板上的體重比

例。但如果此時下踩的力道大於分配到踏板上的體重，就會浪費多餘的力氣；除此之外，這也代表用力過久、阻力過高（齒盤過重），但卻沒有為踏板帶來太多的轉動力矩。

因此，一個能實際落實的心理結構包含了「指令」以及一連串有效的「行動」。我們可以用下列幾點來描述踩踏時需具備的知識：

- 踩踏時的心理結構是一種管控外力的結構，它建構在感覺、知覺與傳達指令的基礎上。
- 心理結構中主要的注意力要聚焦在：把體重轉移到一到四點鐘方向的踏板上。
- 體重應該在兩個踏板間交替來回轉移。
- 當踏板來到三到四點之間就要下令，開始（失重）把腳掌上的體重移開踏板。
- 腳掌支撐在踏板上的壓力感是在一到四點之間。
- 踩踏的迴轉數取決於你把體重從踏板移開的頻率。

第 33 章

檔位與迴轉數

美國的遊樂園大部分都有雲霄飛車，常會聽到該設施的管理員向坐在飛車上的遊客大喊：「再快一點嗎？想要飆到真正的極速嗎？」

當然，遊客們總是想挑戰極限，快還要更快；而管理員的工作就是滿足他們對刺激的需求，壓下操縱桿，提高引擎運轉的速度，為齒盤和鏈條帶來更多動能，使軌道上的飛車向前奔馳。

像不像自行車向前馳騁？如果你正在研讀本書，剛好也在努力追求自行車的「真正極速」。其實你所追求的是：在不同的騎行情況下，找到正確組合的用力程度、轉速與檔位。

這聽起來像是個單純的算數，把踏板轉動的圈數乘以齒盤的大小，就可以算出單位時間內移動了多少距離，也就知道車速多快了。在此種數學邏輯下，顯然只要把前變速器換到大盤，後變速器換到最小齒片，再盡量訓練自己提高迴轉速。只要這麼做，就能騎得愈來愈快了。

只要有練過車就會知道，這顯然不是提高騎乘速度的實際做法。在真實世界裡決定最佳表現的參數還有風阻、重力、摩擦力和車手的體格等。在尋找適當的檔位和迴轉數的組合時，上述所有的因素都要列入考量。

這裡還有另一項不明顯但更重要的原則：踩踏技術，一種運用體重的技巧。事實上，騎乘速度並不直接等同於踏板轉動的次數（迴轉數）乘以齒盤的大小。就算兩位車手身材一樣，騎同一台齒盤一樣的

車，也不一定能維持相同的迴轉數，因為他們在踏板上運用體重的技巧能力不同，騎乘速度也會不同。

了解如何加速與取得大幅進步的訣竅，可比任何肌力訓練、禁藥或營養補給品的效果都來得大。

相較於素人車手，經驗豐富的成功車手可以在相同的齒盤與迴轉數底下輸出更大的功率。這一點已被格倫‧湯（Glenn Town）與陶得‧科爾尼（Todd Kearney）等研究者證實，頂尖車手的功率主要都是在踏板下壓時所產出的，他們並沒有做出任何刻意上拉的動作。[1]

更大的力量向下壓在踏板上？談到這裡你心裡想到什麼畫面？心中浮現的畫面應該是汽車引擎裡的活塞，汽車是由一次次的活塞下壓力量所驅動。哪一位車手的腿像活塞般規律又力道十足呢？大家都會想到阿姆斯壯。

把環法賽的 DVD 抽出來，快轉到阿姆斯壯的爬坡賽段，你會立刻注意到阿姆斯壯和其他競爭對手在踩踏時的差別，或許你也會聽到轉播員描述阿姆斯壯的雙腳就像兩根強而有力的活塞一樣。

人們總是在談論阿姆斯壯的轉速比所有菁英車手都來得高，但其實大家忽略了關鍵，這個關鍵也是可見的，從影片中你可以看出他使力的方式跟大部分的人不同；他的體力直接向下輸出，他的膝蓋是直上直下，代表他只有向下出力，不像其他車手的膝蓋比較低，像在用力畫圓，所以體重無法集中運用在踏板上。

想要尋找踩踏技術典範嗎？找阿姆斯壯就對了，他騎乘時就像在踏板上跳舞一樣優美。

好，現在我們已經知道厲害的車手都會在垂直方向集中使力，主要的功率來源出自一點到四點這段區間的轉動。我們該如何利用這些知識來變成一位更厲害的車手呢？問得更具體一點：我們該如何在不同的環境下選擇正確的齒盤與迴轉速呢？

這仍是一個有趣的難題。

從技術的觀點來看，騎行能力的提升是沒有盡頭的，但這牽涉到我們把這種能力歸於天生的還是後天培養來的。讓我們再回到環法賽冠軍車手阿姆斯壯的討論，許多文章都說他是一部完美的騎行機器。這些文章大都在討論他的大腿骨有多長、攝氧量有多高，以及他具有空氣動力優勢的拱背弧度。

從天分的角度來說，我們每個人都有自己的極限。不論我們多麼努力訓練，身體產生的能量大小都有最高上限。「自然」已為我們設下了明確的限制。

另一方面，後天的努力也可以進步很多。像是力量和柔軟度都會因訓練而大幅提升。好的生活習慣也幫助很大，例如足夠的睡眠、改善營養、減少酒精攝取、減輕生活壓力都會提升騎行的表現。

但如果你想成為一位更有效率的車手，即使天分再高也要努力開發自己的踩踏技術，學習用相同的轉速輸出更高的功率。簡單地說，想要進步的話，把時間花在練習改進踩踏技巧上會比累積里程數的效果更好。不可思議嗎？但事實的確如此。

後面幾章中，我們會教你一些特別的技術訓練動作，磨練你的踩踏動作，使你能在踏板上精準地用力。但現在我們先回到如何選擇齒盤和轉速的問題上。

我們如何選擇最佳的齒盤和轉速組合呢？首先，我們要了解這兩者的互動關係，以及互動時的限制因素有哪些。有如此多的變數在騎行時互相交錯，為了釐清頭緒我們要再回到力學的基本定律，把這些問題放進力學的脈絡中來思考。

物理系學生應該知道一條力學黃金法則：施力所獲取的距離跟力量的損失成正比，反之亦然。[1]

把這條黃金法則用在自行車踩踏上面，本書前面也曾提過：[2] 在同樣的功率輸出下，若迴轉速增加即可相應地減少出力（圖 33.1）。

要實際運用這條法則很簡單：當我們力量不足或體力不夠時，如果還想要維持相同的功率輸出，就必須換成較輕的檔位與增加轉速。

在相同的轉速下輸出更大的功率是做得到的，如何做呢？如何在相同的踏頻下用更多的力呢？簡單來說，就是在相同的轉速下把更多的體重轉移到支撐點上，而且肌肉的費力程度應該跟分配過去的體重相當。

所以何者比較重要？是體重轉移到踏板上的比例，還是肌肉的緊繃程度呢？還是兩者其實沒差？換另一種方式問：是腿部的肌肉更用力，還是分配更多體重到踏板上能夠創造更大的力矩呢？

為了找到答案，我們需要回到「後天培養」這個議題。我們知道力量和踩踏技術都能透過訓練進步。

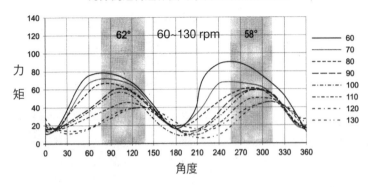

力矩對迴轉速作圖（學習踩踏技術之前）

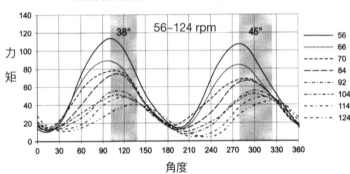

力矩對迴轉速作圖（學習踩踏技術之後）

圖 33.1 ➔ 在學習踩踏技術前／後對比的轉速 - 力矩圖。

不同的曲線代表不同的轉速，在學習踩踏技術之後，最大力矩（曲線高峰）變得更窄，代表車手的踩踏力道變得更集中（從 62° → 38°；58° → 45°），這代表車手能更精準地運用體重，所以車手耗費同樣的力氣，但可以輸出更大的功率。

我們也知道肌力必須「進入」踩踏的旋轉動作之中，精準地在特定的時間點用力才能使肌力發揮該有的效果。換句話說，活塞必須每次都在正確的時機「點火」。這是一種很高超的技巧，就像芭蕾舞者和花式溜冰選手表演一樣，是一種藝術。

這個動作的最大特色，是能夠運用體重去創造更大的力矩，把體重從一邊的踏板上快速轉移到另一邊。就像跳舞一樣，這是非常微妙精巧的動作，只有真正的舞者／車手才做得到。

跟著這樣的思路，鍛鍊肌力的目的是為了利用與支持這種高超的技術。如果沒有快速轉換與運用體重的技巧，就算肌力再強也發揮不出來。反過來說，如果沒有足夠的肌力，這種技巧的維持時間也會很短。

這引出一個更根本的問題：騎乘時我們為何要換檔？是想要提高轉速，還是踩得更輕鬆？

嗯，都是吧。當我們肌力不足以支撐轉移到踏板上的體重，或是技巧與神經肌肉的協調性不足以運用肌力時，我們就會選擇換到一個比較輕的檔位。

為了騎得更快，我們需要一個檔位與轉速的特定組合，才能輸出更高的功率。但我們必須明白檔位與轉速就像我們在踏板上運用體重的儀表板。

大多數讀者可能很難想像原本要多方向用力的動作模式，轉成單一向下施力後反而效率最高。特別難理解的是：兩位身材一樣的車手，騎一樣的車，用一樣的齒盤與檔位，在同樣的轉速下仍能分出高下。

下面這個簡單的測試可以幫你把這些元素串起來。抓住你自行車的龍頭，提起來使前輪離開地面（圖33.2），接著用你另一隻手轉動前輪。如果無法轉動，檢查一下你的前剎是否磨到前輪。

你注意到了嗎？你只需花很少的力量輕拍外胎，前輪就會持續轉動，而且你的手掌與外胎接觸的時間非常短，幅度也很小，大約就是一點到三點的位置。轉動幾秒鐘之後，你很快就會找到節奏，每次只要用同樣的力量，就能使輪子維持相同的轉速。

圖 33.2 ⊃ 模擬踩踏時有效轉動車輪的原理。

第一個測試是維持相同的節奏，用同樣的頻率拍擊前輪，在頻率不變的情況下加大力道，手掌停留在前輪外胎上的幅度也一樣，你會發現前輪的轉速明顯提升了。

現在，試著讓手掌留在外胎上久一點，從一點開始接觸到通過四點鐘方向手掌才離開，你會發現動作失去了節奏，手掌多花的力量反而變成在剎車，就算刻意延長手掌在輪胎上用力的時間，也無法提高前輪的轉速；更糟的是，轉速反而變慢了。即使你延長用力的行程而且用更多力氣加速，但你會發現這麼做只是在浪費能量。

雖然這只是一個簡單的類比，但它能

讓我們更清楚了解到踩踏動作中的所有元素都是互相作用的。當我們把迴轉速單獨切開來看時，你會發現它並無法決定前進的速度，而且畫圓的用力模式不只無法提高速度，反而會浪費體力。有效率的踩踏需要在正確的時機用力（把體重轉移到踏板），同樣重要的是在對的時間點卸力（把體重從踏板移開）。只要能抓準用力與卸力的時機，你就能變成更有效率的車手。

決定適合你的檔位與轉數

是的，這個標題的確會讓人誤會。如果你略過前面的論述，直接跳到這一小節來尋找適合自己檔位與轉速的標準答案，一定會帶著失望離開。接下來的目的並不是要告訴你這些問題的答案，而是要幫你了解踩踏的元素，使你可以在各種情況下做出最佳的決定。只有你自己才能決定當下最適合的檔位與轉速，而且你的決定必然會隨著騎乘的環境不斷變動。

騎自行車看似簡單，但其中所牽涉到的變數極其複雜，我們必須了解這些變數都是互相連動的，不可能在其他變數都固定的情況下只單獨改變一個變數。這也是自然界運作的原理，沒有什麼是免費的，任何改變都要付出代價。

增加踏板上力道的同時體力也會消耗得比較快。車子移動得愈快，風阻也愈大。同樣地，大盤的齒數愈多，肌肉的負荷也會愈重。不管何時，想要提高運動表現，必然需要付出相應的代價。關鍵是去了解如何在各種情況下發揮最佳表現。

以自行車這項運動來說，互相連動的變數有迴轉速、齒盤、肌肉的費力程度、體重、神經肌肉的協調性、輸出的功率，以及其他無法自我控制的外在變數，例如路面、風速與風向、氣溫、濕度、對手的動向等。

243 頁齒盤選擇表是消除外在變因後，踏板每轉一圈前進距離與齒盤之間的對應關係。選擇齒盤和轉速時需了解以下限制：

1. 調整騎乘姿勢時需同時考慮兩個因素：最能有效運用體重的位置以及低風阻。
2. 在踏板上來回轉移體重的技巧。
3. 腿部肌肉的肌力。
4. 神經肌肉協調性和知覺。
5. 車手的攝氧能力決定了他的功率輸出潛力。

齒盤選擇

橫軸標題是後方飛輪的齒數；縱軸是前方大盤的齒數；中間的數字是踏板每轉一圈自行車所前進的距離，單位是英尺。

飛輪\大盤	11	12	13	14	15	16	17	18	19	20	21	22	23	24	25
53	130.09	119.25	110.08	102.21	95.4	89.44	84.18	79.5	75.32	71.55	68.14	65.05	62.22	59.63	57.24
50	122.73	112.5	103.85	96.43	90	84.38	79.41	75	71.05	67.5	64.29	61.36	58.7	56.25	54
39	95.73	87.75	81	75.21	70.2	65.81	61.94	58.5	55.42	52.65	50.14	47.86	45.78	43.88	42.12
34	83.45	76.5	70.62	65.57	61.2	57.38	54	51	48.32	45.9	43.71	41.73	39.91	38.25	36.72

如果你用的是標準盤，理論上最快的速度是把前變調到大盤 53 齒、後變調到最小 12 齒，簡稱為 53/12。在完美的世界裡，體力好的車手只要把齒盤換到 53/12，然後用力把踏頻拉到每分鐘 110 轉，就能全速向前衝刺了。

當然，每位車手都有其限制，而且賽道和車手的狀況也不可能固定不變。事實上，在這個真實與不怎麼完美的世界裡，你很少會用到 53/12 這種齒盤搭配。

在這樣的限制裡進步空間仍然很大，但有些人很努力訓練卻只進步一點點。這正是弔詭的地方，我看到許多車手花很多力氣在進步空間很小的地方訓練，反而忽視可以使成績獲取大幅提升的地方。體能、力量和轉速的進步空間有限，但技巧的知覺開發卻沒有盡頭。所以接下來的討論先

繞過齒盤和轉速，之後再回過頭來談。記住，所有的變數都是互相連動的，所以在擔心檔位和轉速之前，必須先把更重要的事情做對，那就是下一章的「踩踏技巧」。

譯注：

1. 這裡是指槓桿作用，當支點離施力點愈遠，你所花費的力量雖然比較小，但槓桿另一端移動的距離同樣也很小；反之，當支點離施力點較近，雖然較為耗力，但槓桿另一端的移動距離將增加，移動的速度也會變快。就好比騎乘時，如果用 53/23 的齒盤組，騎起來很輕鬆，但速度很慢；但如果換檔到 53/11，踩踏變得較為費力，但速度也會立即提升。在提升速度時，我們可以選擇要「付出」的是力氣還是技巧。

參考資料：

(1) Town G., and T. Kearney. Swim, Bike, Run. Human Kinetics Publishers, 1994, pp. 73-77.
(2) Burke, E. R., Editor. High-Tech Cycling. Human Kinetics, 2003, pp. 147-174.

第34章

踩踏技巧

> 改變是挑戰也是機會，但絕不是威脅。
>
> —— 英國菲利普親王（Prince Phillip of England）

車手比賽的最終目標都是用最有效率的方式踩踏，把自己的體力發揮到淋漓盡致。不論是何種公路賽、場地計時賽、越野繞圈賽或是鐵人賽中的自行車賽段，選手們的目標都是極盡所能地在全程維持高效率的踩踏。

比賽騎乘時必然會面對各種情況，不可能有一體適用的高效率踩踏方案。從前面幾章，我們應該對功率輸出有清楚明確的概念了，但比賽時如何才能有效率地輸出功率呢？

我們都有極限

每個人在任何時候的運動表現，都存在某個最高的實力水準，而這個水準的高低取決於許多因素，可分為遺傳因素和後天因素兩類。其中肌力、有氧能力、個人傷病史、休息、營養和許多其他變數，都跟你是否能在比賽當天發揮 100% 的實力有關。

但把這些因素都做到好也無法保證，最終還是得靠踩踏技巧，才能決定你是否能把 100% 的潛能發揮出來。

不論你是舉起雙手衝線的冠軍車手，還是在三項賽事中快速轉換到跑步項目的菁英鐵人，踩踏技巧都是你面對自行車騎乘狀況的必備技能。

技巧的變化幅度比表面上看起來複雜得多。以最單純的狀況來說：在無風且完全平坦的直線道路上，沒有其他競爭對手，

也沒有汽車與野狗等干擾，以時速 56 公里向前騎乘。這是大多數車手的最高時速（目前一小時場地計時賽的男子世界紀錄）。即使這是一個不切實際的假設情況，但要在這種情況下選擇一個特定的檔位與迴轉速，同時又要維持全神貫注與完美的低風阻姿勢，不是那麼容易。

儘管在如此完美的情況下，人的心智和生理潛力還是很難 100% 完全發揮出來。這也是為什麼一小時場地計時賽的世界紀錄，一直是人類難以突破的挑戰。[1] 現在，我們從時速 56 公里的直線巡航回到真實世界，跟維持速度比起來，為了維持最佳的踩踏效率，車手需要注意更多細節，像地形、路況、賽況、彎道、策略、風向和天氣變化，都必須列入考量，隨時視情況進行調整。在鐵人三項賽中，你還必須考慮最後的跑步，是否還有體力維持騎車時的高效率。

齒盤和轉速的比例如何選擇？選擇的理由是？

自行車的齒盤和輪子為我們帶來力學上的優勢，放大了體力轉化為前進速度的效益，使我們能夠在不靠外力的協助下以更快的速度移動。畢竟，自行車的確是人類靠自身力量最有效率的移動方式。

然而，就像其他工具一樣，自行車也必須被正確地使用才能發揮最佳的功能。關鍵是當你愈了解如何選擇適當的檔位與轉速組合，你就愈靠近 100% 的潛能。

如同本書之前所討論的，你在自行車上所能輸出的最大功率，是當你變速到 53 齒的大盤與 12 齒的飛輪，這時踏板每轉一圈車子就能移動 3 公尺。換句話說，這等同於一個大齒輪。

訓練有素的車手可以長時間維持 90~110 的轉速。若能以這個平均轉速來驅動這麼大的齒輪，自行車就能達到極速。問題是很少人有足夠的力量用這樣的轉速來踩動這麼大的齒輪。

最大齒輪的另一端是 39 齒的小盤搭配 25 齒的飛輪，此時踏板每轉動一圈自行車只能前進 1 公尺。在 39/25 的齒輪組合下，每個人都能踩出極為誇張的高轉速，但維持時間無法太長，因為超高轉速的代價實在太高了。

所以答案是取得力量與有氧能力之間的

平衡，找到一個適合自己的齒盤／轉速組合，使你在比賽中的不同時刻都能盡量維持最高的運動表現。

其中的變數當然不只有齒盤與轉速，還有你的競爭對手、車速、風向、氣溫、濕度、心率、肌肉的費力程度、身體的位置、路面狀況、坡度、彎道等，基本上這個清單還可以再繼續列下去。所有的變數都互相連動，只要其中一個改變了，其他的變數必然會受到影響，而我們必須知道車手最能控制的正是：齒盤的選擇和踏板轉動的速率。

交易的邏輯

這是個很簡單的選擇邏輯。如果路面變陡，我們要不就是換成較輕的檔位搭配較高的轉速，不然就是直接以目前的檔位重踩上坡。不管用哪一種方式速度都會變慢，但問題是該怎麼做才能使速度的損失降到最低，而且在爬完坡之後還能保有體力面對接下來的賽段。

這裡用「交易」這個詞的目的是使你了解：每次的改變必然會獲得或失去某些東

西。我們是否能將前一章齒盤／轉速與移動距離的表格背下來，然後依據自己當下的情況與目標速度來選擇最佳的齒盤／轉速比呢？事實上是不能的。

關鍵反而是知覺與經驗。如果是用數字算出來的，當你算出要用 53/15 的齒盤在轉速 100rpm 下才能達到目標速度時，你肌肉的緊繃感、心臟跳動與呼吸頻率提高後對心肺系統的沉重負擔，都會跟你計算的結果互相衝突。

你心裡想得是「騎得像阿姆斯壯一樣」，但身體卻告訴你「我很不願意把真相挑明，但兄弟，你可不是阿姆斯壯」。當然我們也可以跟隨自己心裡的想像，但最終必然得面對自身的極限。這個邊界即是整個身體最佳運作效能的臨界點，若我們強迫自己超越極限，雖然可以短暫達到巔峰，但很快身體就會完全停擺。

簡而言之，這等於說明了「訓練」與「比賽」之間的差異。只要是訓練，不論是為了鍛鍊更大的力量或增強有氧能力，訓練的目的都是在盡量擴大潛能的邊界。比賽則剛好相反。在賽場上要能認清自己當下的能力，然後盡可能地以最有效率的方式把自己的潛能 100% 發揮出來。也就是說，

能力的邊界已經確定了，比賽時要能盡量接近它，但又不能超過它，不然就會把比賽給搞砸。

要找到自身能力的邊界其實很容易。在某個你想要維持的特定速度下，如果因為檔位過重讓你很煎熬，代表你當下的肌力並無法負擔，此時就應該換成較輕的檔位。如果你的踏頻太高，高到你的心率飆升、呼吸沉重，這就代表齒盤太輕了。

透過訓練和經驗你應該知道自己的極限在哪裡，而且你也應該隨時認清自己離這道危險的邊界有多近。你曾聽過運動員描述比賽跟訓練之間的關係嗎？大多數的選手會認為比賽就像從每天例行訓練中抽離出來的短暫休息。這樣的描述相當精準，因為訓練是要不斷把自己逼到極限之外，但比賽是要把自己盡量控制在能力的邊界之內。

肌肉緊繃程度的標準

判斷費力程度的標準為何？其實很簡單，就是你騎乘時腿部肌肉的「緊繃感」。到底要緊繃到什程度才是正確的呢？下面這個簡單的檢測方式可以幫你找到。先把自行車架在固定式訓練台上，上車後臀部離開坐墊、手離開握把，只靠雙腳支撐在三點和九點鐘方向，然後站好保持平衡，上下輕微地跳動，此時你肌肉所感覺到的緊繃感就是標準。

你可能會認為此時肌肉的緊繃程度應該只適合當作平路騎乘時的判準，爬坡時肌肉應該要更出力才對吧！是嗎？讓我們來看看爬坡時使用太重的齒盤會發生什麼事。你會把腳用力往下「搗」，肌肉的確是更緊繃了，但你並沒有騎得更快。當齒盤太重時，用力「下踩」的動作只會使你的身體向上移動不會使你更快，反而是浪費多餘的力氣，使你更容易疲勞和抽筋。

現在，我們來看看比賽時這樣做的情況和結果：你感覺狀況很好，把檔位換到 53/15，在 90rpm 的轉速下以時速 40 公里的速度巡航，前方是一個不太陡短坡，距離不到 800 公尺。

「我要全力攻上去」，你對自己說。為了保持同樣的速度、同樣的檔位、同樣的轉速──接著再用力踩踏。前面幾百公尺，一切都很好，但你忘了一件最重要的事情：上坡時一定會減速。

當痛苦從雙腿蔓延開來，踏頻和速度很快就會一起下降。為了維持預設的速度，接著你必須面對兩個選擇：變換較重的檔位或是離開坐墊站起來硬騎上去。

這兩個選擇都不太好。臀部離開坐墊後轉速會掉更多，換成較重的檔位後要維持高轉速會更艱辛，所以速度也會變慢。

到了坡頂之後，你的競爭對手從你身邊飛馳而過，但最糟的事情還沒發生。因為你的齒盤還是太重，所以心率居高不下、呼吸紊亂不堪、雙腿充滿乳酸，最糟的是，這個看似不起眼的小坡已經傷了你的心，自我懷疑的聲音不斷從心裡冒出來。

你反而無法在爬完坡後的平坦道路上加速前進，你只是急著快點恢復過來，盼望下坡快點來到，把你從痛苦中解救出來。但到下坡時，你的車因為速度慢，所以加速也比其他人久，因此損失了更多時間。更多的自我懷疑爬進你的心房。你覺得今天狀況不好，開始降低期望。今天的比賽到此為止了，只是因為在這個簡單的坡道中產生了錯誤的知覺與判斷。

「那個坡每次都教訓我一頓」，有聽過車手這樣說嗎？你就是被教訓的那個人，但錯不在坡，而在你自己。

爬坡的騎法

常識和經驗告訴你平路可以維持每小時40公里的時速，上坡時絕對無法維持同樣的配速。所以有沒有更好的方法？是否能不要每次都「被上坡給教訓一頓」，或是看到坡就開始預設痛苦又要來了，而是能更好地處理上坡，把自己的能力完全發揮出來。

方法是在進入坡道前先把飛輪從 15 調到 19，甚至 21 齒。依據坡度也可以換到小盤。此時當你利用慣性以一個不錯的速度進入坡道時，較輕的檔位有助於你以高轉速來爬坡。

當你覺得雙腿開始過度緊繃的那一刻就要換成較輕的檔位，這樣你才能輕鬆地轉動踏板。主要目的是不要覺得不舒服，而要能自在地騎乘。當爬坡只剩下十分之一左右的路程時，可以稍微加重檔位，而且維持同樣的高轉速攻上坡頂，這有助你在坡度下降後輕鬆地回到爬坡前的速度。現在你可以休息了，這是你在比賽中放鬆身心的一段時間。

這種靠知覺輔助決定檔位和轉速的過程，在公路計時賽或鐵人三項賽的賽道上

會出現很多次。這些原則也適用於 180°
折返時。關鍵是進入折返點前先換成較輕
的檔位，你也可以把繞過折返點的這段空
檔作為休息的好時機，因為檔位已經調輕
了，所以就能在離開折返點時很快地回到
之前的轉速，接著再回到原本巡航時較大
的齒盤。

通過 180° 的折返之後有可能從順風變
成逆風，如果你想要一折返就有效提速，
而非在通過折返點後才開始用力掙扎加
速，就必須事先降低檔位。

外在的風向、地形、路面、氣溫或速度
都需要拿體力來換，交換的是肌肉緊繃和
有氧活動的程度，但這是內部的運作，看
不到的，外顯出來的交易項目是前後齒盤
比和踏頻。

踏頻太快代表齒盤太輕，這會浪費能
量，雙腳變成只是在踏板上空轉，對前進
速度沒有幫助，因為無法有效地把體重轉
移到踏板上。需要用力重踩踏板代表齒盤
太重，這會造成肌肉過度緊繃，最終導致
疲勞和抽筋，而且重踩時體重轉移到踏板
上的效率也會下降。

選擇檔位

在第 243 頁的齒盤選擇表中可以看到前
變速器最常見的兩種組合方式：其一是大
盤 53 齒與小盤 39 齒，[2] 其二是近年來許
多車手偏好的大盤 50 齒與小盤 34 齒的
「CT 盤」。後方的最小飛輪通常都是 12
齒。

乍看之下，這兩者的差別似乎很大，但
其實只要把最小的飛輪換成 11 齒的，兩
種組合的前進距離其實差距不大。

利用這個表格，你能準確找到前進距離
一樣的齒盤組合，例如用小盤、飛輪換到
12 齒時（34/12），踏板每轉一圈的前進
距離為 1.94 公尺；換到大盤、飛輪上到
18 齒（50/18）時，踏板每轉一圈的前進
距離為 1.91 公尺。以這兩種情況來說會建
議選擇大盤，因為此時後變所在的齒盤位
於中間，不管變輕變重都只要調整後變的
飛輪，所以換檔的速度會比較快。

要如何達到自己的最佳表現呢？細究齒
盤的選擇可以更明白這個問題。假設你現
已經很習慣用 53/11 的齒盤組合來重踩，
60rpm 的低轉速才覺得舒服，這證明你的
肌力相當好，但也同時代表你並沒有騎出

該有的速度。當你再怎麼用力也無法把轉速拉到 70~75rpm，就表示你目前無法有效率地在兩個踏板之間轉移體重，而且此時肌肉已經用盡力氣卻無法達到自己的最佳速度。

所以如果無法在該檔位下提高轉速的話，就該換到較輕的檔位以減少肌肉負擔（緊繃感），這當然會使踏頻變快。雖然肌肉變輕鬆了，但高轉速時就需要更高的心率和有氧能力才能維持。所以如果齒盤太輕的話，代價跟重踩時肌肉過於緊繃的結果一樣：心率飆高、有氧能力不堪負荷。

我們的目標，是在不同的路況與環境中，都能於大齒盤重踩與高轉速之間找到平衡點。比如說我們想在鐵人三項自行車賽段或公路計時賽中，以每小時 40 公里的時速巡航，這樣一來，就能剛好以「神奇」的一小時騎完 40 公里的距離（均速 40 公里／時）。

加速的需求

在現實世界（真正的比賽）無法從頭到尾都維持同樣的速度，路不會永遠是平的，丘陵、彎道、折返點、路面變化與其他變數，都會影響你的速度。為了維持均速 40 公里，你不可能以同樣的齒盤和轉速騎完全程，勢必需要加速。

當我們想到加速時，腦海中會浮現車手離開坐墊站起來用力踩踏，從眾多對手中突圍的畫面，那是個既刺激又吸引人的景象，但在數百公里的賽道上，需要提高速度的時刻有數十次，站起來騎真的是正確的加速方式嗎？

站起來是真的必要行為，或者只是你想要這麼做而已？主動向下蹬踏就像只想用體重撞擊踏板、讓肌肉變得更緊繃或不斷提高心率而已。事實上，這些並非加速的必要過程。坦白說，在大部分的情況下，上述的做法都是錯的。

離開坐墊加速的負面效果相當隱晦。當你一開始站起來加速時就會對肌肉形成過多的壓力，使你加速初期的轉速過低。

高效率的加速過程是從較輕的齒盤與高轉速開始。這能避免肌肉過度緊繃，而且在高轉速情況下逐漸加重齒盤可以更快加速。如果用太重的齒盤來加速，不論是否站起來，你都會像陷在泥淖中一樣，愈踩愈沉。

現在我們知道應該以較高的踏頻開始加速，所以最好坐著騎，不要離開坐墊。因為在坐墊上比較容易維持高轉速。開始加速之後，高轉速的動量能使你更輕易地在同樣的轉速與肌肉緊繃的臨界線下，逐漸加重檔位。

舉例來說，剛開始加速時你的檔位是大盤 53 齒、飛輪 23 齒，或是小盤 39 齒、飛輪 17 齒。這兩種齒盤的組合所移動的速率是相似的，踏板每轉一圈 53/23 的組合可以移動 1.58 公尺；39/17 的組合可移動 1.57 公尺。接著要盡快在同樣的轉速下回到減速前的齒盤組合（53/17 或 53/14），至於多快可以回到原本巡航的速度就跟技巧與體力有關了。

不管是因為什麼原因加速，過程都是一樣的：剛開始都要先坐在坐墊上，用比較小的齒盤提高轉速，再逐漸把齒盤加重上去。只有在某些需要瞬間加速的情況（例如最後衝線），才要立刻站起來把更多的體重轉移到踏板上。

在加速時選擇齒盤、管控心率與肌肉疲勞的邏輯，也同樣可以運用在維持定速的挑戰上。比如你正以最理想的齒盤與轉速組合維持某個固定速度，但騎到後來腿部

肌肉愈來愈緊繃，此時可以略微降低檔位與提高轉速來降低肌肉的緊繃感，眼睛則盯著碼表刻意維持相同的速度。特別是當你忽然騎進沒完沒了的逆風區，這個策略特別有用。

如同之前所討論的，爬坡時齒盤選擇的影響最大。雖然你自認為可以用大盤攻上坡頂，但最佳的選擇，是踩踏起來肌肉較不緊繃且能更頻繁運用體重的檔位。你在環法賽的播報中可能會聽到「在踏板上跳舞」這樣的措詞，指的正是車手看似毫不費力地維持高轉速爬坡的優美動作。

雖然爬坡時速度會變慢，但在齒盤和轉速之間的選擇邏輯是一樣的。目標都是維持最高速度時不要在腿部主動施加過度的壓力。如果你不想在鐵人三項賽中的轉換區與接下來的跑步賽段「鐵腿」，這些技巧就更為重要。

以高轉速爬坡時需要足夠的有氧輸出能力，要具足這樣的能力就必須有足夠的訓練。如果你想「像阿姆斯壯一樣爬坡」，有氧系統就必須充分發展，才能夠長時間維持高心率與高攝氧量。

攻頂後，下坡就變得容易多了，但齒盤的選擇也必須依坡度而定。在下坡時，你

會很想換到大盤衝下坡底，這當然沒問題，只是如果坡度不陡，你仍需持續踩踏，當你覺得腿部的肌肉過於緊繃時就要立即降低檔位，不要遲疑。

當下滑的坡度持續變陡，最終你會來到踩踏動作失去效益的臨界點。如果你的轉速變得超高，雙腳好像一直在追著踏板，但卻無法再加快 1 公里的時速，此時就該停止踩踏，把身體趴低，以低風阻姿勢滑下坡。

用力騎，但沒人看得出來你在用力

在騎乘時最需要考慮的兩個關鍵變數是「檔位」和「轉速」，你的極限取決於這兩者的平衡，但如何平衡呢？最終的答案必須根據比賽與你的體能狀況來決定。如果你現在缺乏肌力，即使是最輕的檔位也會使你的肌肉感到緊繃；或者你花了很多時間在重訓室練肌力，但練車的里程數不足時，踩動大齒盤對你來說可能不成問題，但你的體能卻無法使你維持長時間的踩踏。

不要太常在騎乘時超出你自身的極限，只要讓你的知覺引導你就好了，這什麼意思呢？超出極限時的動作通常都是外顯的，很容易看得出來。比如說，轉速太慢和踩踏沒有節奏時會被調侃為「踩得方方正正」。這樣的踩踏動作通常會伴隨著肩膀的轉動，身體的動作會很明顯，有時是左右搖擺，或甚至上下起伏。

這樣，你看起來好像很用力在騎車，「看起來很用力」的另一層含義是缺乏腿部的肌力，無法有效把體重轉移到踏板上，而試著尋求身體其他部位的援助。但這些多餘的動作只是在浪費身體的能量而已。當你技術動作訓練純熟，這些多餘的動作就不會出現。最厲害的車手在自行車上總是看起來很「安靜」，不管任何時刻都不會有多餘的動作。

如果你發現自己在自行車上掙扎著向下踩，那表示你缺乏維持目前運動表現的肌力。更糟的是，如果你繼續用這樣的動作來維持目前的速度，將會在肌腱和韌帶上形成過多壓力，長期下來可能會導致削弱運動表現的傷害。

另一種狀況，是你把轉速拉高到適應能力之上，此時身體雖然不會晃動，但不久

就會遭遇疲勞。當轉速降到55~65 rpm時，雖然能量耗損比較少，但不幸的是速度也會跟著變慢。迴轉速與身體能量消耗之間呈現「倒U」字型的曲線關係，倒U的最高點是體力換取速度時最有效率的轉速，但很難明確指出這個點在哪裡。雖然目前的科學數據的確有助於找到具有最高效率的神奇轉速，[1]但在真實的世界中騎車，這個完美的轉速不只要依據車手的肌力、技巧和訓練量高低來調整，而且也跟車手騎乘當下的每一刻知覺變化有關。

準備跑步

從鐵人三項的觀點來看，關於檔位／轉速的選擇還有最後一個主題要討論，即是騎乘最後階段準備轉換成跑步時。如果是自行車賽，騎完就可以去洗澡、吃大餐或按摩，但鐵人則要準備開始面對最後的跑步賽段。

就像在進入坡道前要降低檔位一樣，騎車賽段結束前也要做同樣的事，目的是在起跑前盡可能放鬆腿部的緊繃感。如果在自行車最後賽段仍使用太重的齒盤，下車進入轉換區時腿部就有可能太過疲勞、緊繃，甚至可能會抽筋，變成俗稱的「鐵腿」。重踩進，蹣跚出！

所以下車跑步前就要改以輕快的轉速踩踏，這點相當重要。如果你是蹣跚跑出轉換區，勢必要花很長的時間才能回到好的配速，這種腿很重的感覺，就好比你騎車用大盤進入折返點後碰到大逆風的情況。

你想在下車後仍使腿部輕快的話，一下車的步頻至少要達到每分鐘180步，等同於騎車時每分鐘90下的踏頻。

距離轉換區多遠之前就要降低檔位改用較輕快的轉速呢？這要視賽道的長度和難度而定。如果是半程標鐵賽，也許只要最後400公尺，就夠你放鬆腿部肌肉並做好跑步準備。但如果是226公里的超鐵賽，而且賽道很難的話，你可能要在進入轉換區前的數十公里就開始放鬆。主要靠你的經驗和當下知覺來調整，但一般來說，自行車的賽段愈長或愈難，開始跑步前的放鬆時間就需要拉得更長。

譯注：

1. 男／女的 UCI 紀錄在一九九六年之後就沒人打破過。

2. 台灣通稱為「標準盤」。

參考資料：

(1) Marsh and Martin （1997） Effect of cycling experience, aerobic power, and power output on preferred and most economical cycling cadences. Medicine and Science in Sports and Exercise Vol. 29, 1997, pp. 1225–1232.

第 35 章

踩踏的技術訓練動作

> 卓越,是用不平凡的方法去做一件平凡的事。
>
> ──布克・華盛頓(Booker T. Washington,美國政治家、教育家與作家)

一旦你學會騎車,一輩子都忘不了,對吧?的確如此,但這也正是不幸之處。當我們學習的某項技巧是一種不斷重複的動作時,就會變成「過度學習」(over-learning)。就像學騎自行車一樣,一旦學會在車上保持平衡與控車的技巧之後,我們就能以每分鐘 70、80 或 90 次的踏頻向前騎,重複次數極高,使得這個動作似乎植入我們的 DNA 裡,變成直覺的反射動作,刻意想忘也忘不了。但也因為這樣,使得重新學習與修正踩踏技術的進步過程變得更加困難。

我下面設計的一系列技術訓練動作都在強化踩踏的意識,使你的腿部在每一圈的踩踏過程中都能抓準用力與放鬆的時機。訓練之前你必須先捨棄之前的踩踏習慣,

開始重新學習分辨踩踏時的細微差異,這將能大幅提升你的騎乘效率與成績。

讀了前面幾章關於踩踏的科學研究之後,你應該了解正確的踩踏元素有哪些,接下來的挑戰是如何把這些理論轉化為自己實際的動作,最終使新的技巧取代舊有的踩踏習慣,變成自己的第二天性。

要使這樣的轉化過程開始運作,關鍵是本章所介紹的踩踏技術訓練動作,它們能擴大你在轉動踏板時對肌肉、肌腱和關節的知覺。它有另一個學術名稱叫做「本體感覺意識」(proprioceptive awareness)。技術訓練正是在開發這樣的意識,使我們在騎乘時不要再去想多用力、速度與踏頻該多快或該騎多遠之類的問題,而是專心在平衡、重力的影響以及身體動作的控

制上。

　身為一位耐力運動員，你當然希望自己辛苦鍛鍊的體力能表現「出來」。以騎車來說，踩踏技術訓練動作是使你本身具備的體力能更有效率地被運用，而非用來操練與提升體力，所以不用預期這些動作會使你的心率飆高或練到精疲力盡。反而是每次練習都要能保持神志清明，要能特別專注在這些動作上，不然你會很難掌握這些動作。事實上，頭幾次練習你會發現自己在自行車上的平衡感很差。

　為了安全起見，前幾組訓練都是在固定式訓練台上練習，當你得心應手之後，大部分的動作就可以直接在道路上操作。剛開始時，建議每週練兩到三次，抓到感覺後可以減少到每週一次，此時只要能維持正確踩踏技術的感覺即可。

　但除了專練技術動作的日子之外，最好能在每次外出騎車前先練這些動作 15~20 分鐘當作熱身，如此你就可以把技術的本體感覺轉移到實際的公路騎乘中。

　這些動作的主要目標是：學習如何把體重「運用」在踏板上，而且跟前者一樣重要的，是如何以及何時把體重從踏板上「移開」。當踏板通過一點到三點時，正是轉移體重的關鍵點。

　所有動作的起點，都是兩個踏板位於三點與九點鐘方向的水平狀態時，此時體重平均分布在兩個踏板之間。如同前面所討論的，想要從靜止狀態開始移動，就必須把後腳踏板的體重移開，轉移到前腳踏板上。在這些動作中既沒有「推」，也沒有「拉」，只是後腳踏板進行簡單的「失重」，而使體重轉移到前方的踏板上，被動朝地面落下。

　當腳掌下落後，很快就會來到六點鐘方向的下死點，在這個點上無法輸出功率。為了了解下死點的含義，在開始練這些技術動作之前，你應該先設定自己轉速的衡量標準。首先，把自行車架在固定式訓練台上且不加任何阻力，接著換到最輕的檔位（也許是 39/23），熱身之後，盡量加快踏頻，測試你的迴轉速要提高多少後臀部才會在坐墊上跳動。臀部開始過度跳動前的轉速，就是你衡量踩踏技術進步與否的標準。我們可以預期的是，在改進踩踏動作之後，這個數字會明顯提高。

　為何在 120 或 130 轉速時，有些人的臀部會開始在坐墊上跳動呢？我們的老朋友牛頓在幾百年前就寫下第三運動定律來回

答這個問題。當你主動向下對踏板施力，它就會形成「反作用力」（GRF），把你的身體往上推。不管任何時候，只要你用的「力」比踏板移動的速度快，你就會失去步調，開始上下彈跳。另一方面，當你的肌肉愈緊繃，上下跳動也會愈明顯。

離開訓練台，在下坡騎乘時也很容易有相同的體驗，如果向下踩踏的力超過重力，身體就會開始上下跳動。當重力把自行車快速拉下斜坡時，踏板會是「空的」。此時若瘋狂地用力加快踩踏，過了一陣子後你會感覺既徒勞又滑稽，接著你自然會放棄用力，享受滑下坡的快感。當你技巧進步後，你就能夠配合下滑的坡度選擇適合的齒比，以及進一步提升維持高轉速的能力。

開始練習

踩踏技術訓練的設計是從最基本的動作開始，逐步進展到較為複雜與困難的動作。同樣地，你習慣的轉速也會逐漸增加；訓練方式也是先從固定式訓練台開始，最後再到實際的道路上進行訓練。好消息是

不用花上好幾個月就能看到進步。事實上，只要你能專注控制力氣與學會在兩個踏板間轉移體重的技巧，練習幾次後你就能「找到」感覺，也會很快看到車錶上的轉速明顯提升了。

剛開始練這些踩踏技術動作時，先從較低的阻力開始，接著可以增加訓練台上的阻力，或是加重自行車上的齒盤，但練技術時不管阻力增加多少，都要能持續維持相同的轉速和心率。維持轉速和心率的能力，一般都認為是更艱辛訓練下的結果，但你會從這些技術動作訓練中，了解到這個能力其實來自「更好」與「更有效率」的踩踏，你很快就能看到正確技術所帶來的顯著效果。透過練習，這些技術訓練能幫你精確地在對的位置與時間把體重轉移到踏板上，因此才能創造更大的轉動力矩。經過一段時間練習，當你適應更高的轉速和更重的齒盤後，自然會為你帶來更高的輸出功率。

因此在練這些動作時，目標是：提高你在踏板上運用體重的意識，進而逐步加重齒盤與提高轉速。

請記住，當你在練這些動作時，只要你的肌肉緊繃感上升就必須放鬆；如果無法

放鬆就停止練習，休息重新找回注意力後再開始練習。只要你的肌肉是緊繃的，就會無法流暢地在兩個踏板之間轉移體重，那體重勢必會留在上／下兩個死點上（六點鐘與十二點鐘方向）。同樣地，如果你的心率跳太快也要先休息，放鬆之後再開始練習。

室內訓練台上的技術訓練動作

下面的技術動作都要在自己的自行車上進行練習，把你的車子架設在後輪可以加重阻力的固定式訓練台上。前輪下方最好要墊高（可以用書或木頭），這樣才能模擬戶外的騎乘姿勢。只有技術非常高超的車手，才有辦法在不穩定的滾筒上練這些動作。

為了開發你精確運用體重的能力，要先從較為輕鬆的齒盤開始（例如 53/23）。齒盤較輕時，轉動踏板所需的體重也比較小，這樣你才能專注在動作的知覺上。練習過程中你必須明確掌握腳掌在空間中的所在位置，尤其是踏板在三點鐘方向的位置要覺得舒服才行。

我把車鞋卡在踏板上了，為何知覺還是很重要呢？雖然車鞋上卡後腳掌的位置不會改變，但用力的位置與時機的精確性必須由車手自己控制，因為它才是踩踏經濟性和效率的關鍵指標。踏板每一圈的最大力矩發生在三點鐘方向的位置上，踩踏功率正是基於此點而來，道理很簡單，因為唯有在三點鐘方向，我們才能運用最多的體重。當你的知覺隨著動作的難度逐漸增加而進步時，你同時也能驅動更重的齒盤與鍛鍊到踩踏的肌力了。

為了讓你比較容易記得這些技術訓練動作，我把訓練項目依身體部位分成四種類別，在這四種體位下又可分別進行四種知覺動作的訓練（見第 259 頁表格）。

除了這四個技術動作之外，還有單腳練習。練習時另一隻腳放在固定式訓練台或後輪快拆上面。單腳訓練的體位只練 #I 跟 #II，技術動作只做 #2 跟 #4，所以總共只有四種練習項目。

踩踏技術跟跑步技術動作的設計結構一樣，目的是使你的動作愈來愈自然且有效率。

所有的技術訓練動作，都要在以下四種體位下進行訓練。這四種踩踏技術的訓練體位中，兩隻腳的起始位置都一樣，分別站在踏板三點與九點鐘的位置上（之後簡稱：3/9 位置），不一樣的只是手掌與臀部的位置：
Ⅰ．手撐在握把、臀部坐在坐墊上，這即是「關鍵騎姿」。
Ⅱ．手離開握把、臀部坐在坐墊上。
Ⅲ．手撐在握把、臀部離開坐墊。
Ⅳ．手離開握把、臀部也離開坐墊，保持平衡，所有的體重只分擔在兩個踏板上。

四種踩踏技術的知覺訓練動作：
#1．雙腳在踏板 3/9 位置上保持靜態平衡。
#2．從 3/9 位置上開始，前踏板移到一點鐘的位置，隨後轉移回三點鐘，停頓一下（目的是使腳掌記住三點鐘的位置），接著再到一點鐘位置，重複上述動作。在這個訓練中，前腳每次都只在 1/6 圈（60°）的框架中轉動。
#3．從 3/9 位置上開始，前踏板向下轉移到九點鐘的位置，後踏板向前轉移到三點鐘的位置，停頓一下（目的是使前腳掌記住三點鐘的位置），兩腳同時反轉回到原本 3/9 的位置上，接著重複上述動作。在這個訓練中，前腳每次都只在 1/2 圈（180°）的框架中轉動。
#4．從 3/9 位置上開始，前踏板轉一圈回到原本三點鐘的位置上，停頓一下（目的是使前腳掌記住三點鐘的位置），接著重複上述動作。在這個訓練中，前腳每一次都會轉動完整的一圈（360°）。

第一組動作：平衡——基本功

起手式：平衡訓練

學習目標：利用不同的體位開發你在踏板上的平衡知覺。

1a）起始騎姿 #I：腳掌在踏板 3/9 的位置，手撐在握把（也可以握下把）、臀部坐在坐墊上，這即是「關鍵騎姿」（圖35.1）。

技術動作 #1：這是最基本的平衡訓練。

先維持關鍵騎姿，接著略微抬起臀部，使它輕觸坐墊，維持 10 秒鐘後坐下休息，重複 5~10 次。

訓練目的：開發你在踏板上使體重保持平衡的「動覺意識」（kinesthetic awareness），同時取代用力下踩的意識。因為踩踏的效率來自踏板間的體重轉移，你轉移到踏板上的體重愈多，自然就能騎出更快的速度。

圖 35.1 ⊃ 在固定式訓練台上以「關鍵騎姿」為起始姿勢。

圖 35.2 ⊃ 臀部完全離開坐墊，維持平衡。

1b）起始騎姿 # Ⅲ：雙腳先從 3/9 位置開始，臀部完全離開坐墊，雙手輕觸握把，但體重不要壓在上面，只是為了保持平衡而已（圖 35.2）。

技術動作 #1：這是最基本的平衡訓練。所有的體重都放在兩個踏板上，身體前後移動但同時要保持平衡，過程中不要前傾到把體重撐在握把上，也不要後仰到失去平衡而坐回坐墊上。不斷重複練習到你有「抓到感覺」為止。

訓練目的：這項訓練可以使你更有意識地體會到體重在踏板上是什麼感覺，在踏板上保持平衡時的目標，是盡量放鬆身體

與減少肌肉的緊繃感，不必要的緊繃感會降低踩踏的流暢度。

1c）起始騎姿 # Ⅳ：雙腳支撐在 3/9 位置的踏板上，臀部離開坐墊、雙手離開握把，體重平均分擔在兩個踏板上（圖 35.3）。

技術動作 #1：這是最基本的平衡訓練。這是接著 1b 之後的練習，試著只靠雙腳在踏板上保持平衡，而不要向兩側或前後傾斜。

訓練目的：跟 1b 一樣，只不過手掌完全離開握把，所以需要更多的身體控制。現在，你應該更能體會到體重在踏板上是

圖 35.3 ⤴ 臀部跟手掌都離開支撐，維持平衡。

什麼感覺了，這跟平常坐著騎乘時大部分的體重在坐墊和握把上的感覺相當不同。

第二組動作：平衡 —— 三點到一點的訓練動作

體重的運用技巧：踩踏知覺訓練

學習目標：藉由縮小踩踏的範圍來開發運用體重的知覺。練習的過程中，體重要一直以前足蹠球部來支撐。

2a）起始騎姿 #I：雙腳先從 3/9 位置開始，臀部坐在坐墊上，雙手輕觸握把，但

體重不要壓在握把上（圖 35.4）。

技術動作 #2：把前踏板從三點鐘移到一點鐘的位置之後立即再轉移回三點鐘的位置，此時停一下（目的是使腳掌記住三點鐘的位置），再回到一點鐘。剛開始練習時動作可以慢一點，等到熟悉後再加快速度。前腳重複上述動作 20~30 次之後，再把後腳移到前方重複上述練習。如果覺得這項動作已有進步可以加重齒盤。這個動作的關鍵是當前踏板抵達一點鐘時就立刻「失重」後方踏板，而且當踏板向下轉動時不要主動用力向下蹬踏。

訓練目的：如果你本來就會下意識地向下用力踩，每當腳掌通過三點時你就會在踏板跳動，此時你會立刻知道自己做錯了。此外，透過這個動作你可以感覺到在沒有足背屈的情況下用整個腿部一起轉移體重。

該技術動作之後要立即進行的轉換訓練：換成輕檔以低風阻的騎乘姿勢（例如握下把），盡可能加快踏頻，但不要有很費力的感覺。記住轉速提高但腿部並不會有緊繃的感覺。即使轉速增加，你在踏板上的腿應該仍然感覺很輕鬆。

圖 35.4 ⊃ 在固定式訓練台上從關鍵騎姿開始訓練。

圖 35.5 ⊃ 臀部在坐墊上，雙手離開車手把，前腳在 1~3 點鐘之間反覆來回。

2b）起始騎姿 #II：雙腳在 3/9 的位置，臀部在坐墊上，雙手離開車手把（圖 35.5）。

技術動作 #2：除了雙手離開握把之外，動作跟 2a 完全相同，前腳在 1~3 點鐘之間反覆來回，重複 20~30 次之後再換腳。

訓練目的：這項訓練動作可以提高你踩踏時的意識，使體重運用地更加精準，這都是為了使你在騎乘時能維持高效率的踩踏動作。

2c）起始騎姿 # III：雙腳先從 3/9 位置開始，臀部離開坐墊，雙手輕觸握把，但體重不要壓在上面，只是為了保持平衡而

已（圖 35.6）。

技術動作 #2：動作跟 2a 完全相同，前腳在 1~3 點鐘之間反覆來回，重複 20~30 次之後再換腳。

訓練目的：開發更加精確的動作意識，使肌肉在不緊繃的情況下，進行更加流暢與高效率的踩踏動作。

該技術動作之後要立即進行的轉換訓練：跟之前一樣，降低檔位，改以低風阻騎乘姿勢，當你在控制用力程度與減少肌肉緊繃感的同時，要記住當下踩踏的流暢感。

圖 35.6 ⊃ 臀部離開坐墊，雙手輕觸握把保持平衡，前腳在 1~3 點鐘位置之間來回移動。

2d）起始騎姿 #Ⅳ：雙腳先從 3/9 位置開始，臀部離開坐墊，雙手離開握把（圖 35.7）。

技術動作 #2：很明顯，這項練習變得更加棘手，就像你第一次學會放手騎車秀給老媽看時的姿勢。

訓練目的：同樣地，這不是在練腿部的力量，而是在練平衡與利用體重轉移來向前騎行的技巧。當腿部來到最有效率的踩踏區間時，你必須集中注意力把體重轉移到踏板的正上方。

該技術動作之後要立即進行的轉換訓練：如同之前的訓練，改成低風阻的騎乘姿勢與較低的檔位輕快地踩踏，現在你應該能體會到顯著提升的踩踏速度和流暢感。

圖 35.7 ⊃ 臀部離開坐墊，雙手離開車手把，前腳在 1~3 點鐘位置之間來回移動。

第三組動作：失重 ——180° 的訓練動作

「失重」的知覺訓練

學習目標：開發後踏板失重的知覺。我們都知道兩個踏板左右分開 180°，所以向下踩的同時向上拉是很不合理的用力方

式。專心把體重轉移到前踏板上，只要使後方踏板失重即可。但如果要把體重轉移到前踏板，同時又用力向上拉動後踏板就會抵銷你的力量。因此我們只專注在兩個踏板間來回轉移體重，這也是自行車踩踏的「唯一」關鍵所在。

3a）起始騎姿 # Ⅰ：兩個腳掌放在踏板3/9 的位置，臀部坐在坐墊上，雙手輕觸握把，不要用力只是保持平衡（圖 35.8）。

圖 35.9 ⟳ 臀部坐在坐墊上，雙手離開車手把，雙腳在 3~9 點（180°）之間反覆來回。每次都要使踏板精準地停在三點鐘的位置。

圖 35.8 ⟳ 臀部在坐墊上，雙手握在車手把上，使雙腳在 3~9 點之間（180°）反覆來回。

技術動作 #3：兩個踏板轉動 180° 之後完全停止動作。剛開始以較輕的檔位練習，記得只用體重來轉動踏板，不要主動踩踏。重複 10~20 次之後換腳。

訓練目的：這個動作可以教會你在踏板上精準地運用體重。

3b）起始騎姿 # Ⅱ：這項訓練跟 3a 一樣，但雙手完全放開握把（圖 35.9）。

技術動作 #3：一樣使踏板轉動 180°，而且每次都要使踏板精準地停在三點鐘的位置，重複 10~2 次之後換腳。

訓練目的：訓練這個動作時應該感覺不到任何肌肉的緊繃感，雙腳也不會感覺到支撐在踏板上，動作要練到快速準確（停在三點鐘的位置），需要集中精神才做得到。

3c）起始騎姿 #III：跟 3a 一樣，只是臀部要離開坐墊（圖 35.10）。

技術動作 #3：跟 3a 一樣，使踏板轉動180°，而且每次都要使踏板精準地停在三

圖 35.10 ⊃ 臀部離開坐墊，雙手握在車手把上，雙腳在 3~9 點（180°）之間反覆來回。每次都要使踏板精準地停在三點鐘的位置。

點鐘的位置，重複 10~20 次之後換腳。

訓練目的：現在你應該能夠在轉動踏板時感覺不到肌肉用力，而且使踏板精準地

圖 35.11 ⊃ 臀部離開坐墊，雙手離開車手把，雙腳在 3~9 點（180°）之間反覆來回。每次都要使踏板精準地停在三點鐘的位置。

停在三點鐘的位置。

3d）起始騎姿 # Ⅳ：雙腳一樣保持在 3/9 的位置上，但臀部離開坐墊，雙手也完全離開車手把（圖 35.11）。

技術動作 #3：一樣是 180° 的訓練，每次重複前都要精確地停在三點鐘的位置，重複 10~20 次之後換腳。

訓練目的：在練習 180° 的動作時，最重要的是保持體重與平衡的知覺。

第四組動作：體重轉移／失重——360° 的雙腳訓練

「體重轉移」的技術訓練

學習目標：開發轉移體重的知覺，使你可以在一圈完整的踩踏中，流暢地在雙腳之間轉移體重。

4a）起始騎姿 # Ⅲ：雙腳在 3/9 的位置上，臀部離開坐墊，雙手輕觸車手把，但體重不要撑在上面（圖 35.12）。

技術動作 #4：專注在後方踏板的失重動作上，利用失重來啟動兩個踏板轉動 360°，最後要精準地停在最初的起始位置。重複 20~30 次之後，換腳在三點鐘的

圖35.12 ⊃ 臀部離開坐墊，雙手輕觸握把，踏板轉動360°。每次都要使踏板精準地停在三點鐘的位置後才開始下一次。

圖35.13 ⊃ 臀部離開坐墊，雙手離開握把，踏板轉動360°。每次都要使踏板精準地停在三點鐘的位置後才開始下一次。

位置再重複 20~30 次。

訓練目的：這個動作仍繼續深化你在踏板上轉移體重的知覺，使你能夠持續修正自己的踩踏動作。

4b）起始騎姿 #Ⅳ：跟 4a 一樣，只是雙手要完全離開握把（圖 35.13）。

技術動作 #4：跟 4a 一樣，但保持同一隻腳在前方，重複 10~20 次之後才換腳。

訓練目的：當你掌握要領時，你會感覺到靜止不動的上半身，與快速轉動踏板的雙腳形成強烈的對比。在練習過程中身體不該有上下的垂直振幅，使踏板像是自行

轉動。

該技術動作之後要立即採取低風阻騎姿，以高轉速踩踏一小段時間之後，才進行下一階段的技術訓練。

4c）起始騎姿 #Ⅲ：雙腳在 3/9 的位置上，臀部離開坐墊，雙手輕觸握把，但體重不要撐在上面，只要能保持平衡即可（圖 35.14）。

技術動作 #4：同樣的動作再做一次，記得由後踏板的失重動作來啟動，但這一次請持續轉動踏板 20~30 圈，不要中斷。

訓練目的：經過前面的技術訓練之後，

圖 35.14 ⊃ 臀部離開坐墊，手撐在握把上，不中斷地連續踩踏 20~30 圈。

圖 35.15 ⊃ 臀部離開坐墊，手離開握把，不中斷地連續踩踏 20~30 圈。

你的踩踏動作應該變得既快又流暢，使你有種「頓悟」的感覺。

該技術動作之後要立即採取低風阻騎姿，以高轉速踩踏一小段時間之後，才進行下一階段的技術訓練。

4d）起始騎姿 #IV：雙腳在 3/9 點鐘的位置上，臀部離開坐墊，雙手離開握把（圖 35.15）。

技術動作 #4：由後踏板的失重動作來啟動，持續轉動踏板 20~30 圈，不要中斷。

訓練目的：檢查自己是否因為連續踩踏而失去體重轉移的知覺與平衡。

該項訓練之後改成低風阻騎乘姿勢，以

高轉速踩踏一小段時間之後再開始下一組訓練。如果你車錶上有轉數，跟剛開始練習比，你會發現轉速高很多，看起來不像是公路車手或鐵人的轉速，而是像場地賽車手。

第五組動作：進階平衡訓練——單腳動作

進階的「平衡」訓練

學習目標：開發單腳運用體重的知覺，在這項訓練中，你將明顯感受到前足蹠球

部支撐在踏板上（這組訓練需要穿車鞋才能進行）的感受。

5a）起始騎姿 #I：後腳脫卡後放在後快拆（或是固定式訓練台一旁的板凳）上面休息，臀部坐在坐墊上，手撐在握把上，前腳在三點鐘的位置上（圖 35.16）。

圖 35.17 ⊃ 後腳脫卡，臀部坐在坐墊上，但手離開握把，反覆使踏板在 1~3 點鐘之間來回轉動。

圖 35.16 ⊃ 後腳脫卡後，臀部坐在坐墊上，手撐在握把上，反覆使踏板在 1~3 點鐘之間來回轉動。

技術動作 #2：前腳在 3-1-3 點鐘的位置上反覆來回，同時還要保持平衡。重複 20~30 次之後換腳訓練。

訓練目的：只練單腳能隔離後腳體重的干擾，使你能更專注地把體重精準地運用在 1~3 點這個窄小的區間之中。

5b）起始騎姿 #II：跟 5a 一樣，只是手

離開握把（圖 35.17）。

技術動作 #2：前腳在 3-1-3 點鐘的位置上反覆來回，同時還要保持平衡。重複 20~30 次之後換腳訓練。

訓練目的：在失去握把這個支撐點之後，你需要學習完全利用身體來平衡，而且在身體「靜止不動」的情況下，流暢地把體重轉移到前踏板上面。

如同前面的訓練，第五組訓練結束後立即採低風阻騎姿，用高轉速踩踏一小段時間。這時你要有意識地把踏頻與效率的進步情況記錄下來。

第六組動作：體重轉移／失重——單腳的360°訓練

進階的「體重轉移」技術訓練

學習目標：開發完整一圈踩踏的技術知覺，換句話說，這是同時開發前腳支撐體重與後腳失重的技術。當練習腳由下往上轉時，要專心把體重轉移到脫卡的腳掌上。

6a）起始騎姿＃Ⅰ：主要練習腳在三點鐘的位置，後腳脫卡後放在快拆或板凳上，臀部坐在坐墊上，雙手輕觸握把（圖35.18）。

圖35.18 ⊃臀部在坐墊上、手放在握把上，用單腳轉動踏板360°之後完全停止，要精確地停在三點鐘的位置上。單腳反覆訓練10~20次。

技術動作 #4：單腳轉動踏板360°之後完全停止，要精確地停在三點鐘的位置上。重複10~20次之後換腳。要盡可能地「只」運用體重來轉動踏板。

訓練目的：更進一步深化體重支撐在（與離開）踏板的知覺。

6b）起始姿勢：跟6a的訓練一樣，只是練習腳的起始位置改成一點鐘（圖35.19）。

圖35.19 ⊃臀部在坐墊上、手放在握把上，用單腳轉動踏板360°之後完全停止，要精確地停在一點鐘的位置上。單腳反覆訓練10~20次。

技術動作：單腳轉動踏板360°之後完全停止，要精確地停在一點鐘的位置上。重複10~20次之後換腳。要盡可能地「只」

運用體重來轉動踏板。

訓練目的：一點鐘的位置是體重轉移到踏板上的起點；三點鐘的位置是開始進行失重的起點。如果失重動作做得不好，你就會失去平衡突然向前傾斜。

6c）起始騎姿 #II：主要練習腳在三點鐘的位置，後腳脫卡後放在快拆或板凳上，臀部坐在坐墊上，雙手離開握把（圖35.20）。

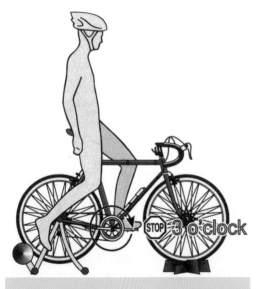

圖35.20 ⊃ 臀部在坐墊上，雙手離開握把，用單腳轉動踏板 360° 之後完全停止，要精確地停在三點鐘的位置上。單腳反覆訓練 10~20 次。

技術動作 #4：單腳轉動踏板 360° 之後完全停止，要精確地停在起始的三點鐘位

置上。重複 10~20 之後換腳。

訓練目的：這是在開發平衡感與運用體重來轉動踏板的知覺。

6d）跟 6c 的訓練一樣，只是練習腳的起始位置改成一點鐘（圖 35.21）。

圖35.21 ⊃ 臀部在坐墊上，雙手離開握把，用單腳轉動踏板 360° 之後完全停止，要精確地停在一點鐘的位置上。單腳反覆訓練 10~20 次。

技術動作：單腳轉動踏板 360° 之後完全停止，要精確地停在起始的一點鐘位置上。重複 10~20 次之後換腳。

訓練目的：這主要是為了開發維持平衡感與運用體重來轉動踏板的知覺。

同樣地，第六組訓練結束後要立即採取

低風阻騎姿，接著用最不費力的方式以高轉速踩踏一小段時間。在持續保持腿部肌肉放鬆的當下用心體會：維持這種高踏頻是多麼輕快的感覺。

第七組動作：在不同騎乘姿勢下的踩踏訓練

學習目標：這是整合上述所有技術知覺的訓練，使你在不同騎乘姿勢下，能隨時把自己的踩踏知覺調校到最佳狀態。

起始姿勢：雙腳在 3/9 位置的關鍵騎姿。

技術動作：接下的訓練都要維持每分鐘 110~120 的高轉速，在不斷地改變騎姿的情況下轉速不能受影響。首先，雙手離開握把維持 10 秒再放回去；臀部離開坐墊維持 10 秒再坐回去，過程中必須維持平衡與相同的高轉速。你必須像在做實驗一樣，不斷地改變參數（你的騎姿），但平衡和轉速是你從頭到尾必須保持固定的變因。

訓練目的：在實際的騎乘與比賽時，你勢必會針對不同的路況不斷地改變騎姿，你必須學習在改變騎姿時還能專心使體重在正確的時機轉移到踏板上，這樣比賽時不管遇到什麼情況才能維持踩踏效率。

上述七組動作可以組合成下列五種技術課表來訓練（請注意每一種課表都要從第一組動作開始，目的是在每次訓練前先強化身體在踏板上的平衡知覺）：

課表 #1：第一組 + 第二組

室內的技術訓練動作可分成以下七組：

自行車技術訓練動作總整理	
第一組動作	平衡知覺訓練（1a、1b 和 1c）
第二組動作	三點到一點來回轉動的空間知覺訓練（2a, 2b, 2c, 2d）
第三組動作	從三點鐘位置開始的 180° 踩踏訓練（3a, 3b, 3c, 3d）
第四組動作	從三點鐘位置開始的 360° 踩踏訓練（4a, 4b, 4c, 4d）
第五組動作	後腳脫卡，前腳在三點至一點之間來回轉動的空間知覺訓練（5a, 5b）
第六組動作	後腳脫卡，前腳從三點或一點鐘位置開始，進行完整一圈 360° 的踩踏訓練（6a, 6b, 6c, 6d）
第七組動作	整合訓練：以不同騎姿維持平衡與高轉速踩踏

課表 #2：第一組 + 第三組

課表 #3：第一組 + 第四組

課表 #4：第一組 + 第五組 + 第六組

課表 #5：第一組 + 第七組

這並不代表你在開發踩踏技術時不能用其他組合來設計新的課表。你也可以用自己喜歡的組合來訓練。但建議你一開始先依序從課表 #1 練到課表 #5，之後才會比較清楚當下需要加強哪一種特定的踩踏知覺。當這些技術動作都駕輕就熟之後，就可以開始用更重的齒盤來訓練，接著就是朝完美前進。把這些動作練到極致，在不失去動作控制的情況下盡量加快速度。技術進步的空間是很大的，不要急慢慢來，一定要有耐心。

還有一件事我想特別提出來，我建議開始練 Pose Method 的踩踏技術時穿一般的跑鞋就好，不必穿車鞋。千萬不要穿鞋底厚度超過一公分的跑鞋，太厚的鞋底不只會讓腳掌處在一個不正確的位置上，還會被緩衝鞋墊遮蔽了支撐的知覺。使用輕薄的競賽跑鞋來練習，有助你拋開舊有的踩踏習慣，像前踏板向下轉動時用車鞋把後踏板往上拉，也就是俗稱的「畫圓踩踏」。當拉動踏板的壞習慣消除後，再開始用車

鞋來訓練，以進一步提高踩踏技術的品質與穩定度。

稍後介紹的戶外技術訓練動作，要等到你在固定式訓練台上的動作都練熟之後才進行比較安全。儘管我們也教了戶外的技術訓練方式，但仍建議大部分的技術訓練動作都在固定式訓練台上進行。

戶外的技術訓練動作

當你從安全的室內環境離開，到開放式的馬路上去訓練技術時，還是要專注在平衡與動作的微妙控制上。最好能在每次主課表開始前加入 5~10 分鐘的技術訓練動作，把它當作熱身的一部分，這有助你在正式訓練前先強化在踏板上轉移體重與精準運用體重的知覺。如果你能有意識地在每次練車前都喚醒這種感受，它將逐漸轉往你的潛意識，使你在專心面對路況、思考戰術與體力分配時，還能保持最佳的踩踏技術。

在上路練習這些技術時，有幾件事可以留意一下：

慢速前進時可以練一至三點的動作控

制技術。當你離開坐墊站著騎時，可以練180°的轉換支撐技術，練此技術時雙手只要輕握車把保持平衡即可。在練單腳的動作時，另一隻腳可以放在後輪的快拆上休息；但如果你覺得腳放在後快拆上不舒服，還是可以留在踏板上，但讓它的動作變成被動，一樣專心在前腳的動作上。最後，別太投入而忘了自己在大馬路上練車，路上可是有各種汽車、機車、行人、貓狗等，這些因素都可能使你發生意外，要隨時注意安全。

戶外訓練第一組動作：平衡 —— 三點到一點的訓練動作

1a）起始騎姿：兩個踏板分別在 3/9 點鐘的位置，臀部坐在坐墊上，雙手輕握上把，只要保持平衡即可，體重不要撐在握把上（圖 35.22）。

技術動作：把踏板從三點移到一點的位置後立刻回到三點，中間不要停下來。重複 20~30 次之後換腳練習。

1b）起始騎姿：兩個踏板分別在 3/9 點鐘的位置，臀部離開坐墊，雙手輕握上把

保持平衡（圖 35.23）。

圖 35.22 ⟳ 從關鍵騎姿開始。臀部坐在坐墊上，雙手輕握上把，前腳在一到三點之間反覆來回轉動。

圖 35.23 ⟳ 臀部離開坐墊，雙手輕握上把，前腳在一到三點之間反覆來回轉動。

技術動作：跟 1a 的動作一樣，前腳反覆在三點到一點之間來回轉動，先練一隻腳，重複 20~30 次之後換腳練習。

戶外訓練第二組動作：進階平衡 —— 單腳訓練動作

2a）起始騎姿：後腳脫卡離開踏板，把腳放在後輪的快拆上休息（腳掌也可以留在踏板上休息）。臀部坐在坐墊上，雙手輕握車把保持平衡，前腳先找到三點鐘的位置（圖 35.24）。

技術動作：前腳反覆在三點與一點鐘之間來回移動，身體其他部位盡量保持平衡。重複 20~30 次之後換腳練習。

戶外訓練第三組動作：失重 —— 180° 訓練動作

3a）起始騎姿：雙腳分別在 3/9 點鐘的位置，臀部在坐墊上、雙手輕握車手把保持平衡（圖 35.25）。

技術動作：轉動踏板 180° 後完全停止，

圖 35.24 ⊃ 後腳脫卡離開踏板，放在後輪的快拆上休息，臀部坐在坐墊上，雙手輕握車把保持平衡，前腳反覆在三點與一點鐘之間來回移動。

圖 35.25 ⊃ 雙腳分別在 3/9 點鐘的位置，臀部坐在坐墊上，雙手輕握車手把保持平衡，進行 180° 的動作控制訓練，每次動作做完要完全停下來。

回到原本的位置再轉動 180°，每次都要精準地停在 3/9 的位置上。從較輕鬆的齒盤

開始練習，只用體重來控制腿的動作。每次練習 10~20 之後再換腳練習。

3b）起始騎姿：跟 3a 一樣，但臀部離開坐墊（圖 35.26）。

技術動作：如同前一項練習，每次轉動踏板後，前腳都要精準地停在三點鐘的位置上，重複 10~20 之後換腳練習。

圖 35.26 ⊃ 雙腳分別在 3/9 點鐘的位置，臀部離開坐墊、雙手輕握車手把保持平衡，進行 180° 的動作控制訓練。

戶外訓練第四組動作：體重轉移／失重 —— 360° 單腳訓練

4a）起始騎姿：主要練習腳在三點鐘的位置，後腳脫卡離開踏板（或被動地留在踏板上休息），臀部坐在坐墊上，雙手輕觸握把保持平衡（圖 35.27）。

技術動作：前腳剛好轉動一圈 360° 之後完全停止，盡可能的只用體重來轉動踏板。重複 10~20 之後換腳練習。

圖 35.27 ⊃ 後腳脫卡離開踏板，臀部坐在坐墊上，雙手輕觸握把保持平衡，使踏板完整地轉動一圈，每次都要精準地停在三點鐘的位置上，完全停止後才進行下一次動作。

4b）起始騎姿：跟 4a 一樣，但練習腳改從一點鐘的位置開始（圖 35.28）。

技術動作：剛好轉動一圈 360° 之後要完全停在一點鐘的位置，盡可能地只用體重來轉動踏板。重複 10~20 次之後換腳練習。

圖 35.28 ⊃ 後腳脫卡離開踏板，臀部坐在坐墊上，雙手輕觸車把保持平衡，使踏板完整地轉動一圈，每次都要精確地停在一點鐘的位置。

圖 35.29 ⊃ 臀部離開坐墊，雙手輕觸握把保持平衡，使踏板完整地轉動一圈，每次都要精確地停在三點鐘的位置，完全停止後才進行下一次轉動。

戶外訓練第五組動作：體重轉移／失重 ── 360°雙腳訓練

5a）起始騎姿：雙腳分別處在 3/9 點鐘的位置，臀部離開坐墊，雙手輕握車手把保持平衡（圖 35.29）。

技術動作：專心利用後腳失重來啟動動作，前腳轉動一圈 360° 之後要剛好停在開始的三點鐘位置上，重複 10~20 之後換另一隻腳在前。

戶外訓練第六組動作：體重轉移／平衡訓練 ── 完整踩踏

6a）起始騎姿：兩個踏板分別處在 3/9 點鐘的位置，雙手輕握車手把保持平衡，臀部離開坐墊（圖 35.30）。

技術動作：前後都用最大的齒盤（例如 53/23）。記得下面的每一種變化都是利用後方踏板的失重動作來啟動。剛開始時先維持 80 的轉速 10 秒鐘，接著每隔 10

圖 35.30 ⊃ 雙腳分別處在 3/9 點鐘的位置，臀部離開坐墊，雙手輕握車手把，使踏板完整地轉動 20~30 圈。

準地運用到踏板上。

　練完該技術之後坐回坐墊，以低風阻姿勢踩踏，但踩踏時不能太用力，在輕鬆的檔位下盡可能地提高轉速。同樣地，把轉速記下來。

秒就下降一次後變的齒盤，而且必須維持轉速，直到你來到 53/15。如果你無法維持相同轉速，就回到 53/21 的檔位，然後再練習一次。如果你能在相同的轉速下走完一次後變的檔位，而且心率還沒有增加太多，下次就可以改用 90 的轉速來練習。經過一段時間動作適應之後，你可以在這項練習中維持 110 甚至 120 的轉速。

　訓練要點：這項練習可以用上你已經學會的新踩踏技巧。當你能用更高的轉速練到較重的檔位時，你就能每次都把體重精

第 36 章

驅動自行車

經過前面技術動作的洗禮，現在我們可以再回到中心議題：如何選定最佳的齒盤／轉速組合以達到最好的運動表現？這才是你最想知道的問題，對吧？別太驚訝，這個問題的答案並不需要複雜的計算過程，只要一個簡單的測試。

這項測試需要穿上車鞋和上卡，還需要固定式訓練台，但車衣就不用了。上車後，先轉動幾次踏板，找到舒服的感覺後臀部離開坐墊，雙腳分別在三點與九點鐘的位置，同時使你的體重平均分配在兩個踏板上（圖 36.1）。接著，在臀部離開坐墊與膝蓋微彎的情況下，使身體在踏板上輕輕地上下彈震幾次。

當你這麼做時，專心感受腿部的緊繃程度。接著停止彈震，維持好這個「準備」

圖 36.1 ⊃ 體重平均分配在踏板上。

姿勢——臀部仍然離開坐墊，膝蓋微彎，體重平均分配在兩個踏板上。接著再上下彈震一次，專心感受肌肉的緊繃感，這是在開發你對肌肉緊繃程度的知覺，這是關鍵，有了這樣的知覺，你才能了解哪一個

檔位與轉速最適合自己。因為騎車時要維持的，正是彈震檢測過程中肌肉感受到的緊繃感。

有了肌肉緊繃程度的本體感覺作為標準之後，你就可以針對不同的騎乘狀況來調整檔位與轉速的組合了。這個調整過程的變數相當簡單。不管路況如何，提高轉速時會加大心肺的負擔；加重檔位則會加大肌肉的負擔，肌肉緊繃程度應以上述檢測為判準。

在比賽和訓練中，你所選擇的策略可能會造成短期與長期的影響，而比賽類型對騎行策略的影響也很大。例如在公路賽的大集團裡，車手可以只用單一的齒盤／轉數比，但在同一個賽段上，如果是鐵人選手就會選擇完全不同的策略來獨騎，這兩種策略可能都不錯。當然，會有這樣的差異性是因為公路車手知道通過終點線比賽就結束了，但鐵人選手知道自己在騎完車之後還要跑步。

這邊分享一個真實的案例。二〇〇四年雅典奧運男子鐵人三項賽的 40 公里自行車賽段有許多上坡，是段艱難的賽道（圖36.2），每一位選手在比賽中騎得都像在衝刺一樣用力。雖然不少選手都是很有天分的跑者，但他們選用過重的齒盤、轉速太低，特別在極具挑戰的陡坡上更顯吃力。重踩爬坡的結果就是在跑步時付出代價。但如果能讓這些有天分的選手練習高轉速技巧，他們在跑步賽段中就能維持該有的表現。

圖 36.2 ◐ 雅典奧運鐵人三項的自行車賽段。

若要說大部分車手的轉速普遍都過低並不為過。公路車發展到現在，10 速的飛輪已成為普遍的標準，而騎得更快大都被視為踩動更重的檔位。從理論上來說是沒錯：用更高的頻率踩踏更重的檔位就能騎出更快的速度。但因為每個人的生理極限不同，所以選用的檔位與轉速也需因人而異，而且每個人在特定路段都有適合自己的檔位／轉速比。一位車手如果心肺能力

很好，而且擁有像蜂鳥拍翅般的高轉速，但肌力卻軟弱的像煮爛的麵條，在騎出最大功率時，大都選用較低的檔位與較高的轉速；但爆發力強與心肺能力尚未開發的車手，反而喜歡用重踩的方式來練車。

這種現象跟我們先前提到訓練與比賽時所選擇的騎乘策略很像。人類就是這樣，喜歡運用自己的強項。像蜂鳥一樣的車手喜歡在爬坡時用高轉速，如跳舞般輕快地抽車上坡；但爆發力強大的車手，反而喜歡用較低的轉速來提高功率與加速。

當然，這兩類車手都應該遵循「挑弱項練，用強項比賽」這句格言。不論在健身房或上路練車，高轉速的車手更需要專注在力量訓練上；爆發力強的車手則需要刻意花時間練轉速與踩踏技巧。

如果這兩類車手都能用這種策略來訓練，競爭力自然會變強，但原本爆發力就很強的車手會更具優勢。為什麼呢？因為心血管系統的進步空間比力量來得大。爆發力是天生的，跟車手的基因與骨骼結構有關，體能則可透過後天訓練來增強。

這是很現實的事。現在我們來看一下提高轉速的好處有哪些。首先，如同之前強調的，踩踏技巧與轉速的進步空間比單純

肌力的進步空間來得大；第二，以高轉速驅動較輕的檔位可以減少肌肉的緊繃感，因此可以延長騎乘距離；第三，不論是鐵人三項的自行車賽段或是純粹的公路賽，採用高轉速的騎乘方式較能隨時反應賽況的變化。

關於最後一項，烏利赫就是個活生生的例子。他無疑是個頂尖的爆發力型車手，贏過許多次世界冠軍。如果有路通到月球的話，他很有可能維持相同的節奏與配速爬上去。但對烏利赫來說，有節奏的配速只會用在較慢的轉速上，他以大齒盤重踩能力聞名於世。

這種能力使他贏得計時賽的奧運金牌，但在環法賽中面對集團的攻擊行動，他的反應總是跟不上轉速較高的其他選手。雖然他能跟其他菁英車手待在第一集團中，但是當來到衝線的關鍵時刻，他總是無法控制自己的輪子。他能夠用大盤攻上陡坡，也能追上野心勃勃的攻擊手，但他卻從來沒有在終點線前衝出頭來贏得冠軍。

「重踩」這個動作在鐵人界同樣像個瘟疫，影響眾多有天分的菁英選手。雖然鐵人們都認為在騎車賽段要能產生最大的穩定輸出，但選手的反應與加速能力亦極為

重要。

每一個彎道、每一道爬坡、每次風向的改變，都會被太重的檔位拖累而損失更多時間。還記得本章一開始要求你臀部離開坐墊進行肌肉緊繃程度的測試嗎？騎乘中的任何時刻，肌肉的緊繃程度都不能超過檢測保持平衡時的緊繃感，只要一超過就會開始損失寶貴的時間。因檔位過重而踏頻無法加快如同在剎車。這帶來另一個問題，你必須透過短衝來追回損失的時間，因此肌肉緊繃感增加，體力耗損加快，賽況就會變得愈來愈糟。

讓我們回到公路賽的現場，你可以更加明白影響有多大。在 25 圈的公路繞圈賽中，如果每圈有四個轉角，代表一場比賽有 100 次加速機會。如果車手用了太重的齒盤，每一次轉彎後都會掉出集團，迫使車手必須短衝才能回到集團，到了比賽後半段勢必因為體力不足而完全掉出主集團之外。

諷刺的是，目前大部分的車手反而不重視轉速訓練，只是想著「變得更強壯」才能「踩得更重」，所以繼續用重檔位來訓練，反而忽略了加速的技巧。

同樣的想法在鐵人三項界被放得更大。

繞圈賽的公路賽車手在每次轉彎時都會看到重踩的對手掉隊，但需要獨騎的鐵人們通常比較難意識到重踩會損失時間，所以更容易陷入「想要騎得更快就要變得更強壯」的結論。

第 37 章

更高的轉速

思考大都在一般性的通則中進行，但我們活在細節裡。
—— 阿爾弗雷德·諾斯·懷海德（Alfred North Whitehead，數學家與哲學家）

學習較高轉速的騎乘方式需要自律和專注力。雖然賽季之外是學習新技術最理想的時機，但其實你隨時都可以開始朝高轉速的技巧邁進。記住，訓練的重點不在提高轉速，主要的目標是更精準地踩踏，使你花的力氣能夠創造出更大的轉動力矩。轉速變快只是上述目標達成後的結果。

離開車隊獨自訓練一段時間可能會有幫助，因為跟著車隊訓練很容易為了跟上集團而失去專注力。最好能找車流量較小的平坦路段來訓練技術與轉速。提高原本習慣的轉速需要一段過渡期，這是一種透過持續地學習進而讓心智採納新架構的過程，並非體能訓練，所以不要在意里程數或速度，只要專注在踩踏的技巧即可。

自行車上最好能裝設測量轉速與心率的車錶，如果沒有的話，試著在龍頭裝上可以計時的裝置，方便你算出 15 秒內的踩踏次數，再乘以四就可以得到當下的迴轉速了。

練轉速可以從輕檔開始，例如 39/21（小盤配 21 齒的飛輪）。手掌握在下把，先從低轉速開始，逐漸加快踏頻到每分鐘 110~120 轉，維持住然後檢查自己的狀態：身體是否在坐墊上跳動？腳掌有去「追」踏板嗎？肌肉有很明顯的緊繃感嗎？踏板向下轉動時，你可以感覺到壓力在前腳掌蹠球部上嗎？上半身是放鬆還是緊繃的？

這幾個問題有助於引導你適應新的踩踏技術，也將持續影響你的騎車生涯。

絕大部分的車手都習慣把轉速維持在 80~90 rpm 之間，提高轉速最難克服的通

常是臀部上下跳動的問題。假設車子設定適當，要解決這個惱人問題的簡潔方法是加重檔位，但這是錯誤的方式。為什麼呢？雖然這樣做問題很簡單就解決了，但上下跳動是因為地面反作用力造成的，意思是車手在踏板通過四點鐘方向後還繼續向下施壓到六點鐘的位置。持續施力到底（下死點）正是使身體向上彈離坐墊的主要因素。

所以，如果重檔可以讓我們騎得更流暢，為何不這麼做呢？在重檔位下騎乘時，車手在踏板過了四點鐘之後通常不會有多餘的力氣繼續用力，所以地面反作用力消失後自然不會再上下彈跳，但問題是重檔會使轉速變慢，這樣又回到了「低轉速重踩」的起點。

處理跳動問題的方法是先停止踩踏、放鬆一下、重新檢視動作，確認跳動是從何時開始的。雖然上下跳動主要是因為踏板，但可能有其他肇因存在。頭號原因通常是「太過用力」。新手大都認為加快踏頻需要很大的力氣，常常「繃緊」全身的肌肉，所以從肢體上看得出來在用力。

高轉速的踩踏應該具有流暢感，那是跟肌肉緊繃感相反的狀態。手臂應該保持微彎，手掌輕握下把。就算在高轉速轉動踏板，上半身也應該非常放鬆，就像跟腿部完全分離一樣，這是一種把體重巧妙轉移到踏板上的過程。若別人只看你上半身會看不出來你在用力。

如果身體開始跳動，可以先停下來，花時間回想一下跳動的原因，接著再重新上路，然後逐漸提高轉速。當你接近身體會開始跳動的轉速時，特別注意腳掌蹠球部支撐在踏板上的力量。當你在琢磨那種感覺時，想像鐵錘敲打釘子的畫面會對你很有幫助。

之前我們比喻有些車手練習時就像用雙腳「敲打」踏板一樣，如果沿用這個比喻，想像技藝精湛的木匠用鐵錘把釘子敲進木頭裡，跟一般人有什麼不同呢？大多數人拿起鐵錘只會用蠻力敲打，直到釘子敲進去為止；職業木匠會先輕敲一兩下調整好釘子，然後一擊就把釘子敲進去。前面一兩下輕敲時，鐵錘不會舉太高，手持錘柄處跟釘面幾乎水平，最後一擊前，木匠會把錘面舉到兩點鐘的位置，錘面順應重力來到三點鐘位置時剛好力矩最大，也是力道最大的時刻，接著錘面來到四點鐘，此時釘子已經沒入，而且錘面也已經朝木頭

表面向後移開。但如果在通過四點鐘位置後還繼續向下壓，沒有及時收回來，鐵錘就會傷害到木頭表面。這就是地面反作用力所造成的現象。

所以當你接近「上下跳動」的踏頻時，請把注意力放在「失重」動作上，當踏板通過三點鐘位置之後，就不需要再用力把釘子往下錘了。力量，只需用在必要的位置上。這個學習過程需要一段時間，有時會令人沮喪，但當你充分理解踩踏速度和力量運用是兩個獨立的概念之後，用不了多久你就能體驗到一種「超越時刻」（transcendent moment）。一旦通過那道障礙，你的轉速會變快，而且身體也不會再上下跳動。從此之後，你將從「練習提高轉速」變成「以更高的轉速來進行各種訓練」的境界，下一步就是變身成為更有效率的車手。

首先，你必須找到目前體能和肌力可以負荷的齒輪／轉速比，這是你當下的「基準」，之後在「同樣的感受」下，若能踩動更重的檔位或更高的轉速，你才能確認自己進步了。確認同樣感受的關鍵指標，是肌肉的緊繃程度和心率。

不論你練車的路線為何，在接下來的訓練過程中，先找到某個檔位是你可以維持轉速在 115~120，而且在該齒輪／轉速比時的心率不會太靠近無氧區間，維持 3~5 分鐘，等心率穩定之後，變檔下降一個齒盤，同時維持相同的轉速。如果你可以維持轉速，心率又不會明顯升高，就重複上述流程，再降一個齒盤。

如果加重檔位之後轉速無法維持在 110 以上，就回到前一個你可以維持的齒盤上。這個齒盤就是你目前的「基準」。當你的肌力和心肺系統適應與變強之後，就可以開始在相同的轉速下逐漸加重檔位。這是一條優化踩踏技術的新道路，現在你已經「上道」了。

有種高轉速的間歇訓練可以用來尋找自己的「基準檔位」。這項訓練會持續大約 20 分鐘，但最終所花的時間還是跟車手本身的體能狀況有關，體能愈好所需的時間愈長。做足熱身之後，選擇一個你可以輕鬆達到轉速 110~120 的檔位，以該檔位騎 2 分鐘後，再加重一個檔位，接著每 2 分鐘後變速器都調降一個齒盤。

如此不斷加重檔位，直到你無法使轉速維持在 110 為止，但不要停止踩踏，只要倒回去前一個齒盤，再騎 2 分鐘，接著再

換到前一個你原本無法維持轉速的齒盤上，專心使自己盡可能地維持在 110 的轉速上。在肌力與心肺能力的極限邊緣訓練，挑戰很快就會變大。當你第二次回到加重的檔位而且無法使轉速維持在 110 以上時，就開始降低檔位輕鬆踩踏。

在輕鬆踩踏的過程中注意自己的心率，花了多少時間降到 120 bpm，如果超過 90 秒，今天就結束了，可以慢慢騎回家休息。但如果恢復到心率 120 bpm 的時間小於 90 秒，你可以再做一次相同的訓練。只要恢復到心率 120bpm 的時間一直在規定的 90 秒之內，你可以重複練 3 組。

坡地間歇

坡地間歇是一種很特別的課表，應該被安排在每週的訓練計畫裡。尤其在練轉速時特別有用，因為動作上的缺點在平路騎乘時會被隱藏起來，但這些缺點在爬坡時會很快顯露出來。剛開始練習時，可以選擇一段坡度 3~6% 的緩坡，但距離要夠你連續騎一到兩分鐘都還不會爬到坡頂。

先預選一個你認為全程轉速可以維持在 110~120 的檔位。從距離該坡道底部大約 30 秒的平路開始騎行。在平坦的路段上使轉速提高到 110~120，進入爬坡路段後不要改變任何事（不換檔也不降低轉速），不要繃緊，不要更用力，只要專心保持流暢地踩踏就好。仔細注意自己的轉速，如果轉速掉到 110 以下就降低檔位繼續踩踏。前面兩組間歇先從 60 秒開始（60 秒包括在平路的時間），時間到就掉頭休息，再來一趟。一開始先不要延長時間，而是逐步加重檔位，當你找到可以維持在轉速 110 的最重檔位之後，再開始加長每趟的訓練時間。幾個星期後，你的肌力和爬坡的續航力都會提升。跟先前的測試一樣，在進行坡地間歇訓練時要一直注意自己的恢復心率，只要心率恢復到 120 bpm 的時間超過 90 秒，今天的訓練就該結束。

衝刺間歇

接下來介紹衝刺間歇訓練，在這種極其痛苦的間歇訓練中，不論你是衝刺手、登山手或鐵人選手，都能從中受益。你可以

先練一組來測試適合自己的齒盤，方法是選用較重的檔位，先輕鬆踩踏接著盡力加速衝刺 30 秒，加速時的轉速必須在 110~120 之間。如果你發現轉速超過 120 或是在該轉速下你能維持超過 30 秒，就代表檔位不夠重。請找到一個你可以徵召所有肌力、心肺能力與意志力的檔位，而且在該檔位下你可以維持同樣的節奏整整 30 秒。

耐力、坡地與衝刺這三種間歇模式可以當作訓練的基礎。你可以依據地形與路況自行調整，最好能跟夥伴一起練，例如每人領騎 2 分鐘，這種練習方式可以讓你在跟車休息時仍能維持在同樣的檔位與轉速。這種練法也可以依據車手的實力來調整，例如有些實力較強的人可以領騎 2 分鐘，有些人則領騎 1 分鐘，但兩者同時皆受益。

當你完全適應新的踩踏技術之後，你可以回到當地的車隊來檢視練習成果。小心別為了競速而回到用重檔位加速的踩踏習慣。當成遊戲來騎，故意落隊然後看自己可以多快回到集團中。接近爬坡路段時故意待在集團最後方，看自己在爬坡時可以超越多少人，特別是在接近坡頂時，那些重踩的車手都會變慢很多。你會發現自己過彎加速變快了，而且可以輕鬆的在主集團前面領騎，不會像之前光待在集團裡就覺得很辛苦。

在進入折返點和彎道前需要先換成較輕的檔位，過彎後才能以高轉速開始，接著再輕柔地換到較重的檔位，重新回到原本的速度。這麼做才能保持腿部的肌力，避免肌肉緊繃與過度用力。

在所有的騎乘情況下，你的反應都該很靈敏。靈敏的動作會使你在艱苦的長距離騎乘之後不至於完全「累垮」，也能很快地恢復。

訓練後的最終測試，當然就是比賽了。不論你參加的是公路賽、繞圈賽、計時賽或鐵人三項賽，都必須專注在技巧上，直到這些動作技巧變成你的第二天性為止。到那時候，公路賽車手就能更容易從集團中發動攻擊，終點前的衝刺能力也會提升；計時賽車手將可在折返點、彎道與坡道上節省更多時間，藉此取得個人最佳成績；鐵人選手也將打破自己的自行車賽段最佳紀錄，同時為跑步保留更多體力。所有的成果都是技術訓練的目的。

第 38 章

騎乘技術的錯誤和偏差

失敗也是一種學習。

——匿名

什麼是學習的最佳方式？

答案很簡單：犯錯，然後修正錯誤。道理很簡單：我們從錯誤中學習。但關鍵是要能辨識出錯誤所在，我們才能夠進行修正。

這是單純透過讀書與視頻來學習新技巧時最棘手的挑戰。如果沒有教練或訓練夥伴從旁觀者的角度來找出錯誤，你就必須完全了解如何判斷錯誤，同時採取適當的修正動作來優化自己的技術。

優化自行車踩踏技術的第一個必要條件是「確認標準」，這樣你才有調整依據。這裡的標準就是 Pose Method，有了標準之後我們才能確認偏離的幅度以及修正方向。這些錯誤可被分為時間上、空間上與用力上的偏差。發生的原因可能來自心理或身體。身體上的錯誤主要可分為身體的姿勢與運用體重的方式。心理上的錯誤有可能發生在理解層或知覺層。有些人的姿勢與動作有問題，是因為他心理對「標準」的理解與知覺本來就有問題。

從某種意義上來講，知道有個標準可以衡量努力學習的成果是很令人欣慰的事。舉例來說，如果你想學習撐杆跳，但沒有相關書籍可以參考，也沒有老師教你，學習的路上必定困難重重，你會不斷地自我懷疑，「不知道自己到底哪裡做錯了」。在不確定錯誤的情況下，學習曲線將既險峻又緩慢。

但有了標準之後，你很快就可以列出錯誤清單，有了清單之後就能排定矯正的優先順序。修正的第一步是明確指出「造成

錯誤的原因」，是因為理解不夠深刻，還是知覺不夠敏銳、肌力不夠、體力不足或是現在的動作浪費太多力氣？

想在 Pose Method 的騎行技術中確認錯誤何在，首先要檢查的是有多少比例的體重轉移到踏板上，因為所有騎行技術上的錯誤，都跟在踏板上運用體重的效率很差有關。你有兩條路可走：其一，繼續用錯誤的動作踩踏，因此轉移到踏板的體重變少、功率下降；其二，修正錯誤，增加轉移到踏板上的體重與最終輸出的功率。

你的踩踏技術決定了每一圈踩踏的功率、轉速、踩踏的流暢度與能量耗費，其他大多數的錯誤也都可追溯到踩踏技術，並透過動作來修正。

在騎行過程中的主要錯誤可以分為「心志」、「心理／情緒」、「生理／身體」的偏差（這三者依重要性排列）；而這些偏差互相連動，影響你在踏板上運用體重的效率。具體來說問題可能出自：

- 肌力不足
- 錯誤的身體位置
- 運用體重的位置和時機不對
- 把運用體重的幅度誤會成肌肉用力的程度

- 用力與運用體重的錯誤知覺
- 錯誤的專注點
- 錯誤的行動

為了簡化討論，我們把這些錯誤分成下列幾類：

對肌肉的功能理解錯誤

肌肉力量當然是開發踩踏效率過程中很重要的一環，但肌力的運用有其限制，因為唯有當我們能夠在踏板上運用體重時，肌肉才會發揮它本身的能力。

開始可能難以理解，如果還有疑惑，建議你重新複習第三章中關於「重力─質量─體重─肌肉用力」四者之間的關係，它從本質上可以概括成：我們的強壯程度取決於使用體重的技巧，因為在所有移動過程中肌肉主要扮演傳輸體重的角色。

騎行姿勢錯誤

身體的位置會不斷影響你騎行時的風阻以及你在踏板上運用體重的能力，如果你

的姿勢既提高了風阻又難在踏板上運用體重，等於替自己的潛能加上兩道枷鎖。

為了減低風阻，騎行時手肘不應該向內縮或向外轉；上半身不應該抬太高，要盡可能貼近自行車的手把與上管。所以要特別注意坐墊（包括高度與前後的位置）、車手把與車鞋卡踏的設定。自行車上任何錯誤的設定都可以藉由第三十九章的指引來檢測和修正。

關於在踏板上運用體重和正確騎姿的討論也許會讓你很困惑：到底體重要放在哪裡？當你騎在自行車上，部分的體重在坐墊、部分的體重在踏板，還有一小部分在車手把上，而我們應該把體重引導到哪裡呢？把更多的體重轉移到坐墊？這會使你更想移動嗎？或是轉移更多體重到車手把？這可以減輕你腿部的負擔嗎？如果在第一時間你還沒有辦法把這些想法從腦袋中去除，沒關係，讓我們再從另一個角度來思考。

每天騎車通勤或是長途旅行的人，自然會採取舒服的姿勢，也就是把體重放在坐墊上。可惜的是「舒服」並不等於運動表現，當你把愈多的體重放在坐墊上，能轉移到踏板上的體重就愈少，而踏板上的體重正是你提高運動表現時最需要的。除非你能把足夠的體重轉移到踏板上，而且有效率地在兩個踏板間轉移體重，不然肌肉所使的力氣都是徒勞。

在 Pose Method 踩踏技術標準中常見的另一個偏差，是把體重放在車手把上，施壓在手臂和肩膀。很多人習慣騎到氣喘腿顫之後把身體往前傾，用手撐著身體讓雙腿有時間「休息」一下，這是一種身體的自我保護反應，但代價很高，不只會大幅降低你的踩踏功率，還會增加上半身的壓力，形成新的疲勞。

如果你無法有效地運用體重，可能是車鞋下方的踏片鎖錯位置，只要無法有效地運用體重的位置，都會被當作錯誤。例如人們喜歡談論的「X 形腿」或「O 形腿」，其實不論是何種腿形，重力作用在人體身上的方式都是一樣的。你可以把踏片以向內或向外的方式鎖在車鞋上，但你仍然需要在對的時間點把體重轉移到踏板上，接著及時把體重從踏板上移開。在決定安裝踏片的位置時，你只要確認這個位置是否能讓你準時完成轉移體重的工作。

踩踏動作錯誤

我們在騎行時主要的注意力要放在踩踏動作上，目標是練熟技術與矯正錯誤。前面幾章提過在一整圈360°的踩踏過程中，體重只需運用在一點到四鐘方向。因為能夠運用體重的區間非常狹窄，只有四分之一圈的時間，一失去專注力就會錯失運用體重的時機。當下的心緒、轉速、檔位與生理壓力（疲勞）都會使你失去專注力。

當轉速提高與疲勞加劇時，就更難及時把體重轉移到踏板上。功率的大小取決於轉速和檔位。檔位，反應你能把多少體重運用在踏板上；轉速，反應你運用該比例體重的頻率能有多快。所以矯正踩踏技術的所有過程都跟運用體重的知覺開發有關，練習與矯正的目的都是使你能更加精準地把體重運用在一點到四點的「目標區間」裡。

現在你或許在想：到底該如何（或在哪裡）開發這樣的知覺呢？只要理解，你就會知道它並不難。

在踏板上運用體重時你最明顯的感覺來自腳掌蹠球部的壓力，你的蹠球部應該在每次踏板轉到一點到四點之間時感受到壓力——體重與踏板接觸時所產生的力量，而且這股壓力只出現在這短短的四分之一圈裡。如果你在「目標區間」之外感受到壓力，例如十二點或六點鐘，代表你用力時機錯誤。如果你的前腳掌從十二點到六點都感受到壓力，原因可能是檔位過重或轉速太慢，再檢查一下前大腿，如果你感覺該處的肌肉很緊繃，不用懷疑錯誤已經發生了。

適合你的檔位／轉速比是不會使你的前大腿感到緊繃，踩踏過程中出現在前腳掌的壓力和消失的速度也應該非常迅速。難道不論在何種地形上這種踩踏的知覺都一樣嗎？是的，就算在爬坡也一樣。

錯誤的知覺

這類錯誤主要來自模糊的知覺，比如說在踏板上運用體重應該是什麼樣的感覺呢？在對的時機點用力的感覺為何？時機錯誤的感覺如何？又該怎麼改正這些錯誤呢？如果你有這些困惑，就必須再回到前面介紹的技術訓練動作，重新開發知覺，使你能毫無疑慮地在目標踩踏區間上施壓

與卸除體重（失重踏板）。

我知道這對大多數的車手來說覺得很奇怪，因為它違背傳統踩踏理論強調的主動向下用力踩踏板。但你必須記得一件事：所有的進步皆來自「改變」，而現在要改變的是技術，發展優秀的技術可以引領你發揮更高水準的表現。想要一改過去習慣的踩踏方式，變成更強的車手，你必須下定決心改變。

用力錯誤

另一種錯誤是沒有把注意力放在體重轉移上，而使肌肉用力過度。主要的原因是誤解了肌肉的角色。一定要先搞清楚：「你無法運用肌肉來創造踏板的轉動」，這點很重要。你只是利用肌肉來完成轉動踏板的任務，但肌力並非轉動踏板的源頭；轉動踏板的是（而且只能是）轉移到該踏板上的體重。你的肌肉只是體重的「傳輸器」，它們就像把郵件傳遞到踏板上的郵差，郵件（體重）本身跟郵差（肌肉）是不同的。

所有肌肉的緊繃感只能為了在踏板上支撐體重。很多人企圖更用力伸直膝關節，不是本來就該這麼做嗎？這個動作其實只是假象。因為踏板正在快速離你而去，所以你根本無法更用力踩踏板，如果你主動用力向下踩，就像踢一台從你面前急駛而過的汽車一樣，力量會使不出來，肌肉雖然用力了，但會踢空，白費力氣。記得牛頓提出的第三運動定律嗎？如果兩個不同質量的物體互相接觸，他們必然互為作用力與反作用力，並且具有相同的大小、相反的方向及相同的作用時間。實際上，如果你試圖主動向下踩踏，踏板同時會向上對你施加多餘的壓力。

所以你第一件必須弄清楚的事情是：在傳輸體重的過程中到底要花多少力氣才算是剛剛好的踩踏？用太多力，你會「踩空」，就像滑下陡坡時一樣；用太少力，轉移體重的時間會變長而造成肌肉過度緊繃。在開發標準的施力知覺時，你需要記得的是在固定式訓練台上臀部離開坐墊，雙腳在三點／九點位置保持站立時，你只用雙腳承受全身的體重（一倍體重），在該姿勢下前腳掌的壓力與肌肉的緊繃程度，正是你在踩踏時肌肉該有的感受，肌肉的緊繃感只需用來支撐轉移到踏板上的

體重即可。不論騎得有多快,都無須再更用力。

車手在兩種情況下很常主動對踏板施力超過一倍體重,分別是在爬坡和衝刺／加速時,但這麼做會使車手的臀部在坐墊上跳動或身體上下振盪。

切記:是你的體重對踏板作功。主動對踏板用力就會形成向上的反作用力,使身體向上移動,這在加速或艱困的地形上特別容易發生,而且這麼做的同時也造成了額外的緊繃感、疲勞與最終的肌肉痠痛。[1] 要開發正確的知覺並不容易,但它是你加強技巧與成為優秀車手的必經過程。

錯誤的思想

現在你應該很清楚,騎行時若只想著肌肉該怎麼用力是不對的,因為肌肉只有當體重轉移到踏板上時才需要作功。有多少體重轉移過來,肌肉就用多少力氣。而許多自行車手和鐵人選手常會搞錯重點,以為運動表現來自肌肉力量。這種想法很吸引人,卻是假象。看起來這種訓練方向不會有問題,但如果你重讀本書的第三章,你會記起肌肉只是用來服侍體重,如果沒有體重,肌肉就派不上用場。簡單來說,支撐腳上有多少體重,肌肉就用多少力。假象終結。

這裡提到錯誤的思想是指車手誤解踩踏動作的物理與生物力學原則,以為我們可以在體重之外創造出「額外」的力量。舉例來說,最常見的主流想法是運用肌肉向後或向上拉動踏板來輸出更多功率,但所有的研究數據都不曾證實這種想法,單純從力學上來說也無法支持。類似的觀念必須捨棄。

錯誤的思想也跟注意力、心理／情緒狀態有關。內心的狀態跟各式各樣的因素有關,它們都會影響你的思想,造成錯綜複雜的偏差。所以看待這些問題時,要明白這些複雜問題之間的因果關係,尤其是心理因素。你必須要能辨識出錯誤的看法與知覺,它們通常是造成錯誤的最大原因,而要矯正錯誤就必須從這些因素下手。所以要修正錯誤的第一件事,是明確指出它偏離標準的源頭在哪裡。

開始行動

　　談到這裡我們要回到矯正錯誤的行動。
這是有關「該做什麼」與「不做什麼」的
問題。例如，我們需要推蹬踏板嗎？在
Pose Method 裡，答案是「No」，但這違
背傳統的踩踏理論。傳統的踩踏理論形塑
了向後與向上拉動踏板可以提高踩踏效率
與功率的假象。

　　上述這些「動作」根本就做不到，所以
這些動作是多餘的，並無法對踩踏形成正
面的效益。如果你接受重力的領導地位，
那麼你也一定會接受主動蹬踏是無效的。
自行車技術動作的矯正基礎，正是建立在
這樣的理解之上。

譯注：

1. 訓練到肌肉「痠痛」並不是好事，因為「痠痛」
是一種肌纖維或結締組織發炎的疼痛反應，如
果恢復不良反而會造成不正常的組織增生，使
肌肉失去正常的收縮與放鬆能力。

第 39 章

設定你的自行車

> 準備是成功之鑰，要先於一切。
>
> ── 亞歷山大·格雷翰·貝爾（Alexander Graham Bell，電話發明者）

你記得自己第一次挑選腳踏車的情景嗎？一般人大都會先挑喜歡的顏色，接著店員會指示你跨過上管，看看你的雙腳是否能完全著地，如果你的下襠和上管之間的空隙足夠，他們就會告訴你這台車的車架尺寸跟你的身材相符。對於女士來說，要尋找一台適合的自行車相對比較麻煩，因為許多專為女士設計的自行車沒有上管，店員時常用目測的方式為她們尋找正確的尺寸。

目前關於自行車的 fitting 工作，[1] 大都發生在車店，仍以非常主觀的方式進行，而且跟賣車的生意結合，如同附加的服務。可能是由老派的自行車技師協助你，他會用皮尺量一下腿長，接著就用目測的方式幫你挑車、調車；或者某些車店裡可能備有一台高科技的 fitting 機器來輔助這項工作。透過這些專業人士與器材的協助，你的車子可能完全符合你當下的身體與比賽需求，但也可能沒調整好，使你騎不出應有的表現。更糟的是，不良的騎行姿勢可能造成膝關節、背部、臀部、頸部或腳踝的問題。

我們先確認一件事：正確的 fitting 很重要，而且會明顯的影響到你在自行車上的運動表現。所以頂尖的環法車手，每年都會進入昂貴的風洞中調整計時車和公路車的設定。

當然你無法像這些專業的車手一樣進風洞測試，你只想確認目前的設定是否適合自己，而且愈早確認愈好。這也是為何專業車手總是在賽季結束後才重新調整車

子，這樣在新賽季來臨前才有時間適應新的設定。

目標是什麼？

最終的目標當然是找到適合自己的完美設定，為了達到這個目標，車子的各項元素必須一一到位，其中最重要的元素是車架。首要任務是選擇一個適合自己的車架。你不能跨上車，只是透過檢查下襠和上管的距離來決定，選擇的過程必須更為細膩。

選擇車架的方式沒有捷徑，無法一言以蔽之，你可以到下面這個網站尋找更詳細的資料：http://www.cyclemetrics.com/Pages/FitLinks/bike_fit_links.htm

在這個網站中你能夠找到更全面性的建議，上面有許多專家，比如三次環法冠軍得主葛瑞格·雷蒙德、車架設計師凱斯·包翠格（Keith Bontrager），以及像保羅（Serotta Cycles' Paul Levine）這種大師級的 fitter。

這些專家投入自行車界多年，絕對有資格提供建議。而且這些專家也都同意：正

確的自行車設定可以使你的騎乘效率、舒適度、運動表現與潛能達到最大化。

為了達到上述目的，我們需要思考的參數如下：

1）車架尺寸

2）坐墊高度

3）坐墊前後位置

4）龍頭長度

5）上半身的位置

6）卡踏位置

如果你開始搜尋「如何正確設定自行車」這個主題，你會找到各式各樣的方法與學派。正如前面提到的，你會發現這些學派都認同「正確的自行車設定可以使你的騎乘效率、舒適度、運動表現與潛能達到最大化。」只是達到目標的進路不同而已。

我們可以從專業教練、車手、科學家與技師身上獲得許多資訊，但似乎沒有一套共通的指導原則可以作為設定自行車時的參考。以科學界的行話來說，我們需要設定「參考座標」系統，才能使各式資訊變得更有用。

根據 Pose Method 的原則，這套通用的參考座標系統，就是在踏板上有效地運用體重。騎士在車上的位置應該符合人體力

學的需求，並且讓他在各種檔位與轉速下都能有效地利用體重（第二十九章有詳細說明）。

在 Pose Method 的理論中，最優先考量的，是身體當下的位置能否使車手有效地運用體重，接下來才會考慮該姿勢的風阻與肌肉的運作效率，最後是騎乘時身體的舒適性。這些目標都是透過坐墊、手把和卡踏位置來達到。

那實踐這套理論的進路為何呢？首先我們要明白身材是次要的，不管騎乘的環境為何，車手的姿勢是否能在兩個踏板上很容易地轉移體重才是 Pose Method 最重視的。不論是調整坐墊（高度、傾斜角度與前後位置）、手把和卡踏位置，都是為了達到有效轉移體重的目的，減少風阻隸屬在該目的之下，不能反客為主。這個獨特的需求是車手之所以能成功的關鍵，也是你在設定自行車時的最高指導原則。

開始調車

調車時最好在固定式訓練台上進行，操作起來會比較容易。

車架尺寸

在挑選車架尺寸時，你必須確認該車架是否符合身體運用體重的需求；換句話說，你的身體要能夠盡量順利地把體重移到踏板上，不能是坐墊或車手把上。此外，一個正確的車架尺寸，應該在長度與高度之間以及操控性與舒適性之間皆取得良好的平衡。

車架尺寸跟腿長和身高有明顯的相關性，但在這兩個參數之間最重要的一項原則，是體重能否順利的轉移到踏板上。如果上管太長，使你的上半身在坐墊和手把之間被迫過度伸展，體重就會分散，車架太大的問題就在於此。此時你必須換一個較小的車架，身體才能維持更緊密的姿勢。

像坐墊和手把這兩個輔助的支撐點不應該離太遠，兩者間的距離太長會增加車手在左右兩側轉移體重的難度。

坐墊的高度

坐墊高度是決定正確騎乘姿勢的重要參

數之一。從 Pose Method 的原則來看坐墊高度，參考系統是一樣的，目標是使車手能在一點到四點鐘方向順利地把體重轉移到踏板上。如果坐墊太高或太低，踩踏的動作會變得比較沒有效率。

首要目標是把坐墊高度調整到車手把體重放在 3/9 點鐘位置，膝蓋彎曲的角度使肌肉在最用力時仍感到舒服。這代表他在該騎姿下還能轉移最大比例的體重。但如果膝蓋彎曲的角度太小，而使車手的肌力不堪負荷，[2] 此時就應該提升坐墊的高度以降低肌肉的負擔。相反地，如果膝蓋彎曲的角度太大，車手將無法有效地把體重轉移到一點與四點鐘之間，此時不論再強壯都沒有用。在這個情況下就應該降低坐墊的高度。

第二個需要關注的，是踏板來到六點鐘方向時（下死點）膝蓋與腳掌的位置。踏板來到最低點時，膝蓋應該仍保持彎曲的狀態，同時腳跟的位置比踏板高，因為腳跟高於踏板能縮短旋轉半徑，使踏板與腳掌更快通過下死點，加快轉速。此外，這也將使體重在左右兩側轉移時變得更有效率。

如果坐墊太低，車手就很難在一點與四點之間快速地把體重轉移到踏板上，為了平衡不正確的坐墊位置，腿部肌肉會過於緊繃，接著就會失去效率。

為了修正坐墊的高度，我們會用兩種姿勢當作參考點。車手可以用來修正坐墊高度的第一種姿勢，是踏板分別位於三點與九點鐘方向的「關鍵騎姿」，處在關鍵騎姿的要點，是前腳的肌肉應該以舒服的感覺支撐體重，不會有多餘的壓力。為了確認該騎姿的舒適區，先使臀部稍微離開坐墊後上下彈震幾次，如果感覺是輕鬆的，肌肉既沒有多餘的緊繃感，腿部也沒有刻意向踏板延伸的感覺，那麼該高度和正確的設定不會差太遠。

接著移動到第二種姿勢，使踏板分別位於十二點與六點鐘方向。首先我們要檢查的，是腳掌在六點鐘方向時腳跟與踏板之間的相對位置，當你的膝蓋完全伸直時，腳跟應該低於前足的蹠球部和踏板。接著，在上述原則下調整坐墊高度。現在檢查一下在膝蓋微彎的踩踏過程中，腳跟是否一直都處於比踏板高的位置？調整好的姿勢應該要能使你在高轉速的情況下，快速地在兩個踏板間有效率地轉移體重。

坐墊的前後位置

不用太意外，坐墊前後位置的設定關鍵，一樣是在轉移體重的效率。你必須先了解，坐墊是一個過渡性的支撐點，你是用它來幫你調控多少比例的體重到踏板上。當速度不快時，齒比很輕，所以不需要太高比例的體重就能轉動踏板，沒有用到的體重會轉移到坐墊上休息。但當你要加速時，就需要把更多的體重轉移到踏板上，因此坐墊的位置應該要能允許你快速地把坐墊上的體重轉移到踏板上。當你需要加速時，體重才能隨傳隨到。

設定坐墊前後位置的方法同樣是先採取關鍵騎姿，臀部略微離開坐墊，使雙腳支撐在三點與九點的位置，維持在最舒服的平衡姿勢，接著降低臀部使其觸碰到坐墊，但全身的重量仍支撐在兩個踏板上。當臀部剛接觸到坐墊時，確認一下兩者之間的相對位置，如果接觸點在坐墊末端，就應該把坐墊往後移；如果接觸點在前緣，就把坐墊往前移，直到臀部後緣的鉛直線跟坐墊對齊為止。

手把和上半身的位置

這裡我們同樣要再強調一次：在思考如何降低風阻之前，首先要考慮的仍然是在踏板上運用體重的效率。我們設定手把高度以及它與坐墊距離的目標是：使車手的體重不要有意或無意地放在車手把上。同時也要考慮風阻與舒適性，該姿勢是否會造成上半身、背部、肩膀與手臂的肌肉太緊繃？會的話就要再調整。手把的位置不能使你的手臂和上半身向前過度延伸，或有過於緊繃的感覺。運用體重和向前延伸之間似乎有所衝突，但我們要設法找到折衷的位置。

一般來說，如果你用低風阻休息把（aero bar），坐桿高度和手把位置的最終組合應該要使你的手臂和肩膀放鬆，此時手肘的角度約略會落在大於或等於 90° 附近。該設定的目的是使上半身和肩膀保持穩定，同時又不會對手臂與肩膀的肌肉形成多餘的壓力，也不會過度延展背部的肌肉。

經過多年的騎乘你最終習慣的手把角度應該跟地面平行。如果手把向上傾斜的角度太大，你不只會損失空氣力學的效益，手臂和肩頸也可能因為長期騎乘而不適，

或甚至在騎行過程中導致抽筋。

卡鞋扣片位置的設定

我們必須把扣片位置設定在前腳掌蹠球部下方靠中間的位置，因為你可以在這個點上，最有效地把體重轉移到踏板上。我們先假設你下肢的結構和排列都沒有問題，兩個扣片的方向都應該朝前（與屈柄平行）。這被稱為「零」偏移。

有些車手喜歡用可以在上卡時略微轉動的浮動式扣片。許多專家也聲稱這種扣片可以避免受傷，他們認為固定式的扣片（上卡後腳踝無法左右轉動）會過度使用髖、膝、踝關節，因而形成過多壓力。但有些研究者發現浮動式扣片會影響功率輸出。[3] 如果你的設定都正確，本身下肢結構和排列也沒有問題，絕大部分使用固定式扣片的車手狀況都很好，不會因此而受傷；但如果身體本來的排列就有問題，浮動式扣片的確可以降低受傷的風險。

譯注：

1. fitting，一種專業的技術，這種專業的技術人員又稱為 fitter，主要的工作有二：挑選適合車手的成車或零組件，以及針對不同的訓練或比賽需求調整車子。

2. 在支撐相同的體重下，關節的角度愈小，因為槓桿壓力增加，所以肌肉的負擔也跟著提升。

3. 也有研究顯示不影響功率輸出，所以尚未有定論。

Part **6**
游泳技術

第 40 章

游泳技術介紹

> 生活中沒有什麼可怕的東西，只有需要被理解的東西。
>
> ──居禮夫人（Marie Curie，波蘭科學家）

大部分的鐵人三項賽事都在開放式水域進行。如果你過去從沒比過鐵人賽，勢必會對下水的混亂場景感到害怕。在開賽鳴槍時，一群選手們從岸邊衝下水，水深夠的話選手們會直接跳下水，若水深不夠他們就會用海豚跳快速通過淺水區。因為剛開賽時全部的選手都以第一個折返浮球為目標，所以會非常擁擠，鐵人們必須在推擠拉扯中不讓泳鏡歪斜，朝目標游進。

游泳賽段是鐵人賽最恢宏的場面。沒有一項奧運比賽可以像鐵人賽般如此盛大。鐵人三項首次進入奧運是在西元二〇〇〇年，所有的選手在雪梨港下水，以世界知名的雪梨歌劇院為背景。奧運跟其他鐵人比賽的不同點，在於每一位參賽者都是經過嚴格篩選，所以下水的場面比較沒有那麼盛大。

在泳池每游幾十公尺就有岸可靠，還有救生員在一旁看著，所以游起來安心許多。但在鐵人賽時我們要從安全的岸邊冒險游向未知的水域，還要跟波浪與其他選手奮戰，這跟在泳池游泳完全是兩回事。

鐵人賽的游泳出發有多混亂？讓我們舉個例子。假如你泳技欠佳，又剛好被主辦單位分發到第一批下水，後面有不少好手若覺得你的速度還可以，就會利用跟游來節省體力；若覺得你實在太慢了，就會從上面直接把你「輾」過去。我可不是開完笑的，要在水中輾人是很容易的。

在混仗中，速度較快的選手很容易就會抓到你的腰，手掌一壓，胸口一抬，下一隻手很自然地落到你的肩膀上（或是頭

上），把你壓到水中，不一會兒的工夫就游到你前面了，你連嗆水的時間都沒有。

了解嗎？他們並不是刻意要從你身上輾過，在周遭水域都塞滿參賽選手的情況下，他們只能這麼做。你只是碰巧卡住他前進的去路。被輾過時別太擔心，那沒什麼，你只要保持沉著，被壓下去一下子就過去了。這也是鐵人賽游泳出發時有趣的景況。

如果你熟悉出發時的混亂，也知道該如何度過開賽後的第一分鐘，對鐵人賽事經驗豐富的參賽選手來說，游泳賽段其實很有趣。然而，大部分的鐵人新手最怕游泳，因此對於想要成為鐵人但又害怕下水的耐力運動愛好者而言，比較無趣的鐵人兩項便成了替代品。

有很多人因為游泳這一項障礙而放棄鐵人三項，實在可惜，如果會游泳，它可是一項不錯的終身運動。游泳不像跑步腳掌落地時會有衝擊力，又能鍛鍊到全身，不受時空的限制，只要到有水的地方就能鍛鍊體能、心臟、肺部和全身肌肉。需要的裝備也很少，從後院的泳池到大海都可以練習。

游泳這項運動同時受到年輕人和老年人的喜愛。它不只吸引像救生員那類陽光健康的大男孩，有些因傷病而活動能力受限的人也很喜歡游泳。不論你是目標明確的奧運選手，或只是在嚴厲的訓練後想加快恢復速度，花點時間待在水裡總是能獲得回報。

最棒的部分是：學好游泳相當容易。過去有不少人因為父母的善意規勸，從小就拒水於千里之外，或是被告知遠離深水水域、吃飽飯不要下水。但只要掌握基本技術，游泳其實是一種很安全的運動。

接下來幾章，我將會盡力幫助你學習優美的泳姿，以及克服下水前的焦慮與不安，好的游泳技術將消除你在開放式水域游泳的恐懼。相信我：游泳很好玩的！

第 41 章

關於游泳的真相與迷思

我仍身處於黑暗之中，很多事我都還不確定。

——厄尼斯特·馬格利斯柯博士

活在有航空與火箭科學、大爆炸理論和腦科手術的現代，你可能會很意外，我們對於「人體在水中是怎麼前進的？」這個問題竟然還沒有科學上的共識。我們可能對各種船體形狀的研究甚深，從遠洋客輪到衝浪板的形狀已有數不清的研究，對魚在水中游泳的動作也研究好幾個世紀，但魚（或人體）為什麼能在水中移動呢？這個問題長期以來一直爭論不休。

在我們開始討論 Pose Method 的細節與進行技術動作訓練之前，我們要先來檢視過去長期對於「水中推進力」的誤解。

以往的游泳教學指令各不相同，關於優秀游泳技術的理論也百家爭鳴，教練們總是不斷地爭論何謂正確的游泳技術。世界知名游泳教練布蘭特·羅沙（Brent Rushall）也曾說：關於水中推進力的爭論從未平息。[1]

天擇的角色

因為對技術的標準缺乏共識，所以有些人認為頂尖的游泳選手之所以這麼厲害，不是因為後天的學習，而是因為天生的才能。從這個角度來看年輕游泳選手的發展歷程似乎有些道理。大部分小孩都是因為跟父母去游泳池或學校游泳課才開始接觸到水，所以從小就培養不錯的水性，至少可以浮在水面上。很多父母是出於安全理由把小孩送去學游泳，小孩只要學到不會溺水就可以了，游泳技巧並非父母或老師

要求的學習重點。一旦確保小孩在水中的安全性之後，訓練差不多就結束了，大部分的孩子不會學習進階的游泳技巧。只有那些有潛力的孩子會被選進學校校隊進行培訓，多半六歲就開始練游泳。他們就這樣一直練到高中或大學，但他們練得通常都是體能，很少有技術上的指導。只有天資聰穎的小選手會浮出檯面，拿獎牌並受到眾人注目。所以大部分人認為能站上獎台的都是天生的泳者，非常人可以練就。

這些具有游泳天賦的選手在一路練上去的過程中，可能從來沒有一位教練教過他們「水中的推進力從何而來」或是「游泳前進的力學機制為何」，當他們心中沒有這些背景知識時，就不會知道他的技術從何而來？只能推論是天生的。

游泳選手只靠天賦可以進步到多少呢？我們舉一個世界最知名的案例，曾奪下九面奧運金牌的馬克・史畢茲（Mark Spitz），游泳生涯的高峰都發生在印第安納大學（Indiana University）就學時期，當時他接受美國泳界傳奇教練——詹姆士・康西爾曼（James Counsilman）的指導，訓練計畫也經過嚴密的設計。

有一回康西爾曼教練請史畢茲描述一下自由式的划手動作，[2]史畢茲這樣描述：手掌從入水後一直線拉向身體後方，而且過程都是直臂。他的這番陳述十分有意思，因為跟他實際的划手動作完全不同。他實際的划手動作並非直臂，而是屈臂，甚至手肘的彎曲角度最小到90°，手掌的路徑也非直線，而是接近S型曲線。雖然他有最好的教練和訓練計畫，但他的技巧主要來自天生的直覺，他一直靠感覺游泳，而非依據某種精準的技術模型。

難道天生沒有游泳基因的人，就永遠無法成為技巧高超的泳者嗎？當然可以，前提是要先了解人類在水中基本的移動原理以及提高技術的方法。

流體的升力與拉力理論

手掌在水中的動作一般傳統都認為像「搖櫓」，對於這個動作的解釋大都圍繞著流體的「升力」和「拉力」兩種相對的理論。[3]「好的游泳選手是利用手掌傾斜的搖櫓動作所形成的升力，作為主要的推進力」，這即是升力理論的由來。

水流過傾斜手掌所形成的升力就像空氣

流過機翼一樣，飛機正是透過這股升力才能浮在空中。根據白努力定律（Bernoulli's Principle），曲面上下的路徑不同將造成流體的壓力差。[4,5] 所以此定律被拿來當作游泳升力理論的基礎，當划水初期（前臂尚未下壓前）手掌表面與划手方向形成微小的角度時，流水就會因為上下壓力不同而形成升力；接著，手掌與前臂下壓，這個動作又被稱為「抓水」，抓水的動作會進一步延續上升的力量，這股升力正好為向前推進做好準備。這套理論很快被泳界中的教練與科學家接受，他們的結論是：當升力來自流體本身的壓力差而非主動划水動作帶來時，就不會浪費多餘的體力。[6]

當升力理論在一九七〇年代逐漸被接受時，傳統的拉力理論又回到主流論述，[1,7,8] 他們認為推進力的來源，像划船時把槳向後拉動一樣，用力向後划槳時會在槳後形成一股阻力，我們就是利用這股阻力的反作用力把船（泳者）向前拉，所以直接把手臂向後拉動就能創造向前的推進力。簡單來說，他們的結論跟史畢茲描述的划手動作很像。其他的研究者說明泳者的划手路徑，並不像我們以為的是弧線。他們的結論是：拉力才是主要的水中推進力。[1,8,9]

根據這些研究顯示，菁英游泳選手的划手路徑「並非刻意為之，他們事實上會盡量划直線。這正是划手的拉力勝於流體升力的間接證據」。[3]

以史畢茲的自述為例，他下意識運用划臂時的水阻把身體往前拉，而非運用流體的升力，所以他才會覺得是直接把手拉向身體後方，這個動作就像划槳一樣。因為他在划手向後的過程中，縮減划手弧形軌跡比其他選手更成功。雖然他實際的划手路徑的確是 S 形，對他的肌肉來說，感覺上還是直線向後用力。

當然，爭論不會就此結束。當這篇論文堅稱「拉力對前進的貢獻更勝於升力」，而且直接表明「把升力當作前進動力的主要來源是錯誤的論點」之後，新的理論又被提出來。

渦流理論

另一位新的理論家提出：「與其批評升力與拉力理論，我們需要學習更多關於游泳前進時水流的相應變化」。[10] 他們觀察

到高效率的泳者在身體後方產生的漩渦很小。塞西爾·科爾溫（Cecil Colwin）解釋：「漩渦是泳者向前推進時於身後所形成的產物」。[11] 這種現象其實很常見，當我們在皮艇或獨木舟上划槳時，槳的後方就會看到類似的漩渦。

勞爾·阿雷利亞諾（Raul Arellano）指出這些渦流的動量是從身體前進的動能所轉化出來的。[12] 他認為渦流理論可以用來解釋升力是如何推動泳者前進。接下來的觀察來自卡拉·麥凱布（Carla McCabe）和羅斯·桑德斯（Ross Sanders），[13] 他們注意到水中動物在移動時會刻意甩開尾流漩渦。

只要魚在水中游動，漩渦就會持續產生，而牠們擺動尾鰭就是為了甩開渦流。魚在水中轉彎改變前進方向時，漩渦會特別明顯，牠們也會更大幅度的甩動尾鰭。更進一步的研究指出：後方渦流的動力大小跟牠們所獲得的前進動量成正比。[1],[14]

有趣的是，在科爾溫博士關於渦流理論的研究中，「泳者完成每一次划手動作時，剛好渦流也被擺脫。這個現象代表每次推進動力結束的同時，手臂的划動也會在特定的方向上」。[11] 因此「泳者的動作

使水流動，因此動能傳輸到了水上，產生渦流，接著泳者再從自身的渦流中重獲能量，這正是使其向前游的主要推進力來源。換句話說，泳者的運動直接跟水的運動互相關聯，因此當泳者在水裡運動四肢時，水也幾乎同時回饋力量給泳者」。[13]

所以，渦流理論是最終的答案嗎？如果是這樣，這個理論有告訴我們在水中如何提高游泳效率嗎？其實沒有。

問題是泳者在游泳時看不到漩渦，所以無法利用這個理論來調整划手動作。你很難把這套理論拿來修正划手、加速與用力的時機。[11,12] 這個理論並不是建議泳者要像划槳一樣推水以創造渦流，[15] 而是用它來「控制能量，同時用力不要過猛。」儘管如此，「渦流理論的主要問題，是渦漩跟前進的推動力有關的說法從未被證實過，所以還是不能妄下定論。」[13]

上述這些人的研究和提醒都忽略了最顯而易見的部分：泳者無法看到自己所創造的渦流，所以根本無法進行細微的調整。若把這套理論用在教學上，教練可能會在池邊對著選手說：「你的動作看起來不錯，但我覺得你左手的渦流有一點跑掉了，要注意一下。」選手可能會憤怒地看著教

練，因為聽到這樣的指示他根本不知從何改起。

軸流理論

當然，在同一份游泳推進力的研究中還提到了另一種前進的機制：軸流理論。[13] 這個理論由圖森教授（H. Toussaint）提出，他又稱為「幫浦推進」。[16] 圖森的概念也是來自白努力定律：流體速度較快的那方壓力較小。當手臂在划動時，整條手臂旁的流速會有梯度上的變化，因為手掌離轉動軸心的肩膀最遠，所以速度最快，手肘次之，上臂的速度最慢，因此上臂一旁的水壓也最大，手掌邊的水壓較小，這個現象會把水從肩膀往手掌方向打出，就像幫浦一樣。

簡而言之，圖森的理論「把手臂在身體下方轉動所造成的幫浦效應具象化，因為水壓的改變，使得水從肩膀往手掌方向流動，這股水流可以持續把身體往前推進。」但結論跟前一個理論一樣（你可能已經知道了）：「軸流推進的概念目前對於教學與選手表現的影響仍然不明」。[13]

雖然已經有這麼多的研究和理論，我們仍無法確認主導游泳推進的主要力量來自哪裡。事實上，若只從概念上來討論，技巧高超的游泳選手可以將各種力量有效地整合在一起，以達到最佳的推進效益，但這又回到「游泳技巧是天生」的結論。

事實上，大多數的游泳選手並不知道自己為何可以游得這麼好，你若問「該怎麼游」時，他們也無法說清楚。回到史畢茲悖論（描述與事實不符），他的傳奇教練康西爾曼曾公開表明：「史畢茲在游泳技術動作上有異於常人的天賦，一般人需要特別學習的技巧，他卻能自然而然做到。」

世界上有史畢茲這一類人當然很好，但他們終究是少數，對於沒有游泳天分的人來說，難道就沒有希望游得更快更好嗎？我們仍無法回答「該如何划手」這個最主要的問題。上述的理論很棒，流體力學也深具啟發性，但仍缺乏實用的建議。

回到原點

認識了手掌角度和升力與拉力的關係、

渦流與軸流理論之後，我們再回到最初的問題：該如何把這些複雜的流體力學知識運用在提升泳技上呢？我們真的能在游泳的過程中控制這些角度、手臂的弧度與渦流嗎？你想我們可以在沒有回饋與看不見水流與渦漩的情況下訓練技術嗎？如果像史畢茲這類天賦異秉的游泳天才，對於自己是怎麼做到的都知之甚少，我們這種「普通人」，又如何能精準地控制這些物理現象呢？

花時間檢視前人的研究之後，我們必須坦承在划手技術理論發展過程中，並沒有人試著建構「完美泳姿」的知識。頂尖泳者只是順應自己心中的理想動作來划手，而不是依循某種可驗證且牢固的定律。所以我的問題是：這些頂尖泳者跟其他普通泳者最大的區別是什麼？他們是否共同遵循某種定律呢？

某一派教練常會這樣建議：「我們應該鼓勵泳者專心感受水壓，以及訓練觸覺神經與本體感覺來辨別划水過程中的壓力變化。只要這麼做，泳者分辨推水與運用外力的能力就會提升，之後就能更有效地控制這些力量。」[13]

上述建議的確充滿智慧，但我們還是要考慮實用性。當教練在岸邊喊著「下一趟我要你專注在本體感覺上，用心體會手掌上的壓力差，想辦法達到最佳化」，請問這時在池中的你做何感想。

「水感」的另一種說法是「知覺」

好的，讓我們再回到「感覺」。老派教練常要求學生提高「水感」。我們現在知道「身體在水中向前推進的過程」包含了許多複雜的物理現象，但在教學上我們可以把它簡化成：提高水感。

實踐這項目標的工具，是我們對於動作的「知覺」。有游泳天分的泳者（像史畢茲這種人）的知覺特別敏銳，相對來說，一般人的知覺就比較差。跟訓練知覺一樣重要的是知識，我們必須了解在水中到底該感覺「什麼」。

那個「什麼」不會是漩渦、水流或壓力差。對泳者來說，要跟他們解釋物理以及控制掌心上的壓力差實在是太強人所難了，但若要訓練他們對於「支撐」的感受，相對就簡單多了。

本書前面幾個章節（第三與第四章）曾談到技術的關鍵在於提升「體重的知覺」，而這種知覺的開發跟「支撐」有關，每一項運動都有一種正確的支撐姿勢，有了正確的姿勢後，對的肌肉就會一起用力。同樣的邏輯也可以運用在游泳上面。

再繼續深入討論之前，讓我們從幾個有點蠢的問題開始。第一個問題：魚一點也不懂流體力學，那牠為什麼會游泳？這個問題太大了嗎？好的，讓我們再縮小一點：為何有些嬰兒在不會走路和說話之前就能在水中游泳？魚和嬰兒有研究游泳技術嗎？這些問題看起來好像很蠢，但卻直指重點。再想想菁英游泳選手們，從只是「還不錯」的泳者到世界級的「菁英」選手，決定性的因素是什麼？如果連世界上最優秀的泳者都不知道是如何做到的，那答案就呼之欲出了：因為「知覺」！對於支撐的知覺、對於體重與轉換支撐的知覺。前面所討論的各種流體力學定律全都以知覺呈現在泳者身上。所謂成功的泳者，正是那些具備敏銳知覺而且能加以辨識、及時反應與運用的人。

不論我們談的是能漂浮在水上的學齡前兒童，或是追求完美划手動作的菁英游泳選手，也不管他們在游泳時想些什麼，每個人都會在下意識運用知覺。透過知覺所「做」出來的動作，跟「思考」游泳技術理論是兩種不同層面的活動。除非我們能建構一個成功運用知覺的理論平台，就能透過這個平台來串聯兩者，進而達到更高超的游泳技巧。

上述理論忽略了什麼？

不論你研究的是划槳式的拉力、搖櫓式的升力、渦流或軸流理論，所有關於游泳推進的相關理論都忽略了「體重」、「支撐」與「轉換支撐」這幾個概念，而這些概念正是身體移動的基本法則。不論是在陸地上還是在水中移動，想要學習有效率的移動方式，勢必要完整了解支撐的概念以及提升支撐的知覺。有了良好的支撐（知覺），我們才能有效運用體重和肌肉力量來移動。以游泳這項運動來說，最需要優先思考的問題是：支撐點在哪？我們該如何感受到它？

因為水是流體，不像在陸地上具有穩定的支撐點，所以水中的支撐點變得難以捉

摸。很多人時常搞不清楚身體各部位在移動時的相對關係，這跟推進的原理密切相關。最需要牢記在心的是：手掌是身體向前移動的支撐點。我們要移動的是「身體」（肩膀、軀幹與雙腿等），而非手掌。

我知道這樣的觀點違背了傳統的游泳教學方式，過去常聽到教練說：抓水、抱水，再把手推到身體後方。這會在腦中形成「把手划過身體」的錯誤印象，但從支撐的概念來思考，游泳應該是「身體通過手掌」才對。如果游泳時手掌在水平方向「滑動」了，就無法有效支撐身體，身體反過來變成移動手臂的支撐點，只要身體變成支撐點，運動模式立即變調。

再更深入一點來談。當我們用手掌來支撐身體，再利用它來移動身體時，身體是往哪個方向移動呢？傳統的觀點是「向前」移動。但因為手在身體前方，所以事實上身體既向前又向上移動，移動的過程包含了垂直與水平兩個方向。

當我們訓練游泳技術時，身心方面都不能忘記身體是在兩個方向移動的事實。我們必須了解泳者向前移動只是兩個移動向量的副產物。

這是一個典型的向量關係。移動過程中

當支撐點在手掌上形成時，身體會向上方與前方移動，手掌也就跟著跑到身體下方，而且垂直與水平兩向量的大小會持續變動。

當身體穿水而過時，水本身也支撐著全身的體重。手掌是支撐點，另一側的身體先向上升再向前落，身體兩側互相交替支撐與移動。這個複雜的移動機制最後所呈現的就是不斷向前游進的身體。學習在支撐點上運用體重的技巧將是提升游泳表現的關鍵。

譯注：

1. 通常魚類若要逆流前行會彎曲身體，使身體成一曲面進而形成渦流，然後魚會擺脫那個渦流再次從反方向彎曲身體，以引起另一個渦流。魚就是在這些渦流中穿梭，因此可抵抗比牠們肌力更強的水流，向前游進。

參考資料：

(1) Rushall, Sprigings, Holt, and Cappaert. Areevaluation of forces in swimming. Journal of Swimming Research. Vol. 10, 1994, pp. 6-30.

(2) Counsilman, James E. Competitive Swimming Manual for Coaches and Swimmers. Counsilman CO.,Inc. Bloomington, IN, 1977.

(3) Sanders, Ross Lift or Drag? Let's Get Skeptical About Freestyle Propulsion. <http://sportsci.org/news/bio- mech/skeptic.html> May 1998.

(4) Brown, R.M., and Counsilman, J.E. The role of

lift in propelling swimmers. In Biomechanics, Editor J.M. Cooper, Chicago, IL: Athletic Institute. 1971 pp. 179-188.

(5) Counsilman, J.E. The application of Bernoulliis principle to Human Propulsion in Water. In First International Symposium on Biomechanics of Swimming. Editor L. Lewillie, and J. Clarys, Universite Libre de Bruxelles, Brussels, Belgium, 1971, pp. 59-71.

(6) Toussaint, H.M., and P.J. Beek. Biomechanics of competitive front crawl swimming. Sports Medicine, Vol. 13, 1992, pp. 8-24.

(7) Holt, L.E., and J.B. Holt. Swimming velocity with and without lift forces. Un- published paper, Sports Science Laboratory, Dalhousie University, Canada, 1989.

(8) Valiant, Holt, and Alexander. The contributions of lift and drag components of the arm/forearm to a swimmer's propulsion. In Biomechanics in Sports: Proceedings of the International Symposium of Biomechanics in Sports. J. Terauds, Editor. Research Center for Sports, Del Mar, CA. 1982.

(9) Cappaert, J. 1992 Olympic Report. Limited circulation communication to all FINA Federations. United States Swimming, Colorado Springs, CO. 1993.

(10) Sanders, R.H. Extending the "Schleihauf" model for estimating forces produced by a swimmers hand. In B.O. Eriksson and L. Gullstrand Proceedings of the XII FINA World Congress on Sports Medicine. Goteborg, Sweden, Apr. 1997, pp. 421-428.

(11) Colwin, C.M. Breakthrough Swimming. Human Kinetics. 2002.

(12) Arellano, Pardillo, and Gavilán, Underwater undulatory swimming: kinematic characteristics, vortex generation and application during the start, turn and swimming strokes. Universidad de Granada: ISBS 2002.

(13) McCabe, C., and R. Sanders. Propulsion in Swimming. <http://www.coachesinfo. com/category/swimming/323> July 2005.

(14) Müller, Heuvel, Van Den, Stamhuis, and Videler. Fish foot prints: morphology and energetics of the wake behind a continuously swimming mullet (Chelo labrosus risso). The Journal of Experimental Biology, Vol. 200, 1997, pp. 2893-2906.

(15) Ungerechts, Persyn, and Colman. Application of vortex flow formation to self-propulsion in water. In Biomechanics and Medicine in Swimming. Editors K.L. Keskinen, P. Komi, and A.P. Hollander. Vol. 8. Jyvaskla: Gummerus Printing House. 1999, pp. 95-100

(16) Toussaint, Berg Van den, and Beek. "Pumped-Up Propulsion" during front crawl swimming. Medicine and Science in Sports and Exercise, 34(2), 2002, pp. 314-319.

第 42 章

全都跟轉換支撐有關

> 我們設計出各式各樣的訓練動作都是為了提升水感，水感即是手掌上形成的壓力。
>
> —— 馬丁・奈特（Marty Knight）

支撐！支撐！又是支撐！

這次你或許會問，游泳又跟支撐有什麼關係？游泳時我們浮在水中靠手把身體往前拉，這不是一種跟重力無關的運動嗎？如果談的是跑步，沒錯，支撐的動作顯而易見。騎自行車時，支撐的概念稍微隱晦了一點，但仔細想想就知道體重是由腳踏車上的坐墊、車手把和兩個踏板輪流支撐的，當愈多的體重轉移到踏板上，功率就愈高。但當我們談到游泳的划手時，又跟支撐與重力有什麼關係呢？

關係可大了！支撐與轉換支撐跟所有的運動項目都有關。

我們直覺認為游泳跟重力無關是因為水的浮力撐起了身體。重力可以在空氣中發揮它向地心牽引的效果，但黏度較高的水可以阻止身體被重力往下拉。但我們都知道，如果身體不維持在一個適當的位置或是抓到可支撐體重的漂浮物，我們最終還是會沉到水底。

如果你很不幸在海上碰到船難，你第一件要做的事是掃視海面，看有沒有漂浮物可以讓你抓著支撐體重。如果沒有救生筏或門板之類的東西，你就只能靠「大字漂」來自救了。這個最有利的漂浮姿勢是臉朝下，四肢打開，雙手大約是朝十點半與一點半的方向延伸，雙腳則朝四點半與七點半的方向打開，並且盡量在水中放鬆。

這個姿勢所需的能量最少，可以讓身體好好放鬆，而且可使身體在水中浮力支撐的表面積達到最大化。就像降落傘的功

能一樣，可以避免你快速沉到水底。要領是吐氣要慢、換氣回到同樣姿勢要快，如此可以避免下沉，並且減少能量的消耗。

這是浮力支撐。我們可以用一個簡單的測試來說明動態的浮力支撐。請找一個水深超過你身高的泳池，在水中保持直立狀態，雙手指向天空，同時腳背打直、腳尖朝向池底，你會發現處於這個姿勢時身體會迅速下沉。接著，再回到前一個大字漂的姿勢，因為這個姿勢受到浮力支撐的表面積最大，所以水的浮力能達到最大的效益，再度撐起你的身體。

水中的浮力支撐是一種被動支撐，如果想善用浮力，應該「盡量無為」，盡量放鬆，順應自然的法則。然而，「向前游」與「漂浮在原地」的差別在於把身體的重量從被動的「浮力支撐」轉移到主動的「移動支撐」上。拿自行車來比喻的話，騎行時被動支撐體重的位置是車手把和坐墊，主動支撐的位置在踏板，騎行時我們要把車手把和坐墊上的體重分配到左右腳的踏板上。游泳也是一樣的道理。我們要把原本大多數由浮力支撐的體重，轉移到能幫我們移動的支撐點上（移動支撐）。猜猜看，游泳的移動支撐在哪裡？看圖

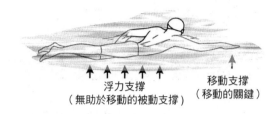

圖 42.1 ⊃ 游泳的移動支撐在前伸臂的手掌上。

42.1 可知，在前伸臂的手掌上。

這是 Pose Method 很酷的地方。一旦你搞清楚游泳的移動支撐在手掌上，你就能掌握核心技術，而且這項技術從來沒有人教過你，過去你聽到關於泳游技巧的各種說法都可以暫時拋開。像是有人會說「划手要用力且划到底」，請先忘掉它；或是說「轉動臀部，靠核心發力」，千萬別再這麼想；也有人會教「胸口要刻意往下壓」，啥？這是什麼道理啊！

請重新用支撐與轉換支撐來思考游泳技術，任何運動都一樣，移動就是失衡，學習有效率地建立平衡與破壞平衡是成為游泳高手的關鍵。就如同跑步和騎行，理智和本體感覺必須同時並進，才能徹底學會 Pose Method 的游泳技法。

為了能夠使你徹底了解 Pose Method 的概念，我們將先說明 Pose Method 背後的

科學原理以及如何把它運用在游泳上，接
著是一系列的技術訓練動作，這些動作可
以讓你實際透過手掌感受到體重的存在，
讓你學會在水中利用體重產生動量向前推
進。最後是關於開放式水域的游泳策略與
方法。好了，做個深呼吸，開始學真正的
游泳技術吧！

第 43 章

平衡支撐

自然界是均衡的。我們都知道「因果法則」是一貫且無情的自然法則，

所以我們擾亂她的平衡；但身為一個獨立的個體，

我們確實未能找到自己的平衡點，那是因為我們還未了解到一切都跟自然界一樣

「種瓜得瓜，種豆得豆」，相同的自然法則也在人生與社會中無情地運作著。

—— 席尼·布雷默（Sidney Bremer）

前一章我們用兩種極端的姿勢來解釋水所提供的浮力支撐（圖43.1），水中的「立姿」與「大字漂」這兩種極端姿勢，雖然都跟真正的游泳姿勢無關，但卻非常適合

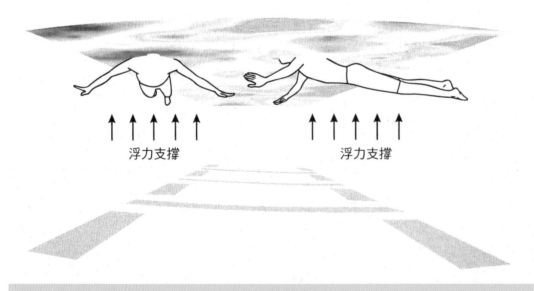

圖 43.1 ⊃ 水中的浮力支撐。

用來說明水中的平衡。

例如水中直立的姿勢很容易保持平衡，但卻會迅速下沉，若能在下沉前快點回到大字漂的姿勢，就能重新回到平衡，浮在水中。為了演示游泳時平衡與支撐間的關係，讓我們再回到泳池從大字漂的姿勢重新開始。

當你以大字漂的姿勢輕鬆地漂浮在水面上時，慢慢把你的右手抬出水面，身體右側會產生失重，體重會自動轉移到左邊，所以你的身體也開始笨拙地向左轉動。現在再放下右手回到大字漂的姿勢，接著再把水面附近的雙腳靠攏，手臂向側邊伸直，與身體成90°。此時再抬起右手時，身體會沿著中線向左轉動。因為雙腳靠攏的關係，轉動過程較為平衡。

藉由抬起和降低右手的高度，你會很明顯地感受到平衡與失衡，每次改變上抬的高度時，身體都會繞著中軸線尋找新的平衡。現在，改把雙臂朝頭前伸直，雙腳朝身後伸直（圖43.2），這跟之前提到會快速下沉的直立姿勢很像，只不過身體位置改成與水面平行。

現在，把頭和肩膀抬起。當你這麼做時，你的腿將開始下沉。傾斜的支點在你

圖 43.2 ⊃ 雙臂朝頭前伸直，雙腳朝身後伸直。

的臀部，也就是你身體的質心。這些練習有助我們了解身體在雙軸線上的微妙平衡，使我們在游泳時能維持正確的姿勢。這也會讓你知道，儘管頭和手的動作幅度很小，也會很快打亂平衡。

所以只要利用浮力支撐維持姿勢，我們就能掌握保持平衡的要領。這些觀念很好，但如何把這些知識運用在游泳上呢？

我們馬上就會談到，但要先告訴你一個小祕密：當你的游泳效率很高時，手掌的入水點跟出水點幾乎會在同一個位置上（圖43.3）。針對這點思考一下。游泳看起來是用手划過身體，但事實是你的身體加速通過手掌。當手掌入水後，它會在下壓尋找靜水的同時做一個很微小的搖櫓動作，但絕不會刻意向後划。

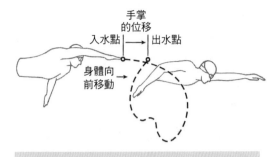

圖 43.3. ⊃ 手掌的入水與出水幾乎會在同一個點。但技術頂尖（亞奧運等級）的選手，當手掌通過身體重心之後，身體會因為慣性繼續滑行，使得手掌的出水點甚至跑到入水點之前。

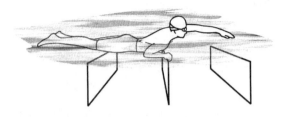

圖 43.4 ⊃ 水中的支撐點不斷地改變，就好比猴架一樣，是在支撐與轉移我們的體重，它必須夠穩固，才能使我們在水中移動。

43.4）。

為了讓這樣的意象更清楚，想像一下公園裡可以擺盪前進的猴架（monkey bars）。為了在猴架上前進，你先單手抓住架槓向前盪出，盪出的幅度要讓你的另一隻手能抓住另一個架槓。抓住架槓的手就是不斷轉換的支撐點，它們必須輪流承擔全身的體重，如此才能前進。但如果兩隻手都抓在同一根架槓上，你就無法移動，直到你伸出其中一隻手把體重轉移到前方的架槓上，移動才會發生。「轉換支撐」是移動的關鍵。如果你在前伸臂抓到架槓時沒有即時放掉另一隻手，你就會在原地前後擺盪，直到動量消失為止，最終你就會吊掛在原地，兩手各承擔一半的體重。你現在平衡了，但哪裡都去不了（圖

現在，在心裡想像以下景象：把猴架放到水中，架槓沉到水面下一個腳掌的距離，接著趴在上面，伸出一隻手抓住前方的架槓，當後方的手臂抬出水面時，前伸臂就會被往下壓，接著如同前面提過的平衡測試一樣，身體開始沿著中心軸旋轉，體重也開始轉移到前伸臂所支撐的架槓上。

當胸口通過架槓上方的過程中，前伸臂像是能量的傳輸站，這股能量由體重所提供。當體重來到支撐手的正上方時，在空中的手臂已經從後方向前伸出，準備尋找下一根架槓。這正是轉換支撐→尋找新平衡的過程，在雙手交替的支撐過程中，身體也持續向前。

讓我們把整個情況仔細分析一遍。首先，在手臂抬出水面伸向架槓時，身體的平衡被破壞，體重開始轉移到已經抓住架槓的手臂上（也就是移動支撐）。抓住架槓的手，接下來要做的事，並非「拉」向身體，而是要維持一個穩固的支撐點，使胸口上升通過支點。當身體的質心通過支撐手的正上方時，手掌就必須及時放開架槓，開始進行失重，如此才能把體重轉移到新的支撐點上（下一根架槓）。

過去曾看過有人這樣分析游泳的嗎？

當然，在第四十章介紹游泳時，我們曾以鐵人比賽游泳出發時被後方選手「輾過」的情況為例。後面的選手會先抓住你的腰，接著撐高身體再用另一隻手抓你的肩膀，很快地把你甩在後面。

以這個例子來說，他先在你的腰上找到支撐點，接著是你的肩膀。有了支撐點之後就能撐高他的身體，然後向前落到你的身體前方。如果後面的選手利用把你往後拉的方式前進，他相對前進的幅度會很少，因為你會被向後拉動（支撐點動了）。反之，他不應該拉動支撐點，而是撐住你的身體，從你的身體上方越過。這種巧妙的伎倆，正是透過物理上轉移體重與平衡支撐的方式做到的。

從手掌入水與出水點幾乎在同一處的事實來看，現在我們已經能把所有的片段組合起來了。下一章我們將學習如何把這些原理運用在游泳上。

第 44 章

轉換支撐與向前落下

> 關於科學，最重要的不是獲取新知，而是去發現新的思考角度。
>
> —— 威廉・布拉格爵士（Sir William Bragg，英國物理學家）

前一章已經為你提供一幅清楚的心智圖象，告訴你「游泳是什麼」，以及「游泳不是什麼」。後者尤其重要，就像划手並非泳者主動把手掌划向身體後方。這個想法很難從腦海中移除，是吧？

「抱水之後一定要把水推到底，直到大拇指碰到大腿外側為止。」這樣的話對從小練游泳的人來說一定聽過無數次。自由式就是抱水與打水，只是我們對自由式外觀的描述，並非前進的原理，甚至跟前進的原理相反。你可能注意到我講到划手時是用「支撐」這個字，划手之所以能前進，就像「支撐」在一根固定不動的桿子上。我完全沒有提到腿部的動作。當然，下半身在游泳時有其功能，但游自由式時，雙腳跟推進完全沒有關係。後面章節會詳細地說明。

所以，如果游泳不是因為划水與打水才能前進，那游泳到底是因為什麼而前進的呢？若我說前進完全只是因為「轉換支撐」與「向前落下」，你相信嗎？我們已經花了好幾章說明移動的力學階層，你或許已能接受「轉換支撐」的說法，但你可能還是納悶：我們在水中究竟是如何落下的？

先從頭來複習一下：首先，在本書的第一部分，你已經學到跑步基本上是透過落下來前進的，落下後為了避免摔倒，我們及時換腳落地支撐，移動就此發生。只要我們的重心前傾，就會被拉向地面，因此趕快把腳掌往前移，不斷重建下一次的平衡與落下，就能持續朝終點線前進。

以騎行自行車來說，事情變得有點微妙。當你左邊身體的重量離開踏板，體重就會轉移到右邊，此時落下發生，在這個瞬間轉移到右邊的重量會使右踏板下落，藉此驅動自行車前進。

對游泳來說，就變得更微妙了。你重新檢視前幾章就會明白，泳者像是支撐在水中的一根固定桿上，有了這個參考點之後，泳者的胸口可以被撐高，接著通過它。游泳時手掌必須成為固定的支撐點，使胸和身體可以被撐高，然後向前落下。

身體就在不斷落下的過程中向前移動。因為身體落下時，正驅使另一隻手入水尋找下一個支撐點；當支撐點被定位穩固後，胸口又會被再度撐高通過支撐手，向前落下。

游泳時手掌接住身體的過程，就像跑步落下時腳掌接住身體一樣。手掌入水後在水中找尋另一個支撐點，以阻止身體繼續下落（沉到水中），再把另一側的肩膀抬出水面（轉肩與抬臂），繼續下一次的落下與轉換支撐，這正是游泳前進的主要機制。

讓我們再強調一次：這個過程非常微妙，就像外人看不出跑者其實是透過落下前進一樣，旁觀者也很難看出泳者如同海豚在水面上游泳時不斷上下起伏的過程。因為海豚的支撐點在尾鰭，所以撐高的是全身；而人類的支撐點在單手上，所以撐高的是單邊的胸口和肩膀。（單邊）上半身露出水面有許多好處。最明顯的好處是水面上的阻力比水下少，所以轉肩時上半身出水愈多，身體前進時需要克服的水阻愈少。另一個重點是，上半身撐得愈高，因為浮力變小，支撐手上所能利用的體重就愈多，向前落下的速度也會愈快。

正如同我們在討論跑步與騎行技術時，成功的重點是抓準支撐的時間點。對游泳來說，支撐的時間點跟這兩項運動不同。騎行時，因為它的速度是三項中最快的，所以腳掌上的支撐行程是踏板在一點到四點鐘之間，看起來似乎很長，但在迴轉數110時，每隻腳通過這個行程的時間只有0.14秒（140毫秒）。

再談回跑步。雖然跑步跟騎行時都只受到空氣阻力的影響，但因為跑步時沒有器械輔助，只有兩個不連續的支撐點，每一隻腳支撐在地面的時間（著地時間）平均來說是0.25秒（250毫秒）。

對游泳來說就有點不同了。因為水阻比

空氣阻力大很多，而且支撐點從腳掌換成了手掌，手臂的力量相對較小（無法長期負荷較大比例的體重），這些因素都使得水中的支撐時間與轉換時間比陸上運動長，所以游泳速度是最慢的。

　　本章提到的這些因素將促成完美的游泳技術。但接下來的問題是：自由式的完美技術動作是什麼？又該如何練就？

第45章

完美的泳姿

他們總說時間久了就會帶來改變，但其實你必須自己花力氣改變它。

—— 安迪‧沃荷（Andy Warhol，美國知名藝術家、普普藝術的開創者）

現在我們已經認可游泳並不是透過打水和抓水抱向身體來前進的，游泳真正的動力是透過手臂來轉移體重，是一種利用重力落下來推動身體向前的運動。別擔心，實際上沒有聽起來那麼難。

首先，我們很快整理一下前面提過的事情。第一，在水中身體同時受益於浮力支撐與移動支撐。第二，水中的身體必須同時在水平面與鉛直面保持平衡。第三，菁英游泳選手的手掌入水與出水會在同一點，他們不是靠向後推水前進。最後一點，游泳時必須面對較大的水阻。

跑步和騎車踩踏時都有明確的用力期與恢復期，而且這兩個時期的速度是一樣的。這點在自行車特別明顯，因為曲柄的機械構造，當其中一個踏板往下壓時，另一邊的踏板必然以相同的速度向上提起。

但在游自由式時情況就不同了；因為在支撐期的時候，前伸臂在水中，另一隻手臂在空中，而水的黏性比空氣大，所以空中的手在提臂出水之後要能趕上支撐手。在探究正確的游泳力學時，此特點將扮演關鍵性的角色。

因為水的密度較高，所以我們必須優先考慮流體力學的效應。在自行車項目，大部分的車手都知道休息把、低風阻安全帽、碟輪和光滑的衣物可以降低風阻。游泳時任何增加阻水面積的多餘動作都會降低力學上的效率，這也是為何海豹和海豚的皮膚會演化得如此光滑。

讓我們從划手的力學機制談起，接著藉由流體力學把其中的細節弄明白。

如我們所知，身體靜止漂在水中時是由浮力支撐身體，但游進過程中身體的體重則同時由浮力與前伸臂支撐。兩邊體重的支撐比例將決定你的游泳速度。

在划手的週期中，當你能更有效率地把愈多的體重運用在移動支撐上，你的游速也會愈快。接著我們來思考刻意延續滑行時間來拉「長」划距的游泳理論是否合理。當你的身體通過支撐手後，等於失去了轉移體重產生動力的能力。在水中一失去動力就完了，所以如果刻意滑行，把體重轉移到下一隻手的時間就會被耽擱。也就是說，當身體在動力尚未來到前的「等待時間」，必然會一直減速。

所以關鍵是找到一個更快更有效率的方式來轉換體重。這就是身體處在兩種不同密度中的好處。當前伸手撐起體重後，水面上的手掌也已從身體後方移至額頭前方準備入水。手掌入水後如果體重還沒轉移過來，划手勢必會划空。

因此，失重的動作必須盡快啟動，才能把體重轉移到另一隻手上。在提臂的過程中當手掌接近水面時，臀部自然會轉向另一側。臀部的轉動是在延續體重轉移的過程。臀部並不是划手動力的啟動來源，滾轉是由轉肩與提臂所啟動的，臀部只是在接續體重移轉的過程。了解這點非常重要。

臀部並非划手的動力來源，而是浮力的主要來源。臀部的另一個功能類似「錨」，它有助於移動支撐順利轉移體重（這一點在第 46 與 47 章有更進一步的說明）。

划手的動力來源是體重。手掌入水後需要支撐在「靜水」上，才能有效利用前臂與手掌轉移體重，形成動力。這正是我們划水的起點，這個起點正是划手階段中最需要關注的時間點。對游泳這項運動來說，我們的目的當然是在水中把身體向前移。簡單地說，游泳是一種以手掌為支撐點，使身體在水中向前移動的技能，而這項技能的高低決定你游泳的速度和效率。

判別游泳技巧的高下可以從你是「把前伸臂當作支撐點來移動身體」還是「把身體當作支撐點來划動手臂」看出來。

第 46 章

游泳的力矩

> 我們可以搞清楚它是怎麼做到的，只是還不知道背後的機制為何。
>
> —— 厄尼斯特・馬格利斯柯博士

前一章我們重新定義了游泳，其中最重要的是身體與手掌之間互相支撐的關係。在本書的第三章，我們引用了希臘偉大思想家阿基米德說的話：「若給我一個穩固的支撐點，我將能移動地球。」

以游泳來說，我們要移動的是身體，支撐點在前伸手，水中的支撐點要夠穩固才能讓身體有效率地前進。為了在腦中勾勒出具體的意象，想像一下太空船裡的場景有助你了解失去重力的狀態。我們都曾在電影中看過太空人在太空艙裡揮舞四肢，他們唯有接觸到固定的物體才能移動，這個固定的物體大都是太空艙的牆邊。

為什麼沒有固定物體他們在太空中就無法移動呢？因為在失重的環境下沒有支撐，只要沒有穩固的支撐點，我們就無法把身體的質量轉換成移動的能量，前進的動量就無法產生。

水中重力被消減的情況就好比在外太空，所以在泳池或海中很難利用重力前進，但如果沒有重力與支撐，體重就無法前進，這正代表了「重力」在游泳運動中的重要性。當我們能利用重力在水中建立穩固的支撐，移動的效率就會隨之而來。

游自由式時臀部所扮演的角色

到這邊就可以把臀部的角色帶進來了。我們對自由式的最大誤解，是把臀部當作發力的源頭。這樣的認知主要是來自於「利用轉動臀部的力道可以幫助我們帶動

手臂向後拉」，藉此推動身體前進。臀部和手臂的關係當然很重要，但兩者間的真正關係絕非如此。

正如同我們在上一章討論的，當支撐手來到身體重心下方時，它的工作就完成了，到這個階段要盡快開始提臂，把體重轉移到另一隻手臂上。體重轉移的速度愈快，下一隻手臂就能愈快開始作功。如果體重還沒轉移過去就向後划會划不到水。

關鍵是臀部必須及時處在適當的位置，前伸臂才能穩定支撐在水中，划水才會有效率。只要臀部到位，水中的支撐點就能穩固，如此才能利用體重前進。臀部是主要的浮力支撐，前伸手是移動支撐，兩者之間的關係是建立在體重的轉移上（圖46.1）。在這樣的關係下，我們才能提升游速和效率。

游泳就跟其他運動一樣，我們的肌肉只要練到具有支撐與運用體重的能力即可。自由式中運用體重的最佳範例，是划手時的入水與出水幾乎在同一個點上（圖46.2，參見第 43 章圖 43.3 說明），這是一種身體向前移動但手掌相對不動的能力，划手的速度與效率也從此而來。游泳的技巧可以從你是「把前伸臂當作支撐點

圖 46.1 ⊃ 浮力支撐與移動支撐。

來移動身體」，還是「把身體當作支撐點來划動手臂」看出來。

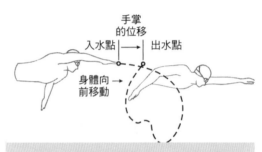

圖 46.2 ⊃ 菁英游泳選手在划手時的入水與出水幾乎在同一個點上。技術頂尖（亞奧運等級）的選手：手掌通過身體重心之後，身體會因為慣性繼續滑行，使得手掌的出水點跑到入水點之前。

任何運動項目的技術都跟轉換體重的技巧有關。抱水時，我們感覺到的是用手把身體往前拉。但實際情況是：在支撐手維持平衡的情況下，我們抬起身體通過手掌。手掌在前進的過程中是身體的支撐點；向前落下結束後為了轉換支撐，支撐

點換成身體，提供手掌與手臂上拉出水的基礎。這是一種互為體用的關係，兩者缺一不可。但移動的主要目標是使身體通過支撐手。

游泳時的力矩

了解支撐點與移動之間的關係後，接著要來說明游泳時的力矩。沒錯，不管是跑步、騎車還是游泳，我們都是靠轉動前進。了解游泳時的力矩，我們才會知道划手週期中的哪個時間點該用上最大的力（也就是體重）。這個時間點正是臀部與支撐手互相鎖定支撐體重之時，此時上半身的重量開始通過支撐手的正上方，使它被動往下壓，身體也藉此向前推進。這個過程跟自行車踩踏週期中腳掌通過三點鐘方向時所發生的現象幾乎一樣（圖46.3）。

自由式的划手跟自行車的踩踏週期有多像呢？為了讓畫面更清楚，我們一起來回顧一下自行車的「踩踏時鐘」。當踏板與腳掌在最高點時，也就是十二點鐘方向，跟游泳對比的話，正是空中的手掌剛與水面接觸時，也就是游泳「划臂時鐘」的十二點。當上半身的重量開始轉移到前伸臂上面時，手掌被動下壓，從兩點到四點剛好是主要的划手推進期，而三點鐘方向正是力矩最大時。[1]

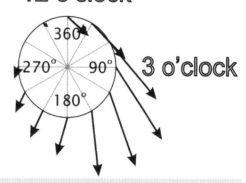

圖46.3 ➲ 自行車踩踏時鐘：三點鐘方向的力矩最大。

當手掌來到六點鐘方向時，手掌上的「體重」已完全消失，所以無法再成為支撐點，對身體的前進也就沒有任何幫助，所以應該盡快把體重轉換到前伸臂上。接著再進行下一次支撐週期，就像自行車的踩踏一樣。從這樣的觀點來看，任何花在主動推水上的力氣都是白費的，刻意推水的動作只會延緩轉換支撐的時間。

引導體重

所以游泳的肌力並不是用來把前伸臂「拉向」身體，而是泳者透過手臂與手掌的支撐力量來轉移體重。在划手推進時體重應該盡可能的轉移到前臂與手掌上。如果泳者不具備這種轉移體重的肌力與技巧，或是運用的體重百分比很小，結果就是游不快。

游泳動力的來源可以歸結成手臂與身體通力合作的能力，兩者必須形同一體才能成就最佳表現。所以重點並不在負責拉動身體的手臂有多強壯，而在身體與手臂之間必須有強健的連結，如此身體才能以最快的速度通過支撐手。泳者最重要的知覺，在於體重轉移到支撐手上力矩達到最大時。

維持支撐的整體性與感知體重的能力正是划手效率與力量的關鍵。再進一步來說，手臂是否能變成像跳板（springboard）一樣穩固（圖46.4），將決定你划手的效能。當你能愈快透過手臂來轉移體重，你的划手就會愈有效率。

你認為在划手時有多少體重支撐在前伸臂上？大部分泳者的技術意識裡並沒有體重的存在，但在 Pose Method 的理論中，我們必須學會「如何處理自身的體重」，因此技術訓練要加強的是你對體重的自覺，以及準確地把體重轉換到下一隻支撐手的能力。

圖 46.4 ↻ 此時手臂必須像跳水選手腳下的跳板一樣穩固。

譯注：

1. 力矩最大的三點鐘方向也是俗稱的「前交叉」。此時兩手在額頭前交叉，前伸臂上所承受的體重此時最大。

第 47 章

學習 Pose Method 的游泳技術

> 講課跟教會別人是兩回事，聽得懂也不代表學得會。
>
> ——比爾·布默（Bill Boomer，二○○○年雪梨奧運美國游泳國家隊教練）

　　游泳的教學法多到不勝枚舉，從父母親扮演人肉汽艇或在岸邊大喊「1、2、3、跳」到教練用水中攝影機慢動作分析泳姿，每個人都自有一套教學法，當你教會他人游泳會很有成就感，特別是教會那些怕水的人。

　　有些成人很怕水，特別是像湖泊、河川或海洋這種開放式水域，這種根深蒂固的恐懼，使原本對三鐵運動有憧憬的人不敢踏進這項運動。不管你是年紀多大的旱鴨子，一定都能學會游泳，但本書的教學方法著重在如何讓已經會游泳的人游得更好，並不適合完全不會游的人。

　　調整泳姿就跟「重學」跑步和騎車一樣，是一個巨大無比的挑戰。因為原本的動作已經重複了無數次，這些動作已經變成本能的一部分，所以非常難改，這是學習新技術時最大的難關。

　　對跑者和騎士來說，教練在訓練現場可以立即針對動作上的缺失提供意見，但游泳就不行了。若教練覺得動作有誤，選手必須停下來，脫掉泳鏡，呼吸恢復正常後才能專心聽教練的指示。接著教練要再等他回到池中調整動作，若有問題就要再停下來，不斷地重複這個過程。況且，教練不容易看到水下的動作，所以調整起來比較困難。

　　因此，在學習游泳技術的過程中，除了教練的指導之外，更重要的，是泳者心裡對正確泳姿的意象要非常明確。在下一章我們會仔細介紹各種技術訓練動作，但在開始練動作之前，我們要先來探討身體各

部位在自由式動作中所扮演的角色。

游自由式時，手臂的姿勢與划手的時機

前面我們已經討論過許多關於手臂與手掌的細節，它們在入水後負責作為轉移體重的支撐點（所以手掌被我們稱為移動支撐），使身體向前落下時產生動能。下一章的訓練動作主要都在強化支撐的感覺以及內化轉換支撐的動作，因為轉換支撐的技巧是提高游速的關鍵。

關於划手的時機，最重要的是記得：唯有支撐手承擔了划水週期中最大體重（第四十六章提到的三點鐘方向），空中的手掌才能入水，而當支撐手通過身體重心下方時（接近六點鐘方向），[1]它才準備開始轉移體重。當身體下方的主要支撐手在三點跟六點之間時，因為體重還沒轉移過去，所以前伸臂處於休息狀態。

如果手掌太早入水，體重就會提早從支撐點上消失，這會消減向前落下的推進力。這樣的干擾很不好，除了會分散支撐臂的力量，還同時失去浮力支撐的微妙平衡與該有的推進力，使動作看起來像在水中掙扎。

此外，如果不是入水太早，而是入水太遲也不好，這個動作正是典型「拉長划距」的游法，此游法的觀點是：向後用力推水，直到手掌的大拇指刷過大腿外側為止。我們在前面已經說過，手掌經過六點鐘方向之後（落下已經結束）就不會產生任何推進力。入水太慢的後果比較不明顯，但仍可被察覺到。如果你一直等到推完水之後，空中的手掌才入水，游速必然會變慢。

關於划手的動作與時機問題很簡單：提臂的手掌必須剛好在身體「開始落下」的那一刻同時入水，不能提前也不能延後。

當你在練下一章的技術訓練動作時，請你專心把體重放在支撐手上，特別注意向前轉動的力量是如何發生的。也要不斷去感受支撐手上的體重，而非把手掌往身後拉，如此你就能在心裡逐漸建立起 Pose Method 游泳技術的正確架構。

臀部所扮演的角色

臀部普遍被認為是划手的動力來源，但實際上它所扮演的角色卻相當不同。臀部在自由式泳中的主要角色是「浮力支撐」，使泳者把體重轉移到手掌上。支撐的定義就是要穩定，不能有太大的動作，唯有當支撐手來到六點鐘方向（胸腹之間），臀部才可以隨著轉肩的動作一起微微向上轉動。臀部的轉動只是轉移體重的結果。當手掌來到胸腹下方時，同側就不再需要浮力支撐，該側的臀部此時應快速向上轉動以創造失重，如此體重才能快速轉換到另一側，以完成轉換支撐的過程。所以臀部轉動只是支撐手完成任務後的結果。當臀部向上失重時，對側臀部下降形成另一個浮力支撐之後，才能使下一個移動支撐（前伸臂的手掌）變得更穩固。

臀部不是推進力的來源；它的主要功能是促使體重能穩定運用在支撐手上。如果臀部沒有提供穩定的「浮力支撐」，前伸臂也會無法成為有力的「移動支撐」；移動支撐上的體重才是自由式真正的力量來源，不是臀部。

划手的動作不是由臀部啟動的，如果是

的話，臀部就不再具有穩定功能，移動支撐點上的重量就會變輕，支撐點上所能運用的體重變輕了，游速就會出不來。因為當臀部太早（或過度）向上轉動，就等於是在支撐臂完成工作前搶走它的力量。一旦移動支撐的手掌靠近臀部外緣後，臀部和全身的重量就開始轉移，另一個新的支撐週期開始。臀部轉動的目的只是用來「失重」，而失重是為了轉換支撐，所以當支撐手的工作完成後，臀部必須轉向。這就是臀部轉動的真正原因。

當身體的重心通過支撐手時，划手結束，另一隻手準備開始工作（承擔轉移過來的體重），但只有在臀部穩固的情況下前伸臂才能進行有效率的工作。也就是說，當手掌通過六點鐘方向時，支撐的工作完成，所以同側臀部的重量必須離開，跟著轉肩與提臂的動作輕鬆地向上轉，並非刻意轉動臀部來帶動划手與推水的動作（很多人對此深信不疑）。

臀部就好比新支撐臂的「錨」，它的工作是「繫住」支撐臂，使肩膀不至於下沉。如果臀部太早向上轉動，同側的肩膀就必然會下沉，肩膀一下沉支撐鏈就斷掉了，手掌上的體重（壓力）就會變小，水感就

會消失。也就是說，如果臀部刻意轉動，浮力支撐會下降，在同一條支撐鏈上的移動支撐也會跟著變得不穩，這就等於動到划手力量的根基，前進的速度馬上受到影響。因此，臀部的任務不在主動旋轉，而是幫忙把體重運用在移動支撐的手掌上。

腿部所扮演的角色

大部分的人認為游自由式時雙腿的工作就是打水。除了五十公尺衝刺之外，自由式的「打水」有利推進這件事的確有待商榷。我並不是說打水不重要，雙腳也並非生來拖慢速度的。打水的功能大致上可以分成三類：幫助平衡、維持流體力學上的效益及作為浮力支撐。

首先是平衡。我們都知道平衡是體重轉移的關鍵，前進的動能也必須建立在身體足夠平衡的基礎下。因此，游自由式時即使雙腿本身不用特別提供推進力，我們還是要花力氣控制雙腳的動作以維持全身的平衡，才能使體重在兩側臀部間流暢地轉移。經典的「二打法」似乎最能說明打水的平衡功能，從外人來看，二打法的泳者

好像是手划一次、腳踢一次，而且看起來在推水時同側的腳也用力向下打水。但這只是看起來。事實上，雙腳只是跟著臀部輕微的旋轉。前面我們已經說過，轉肩與轉臀都是為了把體重壓在移動支撐上，為了維持身體的平衡，雙腳就必須輪流做反方向的擺動，就像跑步時手臂的功能一樣。因此雙腿的任務不是主動打水，只要小心地控制擺動範圍就好，擺動範圍要小才能加快體重轉移。

維持低水阻的「流線形」姿勢跟平衡一樣重要，而且兩者間的關係密切。泳者的阻水面積愈小，就愈能夠有效提升速度，這就跟休息把、碟輪、空氣動力車架能減少風阻提高速度一樣。

游泳時減低水阻很重要，這件事合情合理，因為水的密度比空氣大得多，所以阻止前進的障礙也會更有力。游泳服飾公司設計一些特殊的纖維，可以讓水流快速通過身體，使奧運等級的選手可以快個幾微秒。這種特殊的纖維的確可以使你快個幾微秒，但動作控制好的話會快更多呢。

我們很快地再談一下自行車，上述的空氣動力車手把、車輪和車架的確很重要，但對空氣阻力影響最大的其實是車手。

美國史上第一位環法冠軍車手葛瑞格·雷蒙德（Greg LeMond）和其他頂尖車手，每年都去一次風洞檢查自己的騎乘姿勢，沒有什麼比適當的騎乘姿勢更重要了。此外，流線形的身體也可使你轉移到支撐點上的體重發揮最大的效益。

在水中，若泳者打水入深太用力，等於是在身後挖一個大洞來拖住身體前進。單從這個理由來看，我們就應該盡量縮小打水的幅度。當你打水愈深愈用力，就浪費愈多的能量，也會增加你快速穿過水中的難度。所以，當你的臀部轉動時，雙腳要一直維持在一個非常小的「圈圈」裡。

而且，腳背要打直，腳尖始終指向身體後方。身後任何物體都會增加你前進的阻力，也就是說身體末端的流線將會影響你的最大游速。當雨水從天而降時，前端是圓形的，但末端呈細尖狀，你的腳掌也應該如此，這是一個既簡單又明白的道理。如果你沒有控制好下半身，腳尖朝下或雙腳打水的圈圈太大，雙腳就會拖到前進的速度。

雙腿是軀幹與臀部的延伸，所以最後一項功能跟它們一樣是浮力支撐。有好的浮力支撐，體重才能有效轉移到（前伸臂的）移動支撐上，所以雙腿保持在水面上就非常重要。沉到水中的雙腿不只會增加水阻，還會在划手的關鍵驅動期把手上的重量搶走。

總之，腿部的動作愈小愈好。盡量不做多餘的事。如果腿部的動作失去控制，將導致泳姿走樣，嚴重拖延前進的速度。

如何呼吸？換氣的頻率為何？

把口鼻沉入水中等於斷絕了自由呼吸的能力，對於那些已經克服這種天生恐懼的人來說，浮出水面換氣的技巧還有很多爭論，相關問題多不勝數。像是我應該每次划手都換氣嗎？還是划兩次換一次？右邊換氣還是左邊？兩邊都可以？還是划三次手換一次氣？

有個原則非常重要也非常簡單：在水中吐氣，在水面上吸氣。不用覺得好笑。儘管聽起來很容易，對於那些恐水的人來說，很容易忘記在水中把嘴脣閉緊用鼻子吐氣，如此一來，當他口鼻出水面時，就需要花更長的時間吐氣與吸氣。這會破壞划手的節奏，也使我們了解掌握換氣時機

有多麼重要。

從另一種方式說，換氣會干擾游泳的動作，因為換氣對向前的推進力完全沒有幫助，除了呼吸這個目的之外，它完全是個多餘的動作。那仰式是否比較好？仰式的動作不像自由式那麼符合人體的用力模式，所以無法游得像自由式那麼快，而且在開放式水域游仰式無法定位方向，所以自由式還是最好的選擇。我們要做的是盡量減少換氣的干擾。

為了做到這件事，我們必須把換氣的動作整合到轉換支撐的動作模式裡，不能刻意為了呼吸而換氣，每次的換氣都不能打斷划手的節奏才能保持游進的速度。

順著這樣的思考邏輯，可以回答前面的換氣問題。如果換氣不會影響划手的節奏，就沒有理由刻意減少換氣的次數，強迫自己每划四下手換一次氣，或是一定要兩邊輪流換氣（每划三下手換一次氣）。

再者，換氣是為了獲取身體運動所需的氧氣，而且鐵人三項運動又比泳池的競賽距離長很多，所以每划兩次手換氣一次就很合理了（每次換氣都會在同一側），這樣才會有足夠的氧氣進行長時間的運動。

接下來的問題是：選哪一邊換氣？大部分的人很自然地選擇慣用邊，如果你是右撇子，會偏好右邊換氣；左撇子用左邊。就這麼簡單，沒有什麼複雜的理論。

這把我們帶向最主要的目標了，也就是把換氣整合到划手的動作模式中，而且還能使划手的動作不受影響。

在水中換氣若要跟在陸地上一樣自然有幾項要領：第一項是從瑜伽發現的，練瑜伽時吐氣時間要比吸氣長。我們可以把這項要領運用在游泳上，當你臉朝下時就要一直保持穩定的吐氣。

接著，當你的體重轉移到支撐手上時，就可以順著胸口、肩膀被撐高的瞬間微微轉頭吸氣。這個瞬間是你可以用最少的力氣轉頭吸到空氣的時候。

轉頭換氣的方向是朝著肩膀，因為頭部在破水前進時會在肩膀下方形成一個小口袋，在這個時候換氣，幾乎不用抬頭就能吸到空氣。體重轉移到支撐手時，頭頂本來就會微微上升，但這是自然發生的，跟刻意抬頭換氣明顯不同。

微微轉頭後，隨即開始吸氣。這是游泳換氣跟瑜伽呼吸的差異所在。瑜伽強調吸氣用鼻子，但游泳換氣的時間非常短，鼻孔因為太小無法及時把肺部充滿空氣，所

以游泳吸氣必須用到嘴巴。當支撐手接近六點鐘方向時，頭部會跟著一起轉向池底。

步把下一章的動作練好，你就會體悟到所有的支節都跟轉換支撐有關。當你把全部整合在一起之後，你就會開始喜歡自己游泳的樣子。

全部整合在一起

在開始練習技術動作前，我們應該全面了解 Pose Method 游泳技術的所有元素：轉換支撐、臀部的穩定角色、平衡、支撐、維持下半身的流線形，以及快速且省力的換氣。

我們在這章中分別談論了手臂、臀部、腿部與頭部，但千萬別忘記要把全身當成一個整體來游泳。就像我們一再強調手臂不要主動「拉」向身體，手臂與肩、背是一起承擔體重。同樣地，如果在臀部轉動時忽略了腿部的控制，讓它自己漂在後方，就會因為擺盪幅度太大而增加水阻，拖慢轉換體重的速度，划頻跟游速也會因此變慢。身體的每個部位都互相影響。

好消息是接下來要做的技術訓練動作並非把手腳等各元素拆開來練習，只要你已完全接受轉換支撐的概念，身體各部位就能在訓練過程中自動整合在一起，一步一

譯注：

1. 因為一隻手臂向前伸，另一隻手在胸口下方的關係，身體的重心會前移到胸部下緣與肚臍之間，就像自行車踏板六點鐘方向的下死點。

第 48 章

游泳技術訓練動作

成功絕非偶然。

——比爾·布默

「基本技術」（drills）是最無趣的訓練之一，沒有人喜歡「練技術」（doing drills）。花式溜冰選手也不喜歡花上無數個小時練單腳轉圈或八字型；他們都想要盡快做出空中直立旋轉三圈的炫人動作。年輕的籃球選手大都是被 NBA 職籃轉播裡的灌籃，和遠在三分線外的空心球養大的，所以覺得三步上籃和罰球是很乏味的練習。因為練技術很花時間，短時間內又看不到成果，鐵人們的時間總是很緊迫，對下水游 2000 公尺的課表比較有興趣，盡快游完好趕下一個行程。

累積龐大的訓練量已經很花時間了，還要挪出時間來練技術不會很浪費嗎？誰有那麼多時間啊？答案是那些真心想進步的人。如果花式溜冰選手在練習技術時沒有辦法精準地畫出指定的圖形，那他永遠也無法做出騰躍三圈的精采動作。籃球員如果懶得去練基本動作，每次在高強度對抗的賽事中就會暴露出實力不足的問題。

對游泳來說，道理也是一樣。尤其是水的特性，使游泳技術更形重要。像是水的黏度比空氣大很多、開放式水域的水流和波浪，還要學會避開水面下的障礙物或比賽時其他選手的肢體碰撞，以上在在說明技術訓練對鐵人的重要。當你在三鐵賽的開放式水域中時，任何技術的微小缺點都會被放大。

很多鐵人都認為自己沒有游泳天分，「我游泳很爛，所以只好努力練車」這句話在鐵人界很常聽到，但聽起來有點怪，不是嗎？認真的鐵人總是想方設法追求進

步、縮短比賽時間，但卻在正式比賽前就否認自己具有加入第一集團的能力。

下面的提醒你可能已經知道：如果你能跟著第一集團一起下水和上岸，鐵人這項運動會變得輕鬆多了。當你的泳技夠好時，除了剛開始下水可能有點混亂之外，幾百公尺後就不會有其他選手干擾你了，上岸後因為大部分的人還在水裡，所以轉換區不會太混亂。騎車時道路也會很寬敞，不會有集團堵住，你可以保持自己騎行的節奏。到了跑步階段，你會發現自己的競爭對手不會是五百或一千人，跑步賽道上的人應該在一百以內，這些人都是技巧不錯的選手。

領先的感覺很好，所以想要在下一次比賽進入領先集團就該好好磨練游泳技巧，對吧？把這件事放在心裡，接著我們花 1 分鐘思考這些技術訓練動作的目的何在。我們在前面幾章不斷提到游泳也是一項轉換支撐的運動。

對你來說，一開始應該很難接受這個論點，因為轉換支撐的概念在游泳這個項目很難視覺化，這也是為什麼 Pose Method 的技術訓練動作要從模擬水中支撐的感覺開始。

現在我們先把技術動作的關鍵概念簡化為：「我們駕馭與轉換能量，主要發生在我們與支撐點互動之時。」

為了轉移體重，我們必須先結束支撐。所謂的「支撐點」，正是運用體重改變方向的位置。而所有的「移動」都跟引導體重有關，當我們動用能量把體重引導到想前往的方向，移動就會發生。就算我們不了解體重與移動之間的關係，體重傾向何處，身體就會往該處前進，下一個支撐點也會隨著體重前進。在轉移體重的過程中，我們需要支撐點，支撐結束之後再跟著體重前進的方向移動（在空中快速向前移臂的動作）。在這個過程中，臀部「失重」成為轉移體重的關鍵。

所以，我們是被什麼移動的呢？是體重透過支撐點與肌肉系統（內力）使我們移動的。

對側的臀部向上轉動不用支撐就可以獨立完成。我們需要合作的是跟支撐手同側的臀部，在訓練時我們關注的部分是與支撐手同側的臀部，而非離開支撐的另一邊。為了整併這些原則，我們把游泳技術中的某些重要元素列出來：

A. 浮力支撐

B. 移動支撐

C. 轉換移動支撐

　就跟跑步和騎行技術訓練一樣，我們會用特定的動作來訓練技術，這些動作都是為了發展正確動作的知覺和肌力，使你在水中游得更快更有效率。

陸上技術訓練動作

第一組動作：在陸地上用特別的姿勢來體會支撐點在手上的感覺

　如果你的肌力還無法完成第一組的訓練，請改成雙膝著地來練習。

　1a）起始姿勢：雙手同時支撐在穩固的跳箱、板凳或臺階上，雙腳著地向後走，使身體盡量延伸成水平（圖48.1）。

圖 48.1 ⊃ 雙手支撐在跳箱或臺階上，肩膀上下彈震。

　訓練動作：手掌支撐穩定，肩膀上下彈震。

　動作提示：這是游泳的支撐知覺訓練，關鍵是要使身體保持水平的姿勢。

　1b）起始姿勢：這一次，改成單手支撐，另一隻手置於臀部外側（圖48.2）。

　訓練動作：手掌支撐穩定，肩膀上下彈震。

　動作提示：當支撐點只剩下一隻手時，你會發現身體為了平衡會很自然地轉向支撐的那一側。在水裡也是一樣，當你轉換支撐時，身體也會隨之轉動。

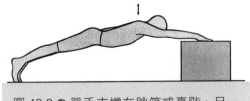

圖 48.2 ⊃ 單手支撐在跳箱或臺階，另一隻手置於臀部外側，肩膀上下彈震。

　1c）起始姿勢：跟 1b 完全相同，單手支撐，另一隻手置於臀部外側（圖48.3）

　訓練動作：在跳箱或臺階上練習換手支撐體重。（在練習 48.1~48.3 的動作時，如果覺得肌力不足以支撐，可以改成膝蓋著地。）

　動作提示：直到支撐手離開後，另一隻手才能碰到跳箱。這個動作可以訓練泳者在水中轉換支撐的知覺。

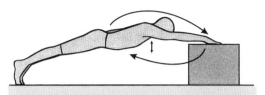

圖 48.3 ⊃ 先以單手支撐體重，再練習快速
換手支撐；快速的關鍵在於先抬起支撐手，
另一隻手再快速取代它。

1d）起始姿勢：雙手同時支撐在夥伴的
手掌或 TRX 上（圖 48.4）。

圖 48.4 ⊃ 雙手同時支撐在夥伴的手掌上。

訓練動作：手掌支撐穩定，肩膀上下彈
震，但肩膀絕不能低於手掌的高度。記得
把注意力放在手掌上。

動作提示：這項訓練因為支撐點不穩
固，所以更接近在水中的感覺，能有效開
發泳者的手掌支撐在水中的知覺。

1e）起始姿勢：跟 1d 相同，只是換成

單手支撐在夥伴的手掌或 TRX 上，另一
隻手置於臀部外側（圖 48.5）。

訓練動作：手掌支撐穩定，肩膀上下彈
震。

動作提示：這項訓練更接近游泳時單手
支撐的知覺，但為了維持這個姿勢的平
衡，你需要有更強的肌力。

圖 48.5 ⊃ 單手支撐在夥伴的手掌上，另
一隻手置於臀部外側。

1f）起始姿勢：單手支撐在夥伴的手掌
或 TRX 上，另一隻手掌騰空向前伸直（圖
48.6）。

訓練動作：把支撐手從夥伴的手掌上抬
起時，另一隻手才開始撐在夥伴的另一隻
手掌上。

動作提示：這項訓練為轉換支撐提供了
非常微妙的知覺，但也需要極大的肌肉力
量。

圖 48.6 ⊃ 單手支撐在夥伴的手掌上，另一隻手掌向前伸直。

1g）起始姿勢：單手支撐在夥伴的手掌或 TRX 上，另一隻手置於臀部外側 （圖48.7）。

圖 48.7 ⊃ 單手支撐在夥伴的手掌或 TRX 上，另一隻手置於臀部外側。

訓練動作：把支撐手（畫面中的右手）從夥伴的手上移往自己臀部的同時，非支撐手立即撐在夥伴的另一隻手上。

動作提示：這項訓練可以強化轉換支撐

的知覺與時機的掌握能力。

1h）起始姿勢：單手支撐在夥伴的手掌上，另一隻手掌騰空向前伸直（圖 48.8）。

圖 48.8 ⊃ 單手支撐在夥伴的手掌上，另一隻手掌騰空向前伸直。

訓練動作：由你的夥伴主動把支撐移開，當你發現支撐消失的瞬間，騰空手要立即找到另一個支撐點。

動作提示：這是發展游泳水感與肌力知覺的最後一個陸上訓練動作，難度也最高。

水中浮力支撐訓練

第二組動作：搖櫓 —— 體會水中支撐的感覺（水感初階訓練）

2a）起始姿勢：臉朝下，雙手在身體兩

側輪流搖櫓（圖 48.9）。

　　訓練動作：先雙手輕輕搖櫓，使身體維持不動的平衡姿勢，接著輪流用一隻手搖櫓，但仍要保持相同的姿勢。

　　動作提示：這是開發浮力支撐知覺的第一項訓練，當你的身體如圖中的姿勢漂浮

在水中時，你會發現為了讓全身維持在水面附近，你的移動支撐（也就是搖櫓的手）必須持續用力才行。

　　2b）起始姿勢：以前一個姿勢為起點，把腳放下來，直到身體與水面垂直，僅露出頭部，雙手置於腰部兩側（圖 48.10）。

　　訓練動作：先用雙手搖櫓，接著輪流用單手搖櫓，頭部要保持在水面上。

　　動作提示：因為浮力支撐的面積變小了，而且還要讓頭部保持在水面上，所以手掌被迫要承擔更多的體重。

　　2c）起始姿勢：躺在水面上，雙手在身體兩側搖櫓（圖 48.11）。

圖 48.9 ⊃ 臉朝下，雙手在身體兩側輪流搖櫓。

圖 48.10 ⊃ 雙手在腰部兩側搖櫓。熟悉動作後可以輪流用一隻手搖櫓，但仍要保持全身的平衡。

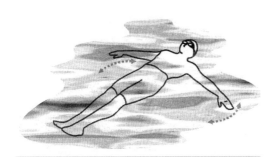

圖 48.11 ⊃ 雙手在身體兩側搖櫓，讓全身接近水面。

訓練動作：跟前面一樣，先用雙手搖櫓，接著輪流用單手搖櫓，但注意要讓全身接近水面。

動作提示：很多人都會覺得仰躺在水中比較舒服，但手掌多少都要花力氣搖櫓才

能維持姿勢的穩定。此外，雙腳會有下沉的傾向，為了維持全身的一體性，你要動用腹部的肌肉才能讓下半身接近水面。

2d）起始姿勢：回到 2a 的姿勢，但手臂向前伸直搖櫓，頭部露出水面，腳背打直（圖 48.12）。

訓練動作：雙手搖櫓，但留在原地，不要讓身體前進。

動作提示：雙手的位置要在你游自由式時每次入水的地方，透過這個訓練你可以感覺到浮力支撐置換到移動支撐。回想一下本章在開始教動作前提到的一個關鍵句：「我們是在與支撐點互動時控制體重

圖 48.12 ⊃ 雙手向前伸直搖櫓，頭部露出水面，腳背打直，熟悉動作後輪流一次用一隻手搖櫓。

的轉移」。當支撐點改變了，我們才能把體重引導向前。

2e）起始姿勢：臉部朝下，雙手向前伸直（圖 48.13）。

圖 48.13 ⊃ 雙手向前伸直搖櫓。

訓練動作：雙手在前方搖櫓，雙腳同時在後方輕輕打水，此時可以讓身體自然地緩緩前進。

動作提示：這個動作看起來有點像狗爬式，但當你的手划深一點時，將有更多體重轉移到手掌上，因此你的頭、脖子和肩膀也會同時出水面更多一點。此時不只手掌和前臂要用力，肩膀和軀幹也必須同時出力才能保持穩定。

2f）起始姿勢：與 2e 的姿勢一樣，不過改成單手向前伸直搖櫓，另一隻手置於臀部外側（圖 48.14）。

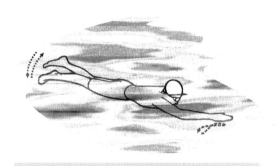

圖 48.14 ⊃ 單手向前伸直搖櫓，另一隻手置於臀部外側。

訓練動作：單手支撐數秒後再換手，雙腳在後方微微打水。

動作提示：一開始的動作似乎很簡單，但現在覺得愈來愈難了，是吧？在這項練習中你應該感覺到：換手支撐時，臀部和肩膀會自動開始失重。因為從雙手換成單手，「被水撐住」的感覺也會愈加明顯。雖然你原本認為在水中不會受重力影響，但在這個動作中，除了浮力支撐以外，體重大都集中在單手上，手掌的壓力變大了，水感也會變得特別扎實。此外，在輪流轉換手支撐時，你也比較容易感覺到肩與臀自動失重的過程。

水中移動支撐訓練

接下來我們要特別針對水中的移動支撐進行訓練，這些訓練的目的都在開發水中移動支撐的知覺。觀看圖片或其他人做這些動作時，似乎是把前伸手拉回身體下方，但這只是手掌相對於身體的動作，實際上的動作是手掌與前臂下壓，以撐起肩膀和上半身。所以，手掌只是身體的支撐點，而水則承擔了手掌上的體重。雖然水是液體，不像地面般堅固與穩定，但它仍然可以支撐體重，這也是游泳技術的訓練重點。

更確切地說，我們希望從前伸臂的手掌到軀幹，能練得像一根堅韌的槓桿，這根槓桿的起點是手掌，接著是前臂、大臂、肩膀，透過關節的韌帶、肌腱和肌肉穩固地連結在一起。如此，才能在某些原則下，透過支撐手有效率地把體重運送到前方。

第一項原則是：相對於質心的移動，支撐點必須是移動最少或幾乎不會移動的部位。對游泳來說，移動最少的部位是前伸臂的手掌。雖然就旁觀者的角度來看，菁英選手在划手時的軌跡是橢圓形的，但事實上，他們的入水點跟出水點幾乎是在同一個位置上。這讓我們知道手掌在划動的過程中水平位置並沒有改變。手掌是支撐點，身體無疑才是真正被移動的部位。

為了在身體移動時維持支撐手上的壓力，手掌划過的軌跡必然會產生，手掌移動的目的是尋找靜水與運用體重使身體前進（菁英泳者的手掌實際上入水後只有向下移動，沒有水平位移）。

要使手臂成為運輸體重的高效支撐桿，關鍵是槓桿的支撐點絕對要穩固，所以身為支撐點的手掌，在入水與划水的過程中絕不能比手肘或肩膀高（掌高於肘是很常見的錯誤），而且也不能向後划動。當你刻意划動手臂，支撐點就會滑動，一滑動，體重就無法順利向前轉移了。為了使手掌和手臂成為一個整體，而且在入水後能一直有效率地運輸體重，你的手掌必須一直比前臂與手肘低，而手肘要比肩膀更低（肩高於肘、肘高於掌），如此才能成為身體良好的支撐槓桿。你的手掌、手肘和肩膀之間的關係很微妙，但我們要做的很簡單，只要固守游泳的關鍵姿勢，如此就能有效透過支撐點（手掌）來運輸自己的體重。

第三組動作：固定支撐 ── 體重知覺訓練

3a）起始姿勢：雙手同時撐在池邊，肘高於手掌，軀幹保持與水面垂直，僅頭部露出水面（圖48.15）。

訓練動作：以雙手為支點，手臂打直把體重（軀幹）往上撐高，接著再回到起始姿勢重新來過。練熟後可以改用單手支撐。

動作提示：注意體會支撐在池邊與水中的差異性。

3b）起始姿勢：雙手同時撐在池邊，手肘高於手掌，軀幹與水面平行，僅頭部露出水面（圖48.16）。

訓練動作：以雙手為支點，手臂打直把體重（軀幹）往上撐高，接著再回到起始姿勢重新來過。為了保持身體平衡，雙腳可以微微打水。練熟後可以改用單手支撐。

動作提示：這個動作跟3a一樣，是在訓練支撐體重的知覺，只是改成讓身體浮在水面上，更接近游泳的姿勢。

3c）起始姿勢：請夥伴先在池底站穩，接著雙手輕放在夥伴的手掌上，雙腳輕輕打水使身體與水面保持平行（圖48.17）。

訓練動作：以雙手為支點，體重壓在夥伴的手掌上，手臂盡量打直，把軀幹撐出

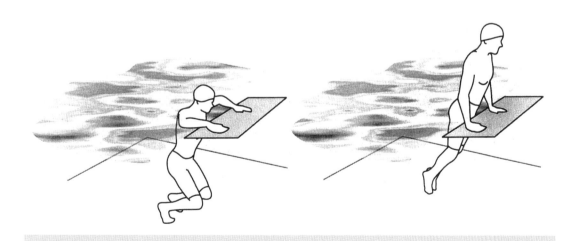

圖48.15 ⊃ 雙手撐在池邊時手肘要高於手掌，撐高的重點是肩膀往上抬，不是手肘。

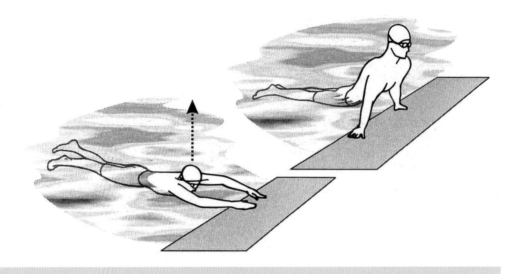

圖 48.16 ⊃ 雙腳微微打水，先讓身體浮在水面上，再用手掌把身體撐高。

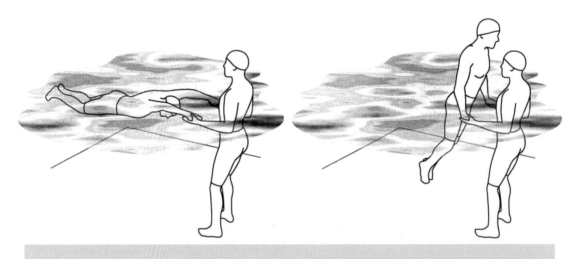

圖 48.17 ⊃ 先讓身體浮在水面上，再撐在夥伴的手上，把身體抬高。

水面，接著再回到起始姿勢重新來過。為了保持身體平衡，雙腳可以微微打水。練熟後可以改用單手支撐。

動作提示：這項練習跟 3a 與 3b 是一樣的，只是支撐點變得不穩定，會更接近划水時的真實狀態。

第四組動作：原地搖櫓 —— 支撐手的知覺訓練

4a）起始姿勢：雙腳先站在池底，使肩膀以上露出水面（圖 48.18）。

訓練動作：雙手在身體兩側搖櫓，手掌感覺到壓力後，雙腳離開池底，改用雙手承擔原本由腳底支撐的重量。

動作提示：這項訓練有助你理解在水中用手掌支撐體重的概念。

4b）起始姿勢：跟 4a 一樣，先站在池底，使肩膀以上露出水面（圖 48.19）。

訓練動作：腳掌離地後，輪流用單手搖櫓支撐。

動作提示：游泳時的體重正是輪流由單手支撐，很難，是吧？

4c）起始姿勢：移到水深可以蓋過頭頂的地方，再維持跟前一個動作相同的姿勢（圖 48.20）。

訓練動作：先像 4a 一樣，靠雙手搖櫓讓頭部浮出水面，接著用力把上半身撐出水面，盡量維持幾秒鐘後才放鬆回到起始姿勢。

動作提示：你要注意抬高上半身動作的一體性。

4d）起始姿勢：身體呈水平，雙手伸直向前搖櫓保持平衡，頭部略浮出水面（圖 48.21）。

訓練動作：用力把上半身撐出水面，接

圖 48.18 ⊃ 雙手在水面下搖櫓，雙腳離地後，使肩膀以上露出水面。

圖 48.19 ⊃ 輪流用單手搖櫓支撐，你會發現體重向側邊轉移。

圖 48.20 ⊃ 用雙手支撐，快速把身體撐出水面。

著回到起始姿勢。雙腳需要打水維持平衡，下半身盡量保持在水面附近。

　　動作提示：這個動作除了能訓練手掌上的知覺，還能訓練身體在水中垂直移動的能力。

　　4e）起始姿勢：身體呈水平，雙手伸直

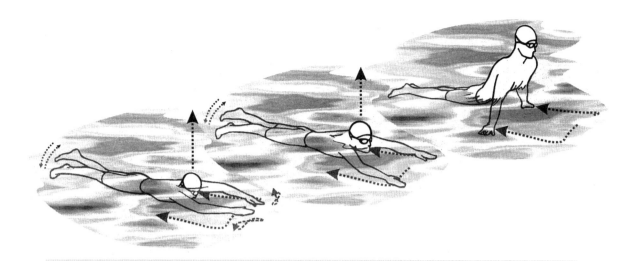

圖 48.21⊃ 雙手搖櫓，把上半身撐出水面，而且盡量維持撐起身體的姿勢。

向前搖櫓保持平衡，頭部略浮出水面（圖 48.22）。

　　訓練動作：單手向下壓水撐起身體，接著回到起始姿勢後再用同一隻手重複一次。為了保持平衡，雙腳在後方輕輕打水。不用前進，讓身體保持在原位。覺得累了再換手。

　　動作提示：這個動作主要是訓練單手支

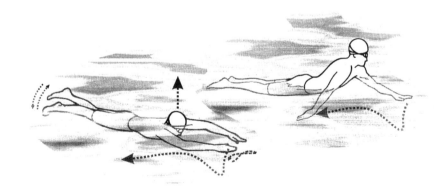

圖 48.22 ⊃ 單手撐起身體的同時，另一隻手要保持向前伸直的姿勢。

撐的知覺以及身體在水中垂直移動的能力。

4f）起始姿勢：身體呈水平，單手伸直向前搖櫓保持平衡，另一隻手置於臀部外側，頭部略浮出水面（圖48.23）。

訓練動作：單手搖櫓把上半身撐出水面，接著回到起始姿勢後再用同一隻手重複一次。為了保持平衡，雙腳在後方輕輕打水。不用前進，讓身體保持在原位。覺得累了再換手。

動作提示：這項訓練需要更精準地支撐體重才能做到，向上撐得愈高，肌肉就需要愈用力。

第五組動作：搖櫓前進 —— 支撐手的知覺訓練

5a）起始姿勢：身體呈水平，雙手伸直向前搖櫓保持平衡，頭部略浮出水面（圖48.24）。

訓練動作：雙手向下搖櫓，把上半身撐出水面且讓身體向前落下，在這段過程中雙腳要持續打水，保持身體平衡，使下半身一直維持在水面附近。回到起始動作，準備好就再做一次。

動作提示：主要是在訓練身體在前進狀態下，手掌支撐在水中的知覺。

5b）起始姿勢：身體呈水平，雙手伸直向前搖櫓保持平衡，頭部略浮出水面（圖48.25）。

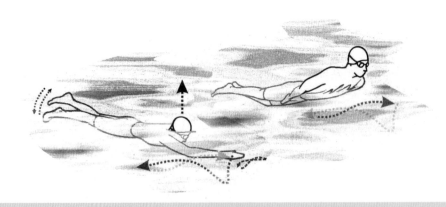

圖48.23 ⊃ 用一隻手把身體撐高，另一隻手置於臀部外側。

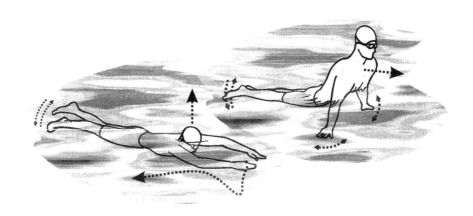

圖 48.24 ⊃ 在前進的過程中把上半身撐出水面。

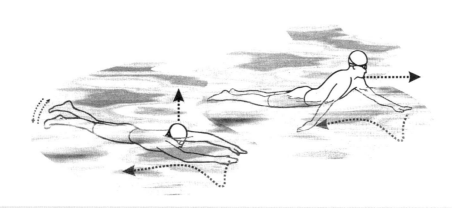

圖 48.25 ⊃ 在前進的過程中用單手把上半身撐出水面。

訓練動作：一隻手向前伸直，另一隻手向下搖櫓，把上半身撐出水面且讓身體向前落下，在這段過程中雙腳要持續打水，保持身體平衡，使下半身一直維持在水面附近。回到起始動作，累了再換手。

動作提示：這個動作刻意用單手支撐，使手上的壓力增加。

5c）起始姿勢：身體呈水平，單手伸直向前搖櫓保持平衡，另一隻手置於臀部外側，頭部略浮出水面（圖 48.26）。

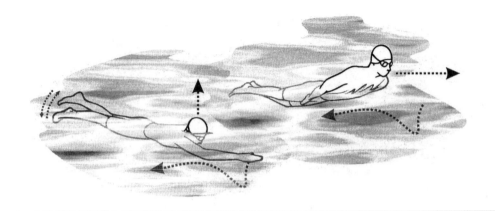

圖 48.26 ⊃ 在前進的過程中用單手把上半身撐出水面。

訓練動作：在身體前進的過程中，單手搖櫓把身體撐出水面。雙腳微微打水，使下半身維持在水面附近。用同一隻手訓練，累了再換手。

動作提示：這個動作需要有相應的肌力才有辦法做到。

5d）起始姿勢：身體呈水平，雙手前伸，頭部略微浮出水面（圖 48.27）。

訓練動作：用雙手把上半身撐出水面且盡量維持圖中的姿勢，撐不住就回到起始姿勢休息。過程中下半身不能下沉，所以雙腳要持續打水。

動作提示：這個動作將動用上半身的所有肌肉來維持姿勢，因此也可以當作游泳的專項肌力訓練。

圖 48.27 ⊃ 在前進的過程中，用雙手撐起身體後，盡量維持胸口出水的姿勢不變。

5e）起始姿勢：身體呈水平，雙手前伸，頭部略微浮出水面。

訓練動作：單手搖櫓下壓撐起身體，維持上半身撐出水面的姿勢（圖 48.28），撐不住就回到起始姿勢休息。過程中下半

圖 48.28 ⊃ 單手前伸，用一隻手在身體下方搖櫓，撐起上半身且維持這個姿勢。

身不能下沉，所以雙腳要持續打水，累了就換手練習。

動作提示：這個動作合併了之前所有的訓練，可以把你的水感提升到另一個層級，也可以當作游泳的專項肌力訓練。

5f）起始姿勢：身體呈水平，單手前伸，另一隻手置於臀部外側，頭部略微浮出水面（圖48.29）。

訓練動作：單手搖櫓下壓撐起身體，維持上半身撐出水面的姿勢，撐不住就回到起始姿勢休息。過程中下半身不能下沉，所以雙腳要持續打水。累了就換手練習。

動作提示：一開始幾乎無法撐住身體，但這只是你的平衡感和肌力還不足的緣故，經過一段時間訓練，你的水感和肌力都會變好，這個動作就做得起來了。

第六組動作：水球訓練動作

6a）起始姿勢：身體先呈水平，雙手前伸，頭部略微浮出水面（圖48.30）。

訓練動作：抬頭捷。單手把上半身撐出水面，直到支撐手上的壓力消失才把重量轉移到另一隻手上。

圖 48.29 ⊃ 在前進時用單手把上半身撐出水面，另一隻手置於臀部外側。

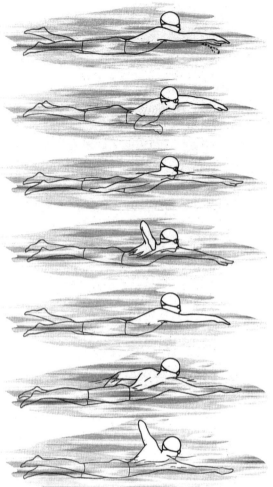

圖 48.30 ⊃ 抬頭捷：這是雙手轉換支撐體重的最佳知覺訓練。

動作提示：當你的肩／臂／掌都感受到體重的壓力時，你會清楚地了解到體重在雙手間轉移是什麼感覺。

6b）起始姿勢：身體呈水平，單手向前平伸，頭部略微浮出水面（圖 48.31）。

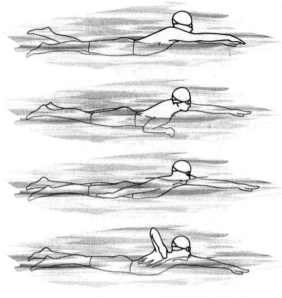

圖 48.31 ⊃ 單手抬頭捷，另一手向前平伸。

訓練動作：單手抬頭捷。動作跟 6a 相同，不過改成單手划，另一隻手向前平伸，直到上半身無法維持在水面上之後才換手。

動作提示：因為只剩單手，所以這個動作使轉換體重的難度升高。

6c）起始姿勢：身體呈水平，單手向前平伸，另一隻手置於臀部外側，頭部略微浮出水面（圖 48.32）。

訓練動作：單手抬頭捷。動作跟 6a 相同，不過改成單手支撐，另一隻手置於臀部外側。

動作提示：這個動作會更難維持平衡。

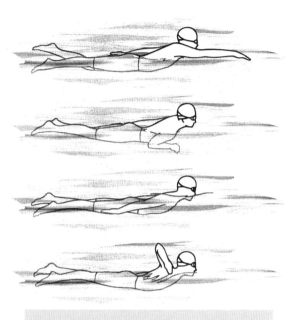

圖 48.32 ⊃ 單手抬頭捷，另一手置於臀部外側。

第七組動作：移動支撐的知覺訓練

7a）起始姿勢：全身放輕鬆漂浮在水中，雙腳微微打水，雙手向前伸直（圖48.33）。

訓練動作：很快地把重量轉移到單手上，快速地把身體撐出水面，當你的身體向上移動時，把手掌抽出水面，再移到頭前入水，準備下一次撐起上半身的動作。

動作提示：這個動作跟自由式很像，它可以幫你把前面的技術知覺轉移到自由式上面。

7b）起始姿勢：全身放輕鬆漂浮在水中，雙腳微微打水，單手向前伸直，另一隻手置於臀部外側（圖48.34）。

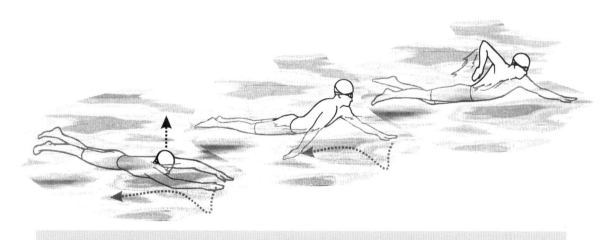

圖 48.33 ⊃ 單手前伸，單手下壓把上半身撐出水面，接著快速抽起手掌把手臂往前移動。

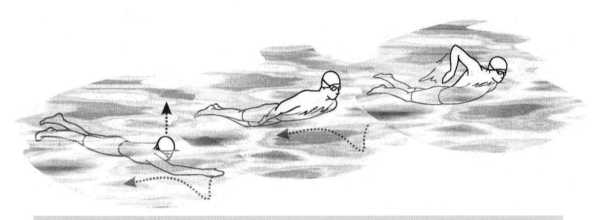

圖 48.34 ⊃ 單手置於臀部外側，單手下壓把上半身撐出水面，接著快速抽起手掌把手臂往前移動。

訓練動作：很快地把重量轉移到前伸手上，快速地把身體撐出水面，當你的身體向上移動時，把手掌抽出水面，再移到頭前入水，準備下一次撐起上半身的動作。

動作提示：這個動作需要更深刻的支撐知覺才有辦法做到。

7c）起始姿勢：全身放輕鬆漂浮在水中，雙腳微微打水，單手向前伸直，另一隻手置於臀部外側（圖 48.35）。

訓練動作：在練過上述所有的動作之

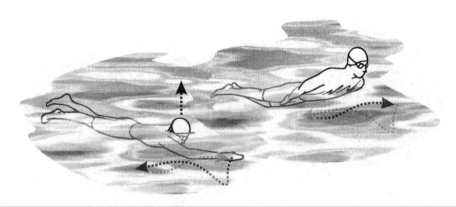

圖 48.35 ⊃ 一次划一隻手，刻意「拖延」換手支撐的時間。

後，接下來我們要針對「關鍵泳姿」進行訓練。先把前伸手往下壓，接著往後划到臀部之後，立即失重。當手掌划到臀部外側之後，臀部邊的另一隻手掌才能向前移。移動的方式是把手掌抽出水面，回到關鍵泳姿。

動作提示：這項練習是刻意「拖延」轉換支撐的動作，也就是當身體的重量通過支撐手之後，先不要像正常自由式那樣快速地抽回手臂，而是故意等手掌划到臀部外側，才把另一側的手臂往前移。這可以強迫泳者延長支撐體重的時間。

第八組動作：撐高「俯衝入水」訓練

這裡的「俯衝入水」並不是要你從 3 公尺跳台上跳下來，而是要你用支撐手把身體撐高，再使身體從水面上鑽入水中。

8a）起始姿勢：雙手前伸，使身體自然浮在水面上（圖 48.36）。

訓練動作：雙手同時向下壓水，使前臂和手掌同時感到壓力，把身體撐高後，兩手合併快速向前伸。這個動作就像蛙式的划手動作。雙手與前臂合併夾起時，你的頭、肩和胸會被撐出水面，接著雙手向前快速戳出的同時，頭頂也順勢鑽入水中。

動作提示：如果你曾經看過奧運的蛙泳比賽，就會注意到他們每一次划手後身體向前落下（鑽入水中）的動作。自由式也有向前落下的動作，只是比較不明顯。

8b）起始姿勢：雙手前伸，使身體自然

圖 48.36 ⊃ 身體向上時，雙手會自然在身體下方尋找支撐。

浮在水面上（圖 48.37）。

訓練動作：單手往下壓水，讓上半身撐出水面，就像抬頭捷一樣，接著迅速地把下壓的手臂抽出水面往前移，使手掌跟頭一起鑽入水中。用同一隻手重複上述動作。

動作提示：鑽入水中的動作可以幫你開發支撐手的知覺，而且使手掌、手臂和肩膀之間連結得更加緊密。

8c）起始姿勢：單手前伸，另一隻手置於臀部外側，使身體自然浮在水面上（圖48.38）。

一次划一隻手

圖 48.37 ⊃ 一次只用一隻手把身體撐高，同一隻手再跟著上半身一起鑽入水中。

圖 48.38 ⊃ 一次只用一隻手把身體撐高，同一隻手再跟著上半身一起鑽入水中。另一隻手要一直放在臀部外側。

訓練動作：把前伸手往下壓，讓上半身浮出水面，就像抬頭捷一樣，接著迅速地把同一隻下壓的手臂抽出水面往前移，使手掌跟頭一起鑽入水中。如果覺得動作變困難，就可以換手訓練。

動作提示：這項訓練不只可以訓練游泳的肌力，也有助於整合游泳技術的動作，使掌／臂／肩的支撐鏈更為緊密。

8d）起始姿勢：雙手前伸，使身體自然浮在水面上（圖48.39）。

訓練動作：這次雙手同時前伸，但只用單手壓水，讓上半身浮出水面，就像抬頭捷一樣，接著迅速地把下壓的手臂抽出水面往前移，使手掌跟頭一起鑽入水中。換手重複上述動作。

動作提示：當你用一隻手支撐體重把身體抬高時，就能使掌／臂／肩之間獲得穩固的連結，身體的每個部分都會一起合作。

第九組動作：彈力繩訓練

接下來的訓練需要一條2公尺左右的彈力繩，一端綁在池邊，另一端固定在腳踝上。訓練的目標是使你對建立與維持支撐有更明確的感受。只要你從手掌、手肘到肩膀的某個環節特別弱，就會被彈力繩拉回去。

9a）起始姿勢：雙手前伸，使身體自然浮在水面上。腳踝綁上彈力繩（圖48.40）。

兩手交替划

圖48.39 ⊃ 一次只用一隻手把身體撐高，同一隻手再跟著上半身一起鑽入水中。每次入水後就換手訓練。

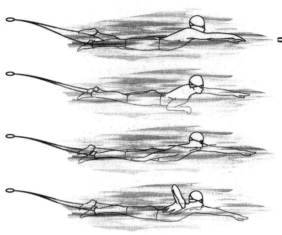

圖48.40 ⊃ 腳踝綁上彈力繩後，用單手游。

訓練動作：單手划，另一隻手前伸以維持平衡。單手划動幾次之後再換手，最後用雙手正常游。

動作提示：在彈力繩的拉力下，「動力鏈」上的缺點會被曝露出來。你可以比較明顯地感覺到浮力支撐與身體在水中的位置。例如划水的過程中手肘掉下來，手掌到肩膀間的連結就會被打斷，支撐會變弱，身體也會開始下沉。

9b）起始姿勢：雙手前伸，使身體自然浮在水面上。腳踝綁上彈力繩（圖48.41）。

訓練動作：以抬頭捷的方式游，頭部保持在水面上。

圖 48.41 ⊃ 腳踝綁上彈力繩後，用抬頭捷的方式游。

動作提示：注意要用高肘划水（肘高於掌）。

9c）起始姿勢：雙手前伸，使身體自然浮在水面上。腳踝綁上彈力繩（圖48.42）。

訓練動作：單手抬頭捷，頭部保持在水面上，另一隻手向前伸直，雙腳微微打水

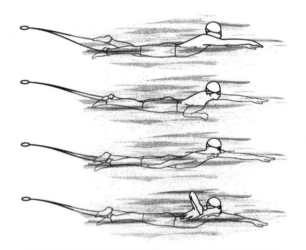

圖 48.42 ⊃ 腳踝綁上彈力繩後，游單手抬頭捷。

保持平衡。累了再換手。

　　動作提示：為了不被彈力繩拉回，要加快轉換支撐（提臂與入水）的動作。

　　9d）起始姿勢：單手前伸，另一隻手置於臀部外側，使身體自然浮在水面上。腳踝綁上彈力繩（圖48.43）。

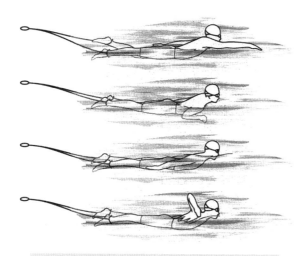

圖48.43 ⊃ 腳踝綁上彈力繩後，休息的手臂置於臀部外側，游單手抬頭捷。

　　訓練動作：跟9c一樣單手抬頭捷，不過另一隻手要置於臀部外側。雙腳打水只是為了保持平衡，不用太用力。累了再換手划。

　　動作提示：這個動作因為沒有前伸臂幫忙平衡，所以需要極佳的協調能力。

　　9e）起始姿勢：單手前伸，另一隻手置於臀部外側，使身體自然浮在水面上。腳踝綁上彈力繩（圖48.44）。

　　訓練動作：跟之前單手俯衝入水的訓練一樣，用單手迅速地把身體撐出水面，接著在身體「騰空時」，把手掌移回前方，跟頭一起鑽入水中。用同一隻手重複上述動作之後再換手。

　　動作提示：這項訓練有助於開發支撐手的本體感覺，以及支撐體重時掌／臂／肩的整體性。這也是一個極佳的游泳肌力訓練，當你在練習 Pose Method 的游泳技術時，這個動作應該持續練下去。

　　為了強化支撐的感覺，上述的所有動作都可以戴划手板或握拳練習。另一種增加對比感受的方式，是一隻手戴划手板、另一隻手握拳。藉由改變支撐點的面積大小，你用手掌支撐體重的感覺會變得更加敏銳。

　　雖然我們到第九組動作才加上彈力繩，其實前面所有向前移動的訓練都可以輔以彈力繩來訓練。如果你在泳池邊找不到適當的固定點，可以找夥伴幫忙拉。夥伴會比綁在岸上更好，因為他可以即時給你回饋。你也可以跟他交換訓練。因為觀察別人的練習動作對你的學習也會很有幫助。

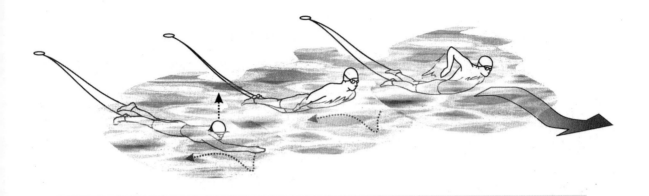

圖 48.44 ⊃ 腳踝綁上彈力繩後，休息手臂置於臀部外側，單手撐高身體再鑽入水中。

　　另一個建議是：每做完一個動作都要用
正常的泳姿游一小段，目的是把技術訓練
獲得的知覺整合到泳姿中。

　　這些訓練的目的是要在手掌和身體之間
建立強而有力的連結，以及學習專注在支
撐手上的體重。只要你能夠感知到體重的
存在，你的泳技就會跟著進步。隨著支撐
手上的知覺愈來愈強烈，游泳將不再是你
的弱項，在鐵人比賽中進入第一集團將不
再是夢想。

第49章

技術訓練之後：關鍵泳姿

> 當研究者想要解釋運動的機制時，解決這道難題的關鍵，
> 是要能從行雲流水的動作當中，辨別出最主要的關鍵姿勢。
>
> ——艾德華·里德（Edward Reed）

也許你覺得前一章的某些技術動作很單調乏味，你迫不急待地想要回到原本的游泳訓練。不管你是有一點基礎的泳者，還是想重練技術以提升成績的鐵人，我都可以理解你想要盡快看到成績進步。

但在技術的轉換期，不要急著累積訓練量。如果技術不好，在泳池練上幾千公尺也對成績沒有幫助。你應該在每次泳訓中固定加入幾種技術訓練動作，不要練太多，也不要游太快，專注在技術上，速度自然會隨之而來。

姿勢的重要性

「任何運動的動作都是由一連串的姿勢所組成的。」如果你能不斷地提醒自己這個事實，將有助於你的技術訓練。游泳就像跑步和騎車一樣，可以用單純的物理來解釋。追求完美的動作就跟開發潛能一樣，都是一條沒有盡頭的道路。反之，不管是哪一項運動，任何技術上的微小缺點，都會在重複的動作模式中被放大，這也是限制運動表現的主因。

想像一下，如果我們用高速攝影機把這些運動動作拍攝下來，再一格一格看，你將會看到每一步、每一次踩踏、每一次划手都會出現的一個「關鍵姿勢」（對這三項運動來說關鍵姿勢只會有一個）。不管是誰，也不管速度快慢，只要從事該項運動，一定會通過這個影響動作流暢度的關鍵姿勢。

想要了解如何提高動作效率，最重要的是去認識每項運動的關鍵姿勢。每項運動的關鍵姿勢都有其特點，這些特點能引導你走向更好的技術與運動表現。不管哪一項運動，在追求完美關鍵姿勢的同時，也是在追求更好的成績。

每一項運動的關鍵姿勢，都有一項相同的特徵「最容易破壞平衡的姿勢」，這項特徵也正是所有運動技巧與動作效率所共享的基本原則。關鍵姿勢一定是身體處在平衡且最容易失衡的狀態，在這個狀態下身體支撐點儲滿了前進的動能（也就是自身的體重）。我們的目標是在每一次重複的動作中，都能以更有技巧的方式「進入」關鍵姿勢。

關鍵泳姿

以自由式的關鍵泳姿來說，手掌在頭前延伸且剛好位於水面下方，此時從手掌、手臂、肩膀到臀部的這條支撐鏈處在繫緊狀態，手掌上支撐著部分體重的同時，為了提供穩固的浮力支撐，同側的臀部「側轉」向下。在前伸手（移動支撐）與臀部

（浮力支撐）的雙重支撐下，身體處於快要失衡的平衡狀態，此時全身的體重平均分布，這正是完美的關鍵泳姿。要達到完美的關鍵泳姿，最重要的因素，是手掌的位置以及從手掌到臀部這條支撐鏈的穩定性。

因為在關鍵泳姿時前伸臂正支撐著身體的部分重量，這條從手掌、手肘一直延伸到肩膀和臀部的支撐鏈必須繫緊，它們必須一起接住身體的重量，再運用它來產生向前的推進力。此外，當體重轉移到支撐點的動作愈有效率，以及支撐鏈愈加緊密時，你的划水能力和游泳速度才會跟著一起提升。

開發游泳的知覺

然而，為了達到上述目的，你必須先喚醒這條支撐鏈的知覺。要把知覺先建立起來，接著再進行強化。這也是為什麼我要在上一章設計各種技術訓練動作的原因，這些訓練能針對支撐鏈上的不同元素進行強化。所有動作的目的都是為了開發支撐體重的知覺與肌力。這裡指的肌力並不是

要把手臂練得很強壯，而是在提升手掌、手肘、肩膀到臀部這條支撐鏈的韌性與緊密程度。

所以我們訓練的不只是肌肉，還包括神經、手臂和身體的連結，我們希望你不管是剛下水還是在超鐵賽事中快游完 3.8 公里了，都要持續精準地以關鍵泳姿來支撐體重。為了幫助你的手掌、手臂、身體能適應正確的位置，以及提升兩種支撐的最大效率，我設計了姿勢游法中的各種技術訓練動作。這些動作可以使你的手掌到手臂之間變得像彈簧一樣，有效承擔與轉移體重。

練這些動作一開始會很累，體格確實會因技術訓練而成長，但最主要的目的是開發知覺以及強化連結。這兩者互為體用：強化知覺之後，連結跟著加強；連結強化之後，知覺也會跟著變敏銳。在技術訓練的過程中你會經歷好幾個層次的變化，這些變化都會使你變成技巧更好的泳者。

有傳統標準泳姿的元素。然而，只要你能跟著前面的指導訓練，那些傳統的元素將自動整合進你的泳姿裡。例如最經典的「高肘」划水。大部分的菁英游泳選手都會說高肘本身不是划水的目標，高肘是自己成形的。如果你企圖主動划手，而且在手掌通過六點鐘方向後，還繼續用力划到大拇指碰觸臀部外側才提臂，反而很難做出高肘的姿勢。

但如果在手掌接近六點鐘方向時就把體重轉移到另一邊且開始提臂，你會發現手肘首先出水，而且是自動向上進入傳統所謂高肘提臂的姿勢。手肘出水之後，手掌與前臂會有一個小型的鐘擺運動，手掌將從後方擺向前方，接著入水。簡而言之，這些技術訓練動作的目的，是使完美的泳姿能夠自動成形。

定義水中運動的思路，其實跟我們定義陸上運動的移動方式一樣：地球上所有的移動都是失衡落下的結果。認清這點將有助於我們提升泳技。

使泳姿自動成形

你也許已注意到前一章的技術動作中沒

移動，是平衡→失衡與轉換支撐的結果

在學習游泳技巧時應認清游泳就跟所有的運動一樣，都必須遵從移動的唯一法則：「所有的移動都是從平衡或支撐狀態落下的結果」，或換個方式說：「所有的移動都是失去平衡所造成的」，為了持續移動，我們只要不斷轉換支撐再創造下一次失衡即可。

仔細回想一下，第三章我們談論三個互相關聯的重要概念時，曾用下面的句子來描述跑步：「跑步只不過是一再重複這種快速且經過控制的轉換支撐而已，只要此種精巧的支撐循環被打斷，跑姿就會立即走樣。」

游泳前進的機制也完全一樣，不過是重複快速且受到控制的轉換支撐而已，支撐點從身體同一側的手掌與臀部轉移到另一側的手掌與臀部。跟跑步和騎車的動作比較起來，游泳對轉換支撐的精準性有更高的要求。

以前面討論過的換氣為例，我們需要把正確的換氣技巧整合進提臂轉換支撐的動作中。另外，也要注意打水不能太深或太慢，那會破壞轉移體重的節奏。當你的支撐手完成支撐體重的任務時，即是決定你游泳表現的關鍵時機，此時就看你能以多快的速度、多有效率的方式，把體重轉移到另一側的支撐手上，如此向前的動能才會在最少的干擾下持續下去。

把移動的原理運用在游泳上

既然游泳這項運動的目的一樣是向前移動，那就值得我們再強調一次「向前移動的共通原則」：

- 所有物體的移動都是在重力場內跟環境互動下完成的。
- 任何移動都是各種外力作用下的結果。
- 內力只能改變身體的姿勢，只有外力能讓身體移動。
- 任何運動都跟改變身體的姿勢或轉換支撐點有關。
- 所有物體的移動都是失衡與平衡之間反覆循環的結果。

接下來的問題只有一個：我們該怎麼把

上述原則運用在游泳技術中，進而提升游泳動作的效率。

我們前面已經討論過在水中很難運用重力，但事實是，重力無時無刻持續向地心牽引著身體，在水中也是。顯然地，當我們在陸上向前移動時，需要改變身體的姿勢才能不斷利用重力創造失衡，這也是游泳技術的首要目標。

當你處在關鍵泳姿時，你的體重分別由前伸手與浮力承擔，前伸手是移動支撐，同側的臀部是主要的浮力支撐點。在關鍵泳姿時，身體各部位承擔的體重最平均，同時也蓄積著最大的前進動能。當你透過提臂把更多的體重轉移到移動支撐上（也就是前伸手）時，你的上半身會略微出水，身體被部署到準備開始「向前落下」的位置。當身體的重量通過支撐手時（也是身體重心距離支撐手最高時），平衡被破壞，身體向前落下。接著手掌入水接住落下的身體，準備形成另一次的平衡與失衡。

當你跑步身體從支撐腳向前落下時，另一隻腳準備接住落下的身體，這跟手掌入水的目的一樣，都是為了回到下一次處於平衡的關鍵姿勢，接著才能再向前落下。

如果手掌沒有及時入水接住身體，前進的動能就會受到阻礙；這就跟跑步前傾時若後腳如果沒有及時拉回接住身體就會像「倒栽蔥」一樣。只有當你在空中的恢復手及時入水，而且以正確的姿勢接住身體的重量，才能接續「平衡→向前落下」的循環過程，身體也才能在水中平穩地向前移動。

連結手掌到臀部之間的肌肉相當重要，它們能承受的體重愈多，向前落下的加速度就愈大。轉換支撐的時機與速度跟肌力同等重要：臀部一定要在支撐手完成工作後開始失重，如此一來，才能盡量把更多的體重及時轉換到另一側的移動支撐與浮力支撐上。

沒錯，就像跑步一樣，游泳也只是平衡→失衡→轉換支撐後再回到平衡的循環過程。

一開始你可能很難接受這樣解釋游泳的方式，但開始練支撐知覺的動作之後，你就會發現上述原則的重要性，不用再去想「這一趟要游多快」或「現在划手要用多大的力氣」，而是要專心轉移與運用你的體重。

只要你能把注意力放在下面三個原則

上，你每趟 100 公尺的平均時間一定會縮
短，而且速度與效率將會超乎你原本的想
像：

一、專注在手掌到臀部之間的力量連結
　　上；

二、盡快轉移體重；

三、消除任何與維持身體流線形無關的
　　動作。

第 50 章

鐵人三項的游泳要領

親身體驗是認識環境唯一的方法。

—— 羅特伯・安東尼博士（Dr. Robert Anthony，精神治療師、教練）

游泳池的環境極佳，有各種地利之便使你很容易發揮該有的實力，比如水質清澈、溫度適中、池底有標線，以及每一趟都有池岸可以轉身踢牆，或是可以攀在岸邊休息。但鐵人的比賽地點絕不會在泳池。

噢！我話說得太快了，的確有些小鐵人比賽會在泳池邊舉辦，但如果你挑戰的是鐵人三項比賽，要面對的必然是開放式水域 —— 最讓初鐵者害怕的公開水域。

在泳池裡很安全，但在開放式水域中將面對各種挑戰，你原本在泳姿上的注意力會轉移到其他更緊迫的問題上，例如求生。

再厲害的游泳高手，當他在河流、湖泊、運河、海灣與海洋中碰到強大水流或撞到各種障礙物（像橋墩）時，很快就會像水母一樣隨波逐流了。

許多鐵人喜歡在開放式水域游泳，但也有不少人很怕深不見底的水域，每次在岸邊都會遲疑很久，直到最後一刻才下水。他們為了減少在水中的時間，刻意不下水熱身，但這是個糟糕的想法。

就跟學習其他事情一樣：熟悉帶來信心與成功。如果你對跳入開放式水域十分擔憂，你應該要練習。練習得愈多，你愈不會害怕比賽時所產生的肢體碰撞。

當地資訊無可取代

如果你到賽場走一趟並不難，建議你最好比賽前先去勘察場地。想要了解游泳賽道的最佳方式，是直接請教現場的救生

員，他們會很快告訴你哪些區域有潛在的危險、下水處的深度與附近的暗流等。如果比賽場地是在海邊，你可以從救生員口中得知潮汐的變化情形，以及是否有鯊魚在附近出沒。

就算到現場勘查對賽道有初步的了解，比賽當天可能還是會有很大的變化，千萬不能掉以輕心。因為開放式水域的情況隨時都在改變。例如勘查時水流原本是由北向南且很溫和，但到了比賽當天水流的方向與強度都可能會改變。賽道中的橋墩和岩石都會影響水流的方向，若你沒有真正下水試游就不會發現。岸邊的水深可能會因為潮汐而有 1 公尺以上的變化，原本要游的距離可能在比賽時要用跑的。此外，會嚴重威脅泳者安全的僧帽水母群（physalia physalis），也可能在比賽當天出現。

當然，一般來說如果主辦單位夠細心，在比賽的官網上應該可以獲得重要的相關資訊。你可以在場勘前把它列印出來，到游泳賽道時才能知道哪邊是游泳的起／終點、哪邊是折返點所在的浮球。到賽場時花一點時間在起／終點處試游一下，尤其要注意池底是否有水深驟降處或泥漿，這

都會對你下水和準備上岸時造成影響，事先知道才能有心理準備。

當你掌握起／終點的水域情況後，可以試著往比賽當天可能的折返點游去，練習「定位」方向。你可以看遠方是否有固定的高塔或建築物，是否跟折返點的浮球剛好在一直線上，如果有的話，定位起來會更方便。即使比賽當天的情況可能有變，你還是會從這樣的試游過程中獲得許多有用的經驗。

下水試游時，千萬不要用全力游完賽道來測試自己的速度。放輕鬆慢慢游才能用心體驗賽道，試游過程中你應該考慮是否要穿防寒衣，還是直接穿鐵人衣下水？如果你已經確認終點的位置，快到終點時可以找一個高聳的固定物當作定位目標，這對你比賽當天的幫助很大。

如果情況允許的話，試游的時間盡量選擇跟開賽時刻一致，你才能更準確地體驗開賽時的晨霧、氣溫、水溫以及最重要的太陽角度。若你在接近中午時試游，很容易看清楚折返點或終點的浮球，但如果是一大早的話，同樣的目標會被眩目的晨曦遮住。能在開賽的時間試游對你的幫助很大，你會知道在下水時的混亂中到底該朝

哪邊游。

到比賽現場試游可以提高自信與減輕焦慮。不管你的目標是贏得分組冠軍還是完賽，比賽時如果可以少一件操心事，絕對有助於更好的表現。

如果你沒辦法事先場勘怎麼辦？

不用失望。我們很幸運的身處在地球村裡，你可以上網找尋熟悉賽道的當地人，跟他們請益。當然這比不上實際場勘，但多少可以得知水溫與危險水域等重要資訊。

如果夠幸運的話，你可能可以找到樂意在比賽前帶你去勘查場地的朋友。總之，能在賽前認識熟悉賽道的人會很有助益。

比賽當天

不管你事先做了多少功課，到了比賽當天，一定會有出乎意料之外的事情。場勘時原本空盪盪的沙灘，到時可會人來人往、熱鬧非凡，工作人員已設置了選手跑向轉換區的專用通道，上岸處也架好協助選手出水的斜坡。

我知道開賽前有很多事要一一確認，請一定要挪出時間來重新檢視游泳賽道。你可以把它當作賽前熱身，就像場勘試游時一樣，分別檢查下水和出水處。熟悉一下出水處到轉換區的路線；注意水中是否有暗流；確認定位時是否可以看到浮球。

只要你有下水熱身，就能擬定出策略。比如說你注意到岸邊下水處有強烈的橫向水流，你可以從外側下水，如此可以避開下水時擁擠的人群，水流也可以把你帶回到賽道上的第一個折返浮球處。如果你面對的是波濤洶湧的海浪，在水深還未超過膝蓋的淺灘區就要用跑的，再深一點碰到海浪時，就需以海豚跳的策略前進，不然身體會被海浪打回岸邊或被浪花嗆到。這些策略都可以讓你在一開賽就領先。

確定前進的方向

在開放式水域游泳時，最難的就是以最短的距離完成比賽。所以不管身處什麼情況，一定要確認前進的方向。

第 51 章

錯誤的泳姿與矯正方式

我不在黑暗中，這點我十分肯定。

——尼可拉斯・羅曼諾夫博士

　　不管是哪一種活動，最重要的都是動作的正確性。之前我們討論跑步和自行車踩踏技術時，為了確定技術動作的正確性，須先設立標準才有辦法學習。對游泳技術來說，挑戰度就更高了，特別是對初學者來說，一開始要適應水性就很難了，更別提要做出標準的姿勢。

　　事實上，Pose Method 所設立的標準泳姿比傳統的學習方式簡單，因為沒有複雜的分解動作，不用思考太多動作上的細節（傳統的分解動作是入水→抓水→抱水→推水→提臂），所以反而能夠使緊張的泳者容易放鬆。但不可否認，身體在水中所面對的情況比在陸地上複雜許多，所以教導與學習的難度大增。

　　Pose Method 對於正確姿勢的要求非常明確。最主要的前提是：透過重力與手掌上的支撐點來運用體重，前進的動力是從體重來的。如果你能照著這樣的原則去做，幾乎所有傳統泳姿的要點都會自動成形；反之，任何沒有把體重運用在支撐點上的動作就是錯誤，需要被矯正。

　　錯誤可以分成「概念」、「視覺印象」與「肌肉用力的部位與時機」這三類。它們都跟身體的位置以及在支撐點上運用體重的能力有關，肌肉用力錯誤只是最終的結果。

　　概念上的錯誤主要來自於不明確的教學指令，像是：「用手抓水」、「專注在水感上」、「去感覺水中的壓力」[1]等說法都十分不精確，很難實際運用。

　　這些常被複述的教學指令都沒有提到

「體重」與「支撐」的概念。我可以很確定地說，過去幾乎沒有教練用這樣的方式來教游泳這項運動。也就是說，大部分的人在學習游泳時，都把人類在地球上移動的主要元素徹底忽略了。

如果你還沒學過游泳，反而比較容易學會 Pose Method。至少你不用經歷「消解」過去所學的過程。經年累積下來的想法是很難改變的，所以初學者反而比較容易學會這些十分重要的準則。

什麼在移動？

我們可以用下面的問題，來說明「概念」與「視覺印象」所產生的錯誤。

「人在游泳時靠什麼移動？手掌還是身體？」

過去你聽到的每一句游泳教學指令，幾乎都是手掌在水中移動方式與路徑的細節。這是因為當我們觀察頂尖選手的游泳動作時，視覺印象幾乎都是手掌在水中的動作。所以許多泳者花費極大的心力與體力去模仿水中的 S 形划手。這聽起來很合理啊，模仿一流選手的動作有什麼不對？

問題在於思考方向錯了。當思考方向錯了，知覺與肌肉用力方式也會跟著錯。模仿 S 形划手時，泳者是把注意力放在「移動手」上面，但正確的思考是把注意力放在「移動身體」上。因為一定要有支撐點才能讓身體的另一個部位「移動」，如果只想著划手的動作，就會把身體作為移動手掌的支撐點，但我們游泳時要移動的是身體，所以應該是把手掌當作移動身體的支撐點才對。每個人都不願看到自己努力划手卻游得很慢，不過一旦你把注意力放在划手的路徑上，就很容易變成「手掌一直划動，但身體卻不太動」的情況。

自然界的表象很容易掩蓋移動的本質。我們以為看到的是：手向後推，身體藉此向前進，因此很「自然」的把手掌當成推水的工具。順著同樣的思路，這也很符合牛頓第三運動定律「手往後推，身體就能前進」不是嗎？這樣觀念，何錯之有？

划空

牛頓第三運動定律當然沒錯，問題在於：當體重不在手上，手掌向後划時只有

它本身的質量所帶來的力，也就是手掌本身的重量（重量即是力），這個力很小，所以支撐的力道也很小。如果身體其他部位的重量沒有運用在支撐手上，手掌就會划空，就無法產生向前加速的力道。我想很多人在泳池都曾看過技巧不好的泳者拚命划手，但幾乎沒有速度。

有一句格言是這樣說的：「人為生而食，不為食而生」。進食是為了支持生命的延續，而不是為了吃飯而活著。對游泳、跑步、騎車與其他運動來說，不少人還是看不清移動與支撐的因果關係：當身體的一部分形成穩固的支撐點時，另一部分才能有效率地移動；當支撐點滑動時，動作的效率就消失了。

因此，如果你在游泳時想要刻意移動手掌，就會變成一種花力氣把水往後推的運動，這只是把肌肉力量用在推水上。正確的游泳意識不是專注在手掌本身的動作，而是在把體重轉移到手掌上。

這點很重要。把肌肉用在移動手掌上就會划空，肌肉應該只用來把體重轉移到支撐手上。大部分的泳者都會對這點感到困惑，但換個方式想，在游泳時只想著向後划手，就像拳擊手沒有轉移體重只用手臂揮拳一樣。

以拳擊來說，肌肉是用來快速把體重轉移到對手身上；以游泳來說，肌肉是用來把體重轉移到支撐手上；以自行車來說，腿部的肌肉是用來把體重傳遞到踏板上。道理都是相通的。

決定何謂正確的泳姿

順著相同的邏輯，正確的泳姿是：身體處於能有效率地把體重運用到支撐手上，而且水阻最小的姿勢。最重要的觀念是把身體體重運送到支撐點上，如果這點做不到，泳姿再好也沒用。反之，如果能正確地把體重轉移到支撐點上，你的泳姿自然會很完美。因此關於身體在水中的位置，在尋求平衡與低水阻之後的主要問題即是：你是否已盡可能地在支撐手上運用了最大的體重，有嗎？

再提醒一次：這就跟跑步和騎車一樣，目的都是學習善用重力的技巧。在教 Pose Method 時，不要先從泳姿開始，而是要從支撐教起。你唯一要關注的是教會他們尋找支撐、運用更多體重，然後快速轉換

支撐的方法。

　　尋找支撐的意圖會支配身體的姿勢，支撐臂的姿勢也會跟著自動到位。觀察菁英選手的泳姿，當他們的頭部通過支撐手時，手肘一般都呈90°，因為這是支撐體重最有效的姿勢。如果你的手肘並非呈90°，你把體重轉移到支撐點的方式就不會是最完美的。

　　反過來說也是對的：如果你沒有把體重轉移到支撐點上，你也做不到高肘的動作。從來沒接受過指導的年輕泳者，就算不強調上面的概念，也比較容易憑本能找到水中的支撐點。

支撐，決定一切

　　因此，我們可以說划水時正確的手肘位置，即是正確地把體重轉移到支撐點上的方式。如果手肘的角度大於或小於90°，支撐手上傳遞的體重就會下降。但別太在意角度，奧運游泳選手也不會去管手肘的角度多少，他／她們所關注的是手上的水感（也就是支撐的知覺）。手肘的角度是科學家和教練研究的課題，對於泳者來說

不用刻意去學習角度的事，教練在教學時也無須刻意強調。

　　手掌的斜度是另一個例子。「斜度」的定義是手掌與移動方向所形成的角度。對科學家而言，這個角度很重要，但泳者不用太在意它。在游泳的過程中不可能精準地控制角度的大小，因為當身體在上下移動與左右兩手交替划手時，基本上是無法察覺到手掌的角度，所以就算知道某個角度很重要，你也無法在游泳過程中確認。因此教練要求手掌入水後要達到某個角度是很荒謬的，只要告訴泳者在手掌上維持支撐的感覺即可。

　　此外，企圖把轉動臀部當成推進力的主要來源也是一個錯誤觀念。[2]轉動臀部的目的，是為了把體重轉移到另一側的支撐手上。在把臀部轉過去之前，支撐點必須先到位。如果支撐手還沒到位就把臀部往下轉，還宣稱轉臀可以增加推進力是很沒有道理的。

　　如果你把體重移到沒有支撐點存在的地方，那該在哪裡運用體重？答案是無處可用。所以如果轉動臀部時手掌是空的，當然不會產生動力。為了避免這種錯誤發生，你必須發展敏銳的支撐知覺（第

48 章裡的訓練動作就是在發展支撐的知覺），否則你游泳的效率會一直很低。

臀部的主要功能是作為浮力支撐，所以轉動臀部並不會增加推進力。在划手動作開始之前，臀部必須留在原位才能夠使得上力。

手臂和手掌的錯誤，大都是因為主動把手向後拉所造成的。從旁觀者的角度，泳者的手掌看起來的確是直接把前伸手向後拉。然而這卻是一種錯誤的解釋，主動向後拉的用力方式，會造成肌肉的啟動方式錯誤。

雖然「把手拉向身體」與「把身體拉向手」這兩者從外觀動作上看起來一樣，但在內部肌肉的連動方式卻差很大。試著這樣想：肌肉依附在體重上，他們用力的程度取決於傳遞體重的多寡。

如果你想要拉回手臂，手肘就會掉下來，傳遞體重的肌肉連結就會被犧牲。游泳初學者手肘常會掉下來，正是因為想主動抱水與推水。接著，肩膀也會跟著掉下來，這會進一步損害支撐的穩定性。

刻意轉動臀部和軀幹的動作，是游泳技術中常見的錯誤之一。如果我們游泳時刻意專注在轉動臀部（或軀幹），將使肩膀下壓，最糟的情況是肩膀低於手掌，只要肩低於掌，支撐點的重量就會消失殆盡；手上沒有重量的結果就是划空，身體在沒有體重的支撐點下是無法有效前進的。雖然在划水的後期階段仍可以重新獲得支撐，但那時已經損失掉大部分的推進力了。手臂上的力矩大幅消失的結果就是游速變慢。

胸口下壓是另一種常見的錯誤，它把原本應該放在支撐手上的體重轉移到胸口上。顯然地，當你胸口下壓時，原本應該在手掌上的體重就會變小。用胸口當支撐點並無法移動身體。在游泳時你只能把體重放在浮力與移動支撐上，前者主要是臀部，後者則是手掌，這樣才能把體重從某個支撐點快速轉換到另一個支撐點上。

當你的手掌入水來到身體前方時，手掌上被分配到的體重會愈來愈多。當支撐手上的體重來到最大時，接著失重向前落下。雖然從外部看，泳者似乎是直接把手往身體拉，但實際上只是體重在支撐手上轉移的過程而已。這很像跑步時「腳掌落地」的過程，腳掌剛觸地時體重還沒轉移上去，當臀部來到支撐腳的正上方時，體重完全轉移到腿上，接著失重開始。

你的肌肉最緊繃（最用力）的時候，正是支撐部位被分配到的體重達到最大時。不論是跑步時的支撐腳或是游泳時的支撐手，一旦支撐點上的壓力達到最大，身體就必須立刻開始朝想要前進的方向進行失重（落下）。

肌肉在這個過程中當然很重要，支撐與轉移體重都要靠它，肌力不足就無法有效地利用地心引力。以游泳來說，當你把體重放在前伸手上，接著把愈來愈多的體重轉移上去，直到體重達到最大必須落下為止，落下之後必須快速有效地把體重轉移到另一隻手上。肌肉的功能就在被動地接住落下的身體、轉換支撐以及維持身體的穩定。

游泳時雙腿最大的錯誤來自於動作太大。雙腿在游自由式時的主要功能是「維持平衡」。因此對鐵人來說，游泳時最好的策略是盡量減少打水的動作，然後專注在雙腿的主要功能上，使它扮演好維持平衡的角色。這有助於你節省接下來騎車與跑步時腿部所需的氣力。

仔細觀察頂尖的鐵人選手，他們在游泳時幾乎都採取這樣的策略。只有短距離的游泳項目需要較快速的打水動作，但在高速打水下維持平衡會變得更加困難。雖然打水的推進力效果很小，但對於勝負只有百分之一秒差距的短距離項目而言，打水就變得非常重要。相對來說，像鐵人這種游泳距離很長的項目，強力打水的效益就變得很小，而且還要耗費很多能量。

雖然雙腿無法對前進提供太多貢獻，但它們仍有任務在身，其中一項任務即是使身體維持水平。雙腿是身體的延伸，轉肩與提臂動作會使身體下沉，打水則能避免這件事。當手臂支撐著身體向上與通過支撐點接著向前落下時，腿部的工作是把自己往前推才能維持住身體的整體性。因為在上半身往前落下的過程中，下半身如果還留在後面，就會拖到上半身向前落下的動力。

頭部的位置會直接影響身體的位置。特別是一群人在開放式水域游泳時，因為需要定位所以一定要抬頭，但游泳初學者通常抬得太高。過度抬頭不只會破壞身體的連結性，也會使支撐手上的重量轉移到下半身。支撐手上的重量變小，等於是游泳減速。

過度抬頭的動作不只會奪取前進的動力，也會增加阻力。因為頭抬高時下半身

會傾斜下沉。另一個問題是，抬頭的動作會導致提臂的肌肉特別緊繃，因而增加了轉換支撐的難度。此外，頭太低也會造成另一個問題，但比較少見就先不談了。

矯正錯誤

一般來說，所有跟游泳技術有關的錯誤，都會影響你在支撐點運用最大體重的能力。因此，只要你了解支撐、體重、轉換支撐與移動身體之間的關係，矯正錯誤的方向就明確多了。

矯正支撐的錯誤要從強化水中支撐的知覺開始。許多泳者在矯正泳姿時總是聚焦在手掌入水、划手路徑、手肘姿勢和眾多動作上的細節，但他們也因此感到灰心喪氣。改正錯誤時不用擔心這些細節，重點是專注於體重壓在手掌上的感覺。為了強化支撐知覺，你必須在每次的游泳課表中加入水感的知覺訓練。這些訓練包括：

- 原地的移動支撐訓練
- 支撐身體保持打直
- 支撐身體保持水平
- 維持雙手支撐
- 維持單手支撐
- 在訓練上述動作時加入前進

如果你經常改正泳姿上的錯誤，表示你要先微調划水各個階段的支撐知覺。只要持續練習這些技術動作，把它們當作固定課表，不久你就能精確地掌握到該花多少力氣。你的力氣只需要用來支撐體重與轉換支撐，其他的動作都是多餘且浪費力氣。在加速時，也只是增加支撐手上的體重與轉換支撐的速度，絕對不要特別用力划水。

在 Pose Method 的方法論裡很重要的是：不論你從事的是哪一項運動，建立支撐與轉換支撐的動作並非依時間與空間來區分，而是透過知覺來識別。以跑步來說，當你察覺到支撐腳所承擔的體重來到最大的同時，正是你在意識上要上拉支撐腳的瞬間。以踩踏技術來說，看起來上提與下踩是不同的動作，但事實上這兩個動作同時發生在三點鐘方向。當你一察覺體重建立在踏板上的同時，你就必須立即把重量從踏板上釋放掉。游泳也是一樣，在支撐手感覺到最大壓力的瞬間，就要開始進行體重的轉移。一切都以知覺為主。

支撐與失重的感受跟時間與空間無關，
它們需要的是高度發展的知覺。你花愈多
時間開發知覺，你在這三項運動的表現也
會愈好。

參考資料：

(1) Knight, M., Teaching Freestyle Fundamentals.
In Modern History of Articles In Freestyle From
Past ASCA World Clinic's and Related Sources.
American Swimming Coaches Association
Advanced Freestyle School. Ft. Lauderdale, FL,
1995, p. 7.

(2) Prichard, Bob, Being Hip in the Water. Metro
Sports Magazine, Mar. 1994, pp. 40–41.